1 MONTH OF
FREE
READING

at

www.ForgottenBooks.com

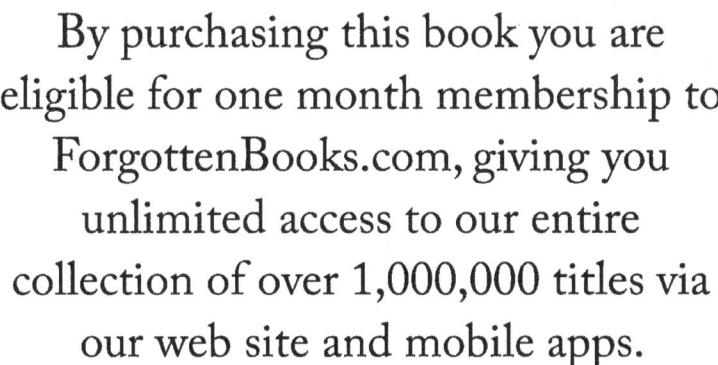

By purchasing this book you are eligible for one month membership to ForgottenBooks.com, giving you unlimited access to our entire collection of over 1,000,000 titles via our web site and mobile apps.

To claim your free month visit:

www.forgottenbooks.com/free1266351

ISBN 978-0-365-17279-6
PIBN 11266351

Benque & Kindermann, Hamburg phot.

Grav. Meisenbach Riffarth & Co Berlin

Jahrbuch

.

des

Vereins für niederdeutsche Sprachforschung.

Jahrgang 1895.

XXI.

NORDEN und LEIPZIG.
Diedr. Soltau's Verlag.
1896.

Druck von Diedr. Soltau in Norden.

Inhalt.

ogle

Erinnerung an Wilhelm Mielck.

Vortrag, gehalten in der gemeinsamen Versammlung des Hansischen Geschichtsvereins
und des Vereins für Niederdeutsche Sprachforschung zu Bremen am 26. Mai 1896.

Schon mehrmals haben die beiden Brüdervereine, der für Hansische Geschichte und der für Niederdeutsche Sprachforschung, die
herbe Pflicht erfüllen müssen, verdienter Mitglieder, welche durch den
Tod ihnen entrissen worden, in Trauer und Dankbarkeit zu gedenken.
Im vorigen Jahre hat dies Los den Hansischen Verein betroffen,
welcher durch den Todesfall von Professor Ludwig Weiland einen
schweren Verlust erlitt. Diesmal ist es der Niederdeutsche Verein,
welcher sein Vorstandsmitglied Dr. Wilhelm Mielck aufs schmerzlichste
vermisst. Beider Männer Lebenslauf hat auf ähnliche Weise geendigt.
Diesen wie jenen rief der Tod plötzlich und unerwartet ab, da er
noch in vollkräftiger Thätigkeit stand und ehe er das mittlere Mannes-
alter überschritten hatte. In den letzten Wochen und Tagen seines
Lebens war Mielck noch aufs angelegentlichste beschäftigt mit Vor-
bereitungen für diese Jahresversammlung, mit der Fertigstellung unseres
Korrespondenzblattes und dem Abschluss seiner Kassenrechnung.
Heute, da wir nun ohne ihn hier versammelt sind, wird unwillkürlich
die Erinnerung wach an die Pfingsten des Jahres 1874, als der Hansische Geschichtsverein gleichermassen hier in Bremen tagte. Mielck's
durch mehr denn zwanzig Jahre unermüdlich fortgesetztes Streben
und Wirken für den Niederdeutschen Sprachverein und dessen Zwecke
begann mit jenem Mai des Jahres 1874.
    Wie kam er, dessen Fachwissenschaft weder die Philologie noch
die Historie war, der vielmehr die exacten, naturwissenschaftlichen
Disciplinen sich zum Studium gewählt hatte, wie kam der Mann von
praktischem Berufe dazu, ein so warmes Interesse an den Aufgaben
unserer beiden historischen Vereine und vornehmlich an denen des
sprachgeschichtlichen, an der Erforschung des Niederdeutschen zu
nehmen? Sein Ausgang war gleich dem so mancher Forscher vor
ihm und beruhte auf demselben Grunde, dem überhaupt die ger-
manische Philologie ihren Ursprung verdankt, der Liebe zur Muttersprache, zur Sonderart des Volkes, zur Geschichte der Heimat. In
Mielck's Lebensgange lässt sich deutlich erkennen und verfolgen, aus
welcher Wurzel und unter welchen Bedingungen seine Vorliebe für

niederdeutsche Art und Sprache erwächst und wie sich aus der Gemüts-
neigung das wissenschaftliche Interesse entwickelt, wie dann der Trieb,
die von ihm gesprochene Mundart grammatisch zu begreifen und
historisch zu erkennen, ihn zum Studium und schon früh zur selbständigen Forschung leitet.

Wilhelm Hildemar Mielck ward am 17. October 1840 zu Hamburg
geboren. Sein Vater, ein angesehener Apotheker, stammte aus dem
Flecken Barmstedt in Stormarn, wo sein Grossvater das Amt des
Pastoren bekleidete. Auch der Urgrossvater war Geistlicher gewesen,
im Flecken oder Städtchen Preetz in Wagrien. Die Familie Mielck
darf eine altholsteinische genannt werden, da sie laut des Stamm-
registers ihre Vorfahren bis auf den im Jahre 1658 zu Rendsburg
geborenen Bertram Mielck zurückverfolgen und zugleich nachweisen
kann, dass die Nachkommen desselben stets im Lande Holstein an-
sässig gewesen sind. Das Stammregister, welches Wilhelm Mielck
1888 zum 83sten Geburtstage seines Vaters hat drucken lassen, war
angelegt worden von einem Melchior Öhlmann, als er 1571, nachdem
er fünfzehn Jahre „vör enen Krigesman gedenet", in seine Vaterstadt
Eimbek zu dauerndem Aufenthalt heimgekehrt war. Durch Ver-
heirathung mit seiner Enkelin überkam jener Bertram Mielck das
Register. In der Familie Mielck ist es dann immer vom ältesten
Sohne, zuletzt von einem Landmanne bei Barmstedt, bis in die Gegenwart weiter geführt worden. Zum Verständniss der Persönlichkeit
unseres verstorbenen Freundes scheint die Existenz einer solchen
Familienchronik und der sich durch ihre Führung aussprechende
historische Sinn seiner Vorfahren nicht minder beachtenswert, als
seine Abstammung aus einer nordelbingischen Mittelstands- und
Gelehrtenfamilie, in welcher nach Landesbrauch neben der hochdeutschen Schriftsprache sich die niederdeutsche als Verkehrsmittel
im gewöhnlichen Leben und als Muttersprache im Hause erhalten hatte.

Um Ostern 1852 kam Mielck in die Realschule des Johanneums
zu Hamburg. Nach vierjährigem Besuch, während welcher Zeit er
auch an dem Unterricht im Lateinischen teilgenommen hatte, ging
er Ostern 1856 ab, um sich dem Berufe seines Vaters zu widmen.
Aus seiner Schulzeit ist folgender Zug von ihm bemerkenswert und
vorbedeutlich. Der Lehrer der zweiten Klasse hatte ausnahmsweise
einmal den Schülern die Wahl von Gedichten zur Declamation über-
lassen. Zu allgemeiner Ueberraschung trat Mielck mit einem Gedichte
von Klaus Groth auf, ernsten, aus dem schleswigholsteinischen Kriege
gegen die Dänen entlehnten Inhalts. Von unserm trefflichen Lehrer,
dem Professor Röpe, erntete er nicht bloss Lob wegen des Vortrages,
sondern auch ganz besonders wegen der Wahl des Gedichtes. Ich
muss gestehen, dass auf mich der Vorgang einen tiefen und nach-
haltigen Eindruck gemacht hat. Wenngleich uns meisten das Plattdeutsche, weil wir es beständig auf der Strasse und im Hause hörten,
wohl bekannt, manchen auch durch Uebung in der Familie ganz
geläufig war, trotzdem oder grade deshalb war uns nie der Gedanke

gekommen, dass diese Sprache sich auch zu edlerem Gebrauche schicke; eine Geringschätzung, ja selbst Verachtung derselben als einer ungebildeten, gemeinen beherrschte so gut die Vorstellung der Schuljugend, wie der meisten Erwachsenen. Mielck's Wagestück muss darum eine mutige Tat genannt werden, durch welche der Knabe schon jene Selbständigkeit des Urteils und jene Entschiedenheit des Willens offenbarte, denen er als Mann so manche Erfolge verdanken sollte.

Nach Beendigung einer vierjährigen Lehrzeit in einer der bedeutendsten Apotheken Hamburgs kehrte Mielck Ostern 1860 ins väterliche Haus zurück, um ein Jahr lang die Stelle eines Gehülfen zu versehen. Während derselben Zeit hörte er die Vorlesungen der Professoren des Akademischen und Real-Gymnasiums, einer jetzt eingegangenen Vorbereitungsanstalt für die Universität. Seine nur spärliche Musse dieses Jahres verwandte er auf eine philologische Arbeit, die Darstellung der Formenlehre des Stormarisch-Hamburgischen Dialektes. Ausser einer historischen Einleitung konnte er jedoch von den vier Abteilungen, aus welchen diese Grammatik bestehen sollte, nur die beiden über die Formenlehre und die Conjugation vollenden. Und auch zur Redaction und Reinschrift dieses in Hamburg fertig gewordenen Teiles fand er erst im folgenden Jahre in Russland Zeit, wohin ihn sein Beruf geführt hatte. Von dort aus sandte er 1862 seine Arbeit an Professor Christian Petersen, seinen Lehrer auf dem Gymnasium, mit der Bitte um eine Beurteilung. Das Begleitschreiben giebt über die Genesis des Werkes Aufschlüsse, die zugleich wertvolles Material für die Biographie des Verfassers liefern, weshalb ich einen Auszug mitteile.

Es werde seinen Lehrer befremden, dass er einen seinem Berufe so fremden Gegenstand behandelt habe. Das Plattdeutsche sei aber nun einmal sein Lieblingsthema. Wie, wann und wodurch in ihm die Liebe zu dieser Mundart und die Neigung zur Beschäftigung mit ihr erweckt worden sei, wisse er nicht zu sagen. Doch suche er die Ursache in dem Umstande, dass das Plattdeutsche seine erste, seine Muttersprache sei, da im elterlichen Hause mit ihm und seinen Geschwistern bis zum Schulbesuch nur in derselben gesprochen worden wäre. Später hätten auf ihn die Gedichte von Klaus Groth bedeutenden Einfluss geübt. In seiner Lehrzeit hätte während mancher Stunden seine Beschäftigung in gleichbleibenden mechanischen Bewegungen, die keines Aufpassens bedurften, bestanden, wo also der Geist Musse gefunden habe, sich mit anderen Dingen zu beschäftigen. Wenn er es müde gewesen, chemische Zusammensetzungen der Körper im Gedächtniss zu wiederholen, in Gedanken Pflanzen zu bestimmen oder Pflanzenfamilien von einander zu sondern, dann habe er über das Plattdeutsche nachgedacht. Ihn habe die Geringschätzung geärgert, mit welcher von dieser Mundart um ihn her geredet ward; da habe er versucht, sich klar zu werden, ob sie nicht doch besser sei als ihr Ruf, und habe er sich bemüht, ihre eigentümlichen Formen und die für sie geltenden Gesetze zu verstehen. Mit der Conjugation von

„haben" und „sein" habe er begonnen, und er erinnere sich noch der Freude, als er alles glücklich zusammengefunden hatte. Bald aber sei er seines geringen Wissens von germanischer Philologie inne geworden und habe darum sich aus Jacob Grimm's Grammatik und Geschichte der deutschen Sprache zu belehren gesucht. Allein ohne Anleitung hätte das ihm ein ziemlich vergebliches Bemühen bleiben müssen. Endlich habe er eingesehen, dass, um doch zu einem Ziele zu gelangen, es gegolten habe, einen andern Angriffspunkt zu suchen, und so habe er gewagt, wenn auch nicht alle, so doch einige seiner Beobachtungen über die Sprache, wie sie im Munde des Volkes lebe, und über ihre Regeln zu Papier zu bringen, mit Unterlassung jedes Vergleiches mit anderen Mundarten.

Petersen sprach ihm seinen Beifall aus, doch fühle er, selbst Dilettant auf diesem Gebiete, sich nicht competent zur Beurteilung der Arbeit, sondern habe Dr. Elard Hugo Meyer von Bremen um eine solche gebeten. Meyer, dessen Bekanntschaft Mielck noch in Hamburg gemacht hatte, gab diesem mit freundlicher Bereitwilligkeit das Resultat seiner Prüfung. Während er dem feinen Sinn für Sprachliches, der sich in den Beobachtungen offenbare, seine Anerkennung zollt, vermisst er eine gründliche historische Kenntniss der deutschen Sprache; aus diesem Mangel seien die Schwächen und Fehler zu erklären, deren er eine Anzahl eingehend bespricht. Er teilt seinen Rat mit, wie solche für fernere Arbeiten unentbehrlichen Kenntnisse zu gewinnen seien. Die weiteren Schritte in das gemeinsame Feld werde er mit Freuden begrüssen. Mielck antwortet mit Dank und nimmt mit Bescheidenheit die gemachten Ausstellungen an. Hinsichtlich zweier Punkte bleibe er aber bei seiner Ansicht. Die ihm empfohlene Frommann'sche Rechtschreibung für Mundarten (in desselben Zeitschrift „Die Deutschen Mundarten" Bd. VI am Schluss) sei wohl notwendig, wo es gelte, eine Anzahl Dialekte nach Einer Regel zu behandeln; „sollte es aber eines so zusammengesetzten Werkzeuges bedürfen, wenn nur Eine Mundart durch die Schrift wiederzugeben ist?" Der andere Punkt war ein geäusserter Zweifel an der Richtigkeit zweier Behauptungen, den Mielck als einen Zweifel an der Richtigkeit seiner Beobachtung der Laute und Formen verstanden hatte. Er schliesst: „Die Stufe eines Meisters oder auch nur Gesellen in der Deutschen Sprachforschung werde ich wohl schwerlich erklimmen, aber auch als Handlanger könnte ich (wenn ich die Begabung für die Sprache, die Sie mir zuerkennen, besitze,) Andern beim Bau einer plattdeutschen Sprachlehre helfen." Auf den Vorschlag Petersens, die Arbeit zu seinem Angedenken dem Gymnasial-Archive zu übergeben, wo sie neben Arbeiten seiner früheren Collegen eine würdige Stelle einnehmen würde, ist Mielck nicht eingegangen, sei es aus Bescheidenheit, sei es weil er hoffte, sie einmal umarbeiten und vollenden zu können.

Wenden wir uns nun zu dieser Arbeit selbst, so ist in Uebereinstimmang mit Professor Meyer's Kritik die Einleitung als der schwächste Teil zu bezeichnen, insofern der Verfasser hier ohne die nötige Vorbildung in einem historischen Ueberblick schildern wollte, wie das Hochdeutsche sich gebildet habe und zur allgemeinen Schriftsprache geworden sei. Dagegen enthält seine Besprechung des Charakters der behandelten Mundart und ihres Verhältnisses zur Schriftsprache und zu anderen niederdeutschen Dialekten, die mehr vom Hochddeutschen beeinflusst worden sind, manche treffende Bemerkung. Unbefangen und mit triftigen Gründen verurteilt er den Wahn, für Norddeutschland eine niederdeutsche Schriftsprache neben die hochdeutsche setzen zu können oder auch dies nur zu wünschen. Was dann Mielck's grammatische Darstellung seiner heimischen Mundart anbetrifft, so ist vor allem die richtige und genaue Auffassung des Sprachstoffes hervorzuheben. Bisweilen berücksichtigt er, dass Doppelformen, städtische und ländliche, existieren; selten hat er die speciel hamburgische übergangen und die in der Stadt weniger übliche, aber auf dem Lande herrschende allein angegeben. Seine Schulung des Auges durch naturwissenschaftliche Beobachtung hat wohl dazu beigetragen, dass er auch mit dem Ohre scharf wahrzunehmen sich gewöhnte. Die schwierige Aufgabe, sich zur Darstellung der mundartlichen Laute eine ausreichende Orthographie zu schaffen, hat er mit verständiger Verwendung des deutschen Alphabetes und mit Hinzunahme bloss zweier Zeichen, des Grimm'schen Längezeichens und eines Punktes zur Andeutung des in unserem neueren Dialekte die Aussprache so stark beeinflussenden stummen *e*, ganz geschickt gelöst. An die Conjugation hat er einige syntaktische Bemerkungen angeschlossen, um die Verschiedenheit hoch- und niederdeutscher Ausdrucksweise darzutun; diese zeugen von feinem Sprachgefühl. Es ist zu bedauern, dass ihm später die Neigung oder wahrscheinlicher die Musse gefehlt hat, seine Arbeit zu vollenden und zugleich zu vervollkommnen. Einzelnes hat er hie und da im Niederdeutschen Korrespondenzblatt verwertet.

Im Mai 1861 war Mielck zur weiteren Ausbildung in seinem Berufe nach Russland gegangen. Er war dort in zwei Apotheken als Defectar tätig, zuerst ein Jahr in Petersburg, dann drei Jahre in Moskau. Die gründliche Kenntniss des Russischen, die er sich in dieser Zeit nicht nur im Verkehr, sondern auch durch Unterricht und Lectüre erworben hat, ist ihm hernach bei seinen germanistischen Studien von grossem Vorteil gewesen. Von Petersburg aus bereiste er Finnland, und an den Moskauer Aufenthalt schloss sich eine Reise nach dem Kaukasus. Von Tiflis kehrte er über das Schwarze Meer und über Odessa, wo er längere Zeit am Typhus krank lag, nach Moskau und von dort im August 1865 nach Hamburg zurück. Wie er auch auf diesen Reisen seine Beobachtungsgabe mit Nutzen gebraucht und mit offnem Aug und Ohr Land und Leute studiert hatte, davon gaben seine gelegentlichen Mitteilungen deutliche Beweise.

Nach Vollendung seiner praktischen Vorbereitung verwandte er die nächsten Jahre auf akademische Studien, zuerst und zuletzt in

Göttingen, dazwischen in Heidelberg. Auf beiden Universitäten hörte er neben den Vorlesungen seines Faches auch germanistisch-philologische, nemlich historische Grammatik der deutschen Sprache und Altsächsisch bei Professor Wilhelm Müller und Gotisch und Althochdeutsch bei Professor Ernst Martin. Im April 1869 beschloss er sein Universitätsstudium mit einem vorzüglich bestandenen Examen und der Promotion zum Doctor.

Heimgekehrt trat er in seines Vaters Apotheke ein, um diesem in der Führung derselben beizustehen. Im September desselben Jahres verheiratete er sich. Er verlebte dann in höchst glücklichem Familienleben und in befriedigender Ausübung seines Berufes sechs ruhige Jahre, bis ihn im November 1875 die Uebernahme der väterlichen Apotheke zu geschäftlicher Selbständigkeit, zur Gewinnung des Bürgerrechts und infolge dessen zu vielseitiger gemeinnützigen Tätigkeit führte. Was es ihm möglich machte, die sich allmählich so mehrenden Pflichten zu erfüllen, war einmal seine Lust an der Arbeit, ohne welche für ihn das Leben keinen Wert hatte, andererseits seine durch stete Uebung gewonnene Kunst, die Zeit auszukaufen. Von Jugend auf war er gewohnt, früh sein Tagewerk zu beginnen; in den Jahren seiner vollen Kraft vermochte er dabei bis tief in die Nacht hinein zu arbeiten. Der grösste Teil des Tages gehörte seiner Apotheke, welche, schon unter seinem Vater von Ruf, durch ihn noch an Bedeutung zunahm. Hier, am Schreibtisch oder an der Toonbank oder auch im Laboratorium, war er am ehesten zu treffen. Manches Mitglied unserer beiden Vereine wird sich gern und wehmütig erinnern, dort von ihm in seiner herzlichen Weise bewillkommnet und darauf in sein nahegelegenes kleines Arbeitszimmer geleitet worden zu sein. Oefters fand der Gast geraume Musse, die hier befindliche Bibliothek zu mustern oder über die Menge der zu erledigenden Schriftstücke auf Pult und Tisch zu staunen, wenn der Hausherr ab und an wegen einer dringenden Geschäftssache oder sonstigen Angelegenheit abgerufen ward. Selten war es diesem vergönnt, seinem Gaste auch nur eine ungestörte Viertelstunde zu widmen.

In seinem Berufe wirkte er nicht nur als Praktikant, sondern auch viele Jahre als Docent an der pharmaceutischen Lehranstalt seiner Vaterstadt. An den Bestrebungen sowohl des Hamburg-Altonaer, als an denen des Deutschen Apotheker-Vereins beteiligte er sich aufs regste. Die Pharmacie bemühte er sich durch neue Heilmittel zu bereichern; mehrfach hat er über solche in medicinischen Zeitschriften, zumteil gemeinsam mit Aerzten, welche dieselben erprobt hatten, berichtet. Ein Fachgenosse bezeichnet in seinem Nachrufe (im Internationalen Pharmaceutischen Generalanzeiger) seine Tätigkeit für die Therapie auf dermatologischem Gebiete als bahnbrechend. Rühmend hebt derselbe ferner hervor, dass er die Schärfe seines Verstandes in vielen Berichten zum Wohle seiner Collegen bekundet habe, nachdem er seit 1887 von der Hamburgischen Medicinalbehörde mit dem Amte eines pharmaceutischen Assistenten betraut worden war.

Nach hansischer Sitte stellte er seine Arbeitskraft bereitwillig in den Dienst der bürgerlichen und kirchlichen Gemeinde, sowie zur Unterstützung cultureller und gemeinnütziger Bestrebungen. In einer beträchtlichen Anzahl sogenannter Ehrenämter hat er so gewirkt, hat z. B. das mühsame Amt eines Armenpflegers seit 1878 viele Jahre verwaltet. Von den vaterstädtischen Vereinen, in denen er tätig war, ist vor allem der für Hamburgische Geschichte zu nennen, dessen Vorstand er seit 1885 angehörte und dessen Zwecke zu fördern er eifrig bestrebt war. Auf seine Anregung und unter seiner Leitung unternahm der Verein die Herausgabe der kunsthistorischen Beschreibungen der hamburgischen Kirchen. Das Interesse für die Geschichte seiner Vaterstadt veranlasste ihn zu seiner letzten Arbeit, der Schaffung eines historischen Museums. Eine derartige Sammlung bestand zwar schon durch die Bemühungen des Hamburgischen Geschichtsvereins seit 1839; allein sie war allmählich, da sie nicht nach ihrem Wert geschätzt und in unzulänglichen und ungeeigneten Räumen untergebracht war, in einen ungeordneten und verwarlosten Zustand geraten, was Mielck bereits 1875 öffentlich ohne Erfolg gerügt hatte. Grössere Beachtung ward der Sammlung erst zuteil, als zu Anfang der achtziger Jahre der infolge der Anlegung des Freihafens bevorstehende Abbruch eines älteren Stadtviertels auf eine reiche Vermehrung hoffen liess. Um das geweckte Interesse wach zu halten, veranstaltete der Verein für Hamburgische Geschichte 1885 eine gewerbegeschichtliche Ausstellung, an der Mielck sich hauptsächlich durch den Aufbau einer Apotheke beteiligte. Schon einige Jahre vorher hatte er angefangen, vorhandene Reste des vormaligen Apothekerbetriebes von dem Untergange zu retten. Sein bei dieser Gelegenheit erschienener Katalog weist nahe an tausend Gegenstände auf. Diese Ausstellung gab ihm Anlass, sich genauer mit der Sammlung Hamburgischer Altertümer bekannt zu machen. Besonders zog ihn die Waffensammlung an, auf deren durch Alter und Zahl bedeutenden Wert er durch Wort und Schrift die öffentliche Aufmerksamkeit lenkte. 1891 zum Vorsitz in der Commission für die Altertümersammlung berufen, entwarf er einen Plan der Neuordnung. Mit gewohnter Energie ging er sofort an die Ausführung. Nach drei Jahren rastloser Tätigkeit hatte er die Genugtuung, den grösseren Teil der Gegenstände, vor allem die militärische Abteilung in den erweiterten und zweckmässig umgebauten Räumlichkeiten geordnet aufgestellt zu haben und bei Gelegenheit der 25jährigen Sedanfeier dem Publikum zugänglich machen zu können. Froh über die einstimmige Anerkennung, die man seiner Leistung zollte, verfolgte er dann im letzten Winter mit erneutem Eifer die weitere Lösung seiner Aufgabe, deren Vollendung er jedoch nicht mehr erleben sollte.

Mielck erfreute sich einer guten körperlichen Constitution. Dazu hatte er seinen Körper von Jugend auf durch Leibesübungen gestählt und stets mässig und rationel gelebt, so dass man ihm wohl ein längeres Leben hätte versprechen mögen. Vielleicht hat aber eine ernstliche Krankheit, die ihn im Herbste 1888 befiel und von der er erst im nächsten Sommer völlig genas, der Widerstandsfähigkeit seiner Natur Abbruch getan; und die durch so viele Jahre fortgesetzte angestrengteste Arbeit und geistige Anspannung wird seine Kräfte geschwächt haben. Doch vermochte er bis zuletzt rüstig weiter zu schaffen; und da er auch seit Anfang 1895, indem er die Verwaltung seiner Apotheke teilweise anderen Händen anvertraute, seine Arbeitslast gemindert hatte, da ihn der glückliche Fortgang seines Museumswerkes munter und heiter stimmte, so kam sein Ende am 16. März 1896 durch einen Gehirnschlag nach kaum halbtägiger Krankheit ganz unerwartet. Gross war die Teilnahme in seiner Vaterstadt, und dem, welcher anspruchslos durchs Leben gegangen war und nie nach Ehre getrachtet hatte, ward nach seinem Tode die verdiente Anerkennung und Ehrung in reichem Maasse zuteil, als Ausdruck des allgemeinen Gefühls, wie es ein ehrwürdiger Mann, der mit an der Spitze des Hamburgischen Gemeinwesens steht, den Hinterbliebenen ausgesprochen hat, dass nicht nur die Familie, sondern auch die Vaterstadt einen schweren Verlust zu beklagen habe.

Gleichermassen bedeutet Mielck's Heimgang dies für seine Freunde und zumal einen schwer empfundenen Verlust für den Niederdeutschen Verein. Dass der Verein ins Leben gerufen ward, ist in nicht geringem Masse mit sein Werk. Dieser ist hervorgegangen aus einem kleinen Kreise gleichgesinnter Freunde in Hamburg, die sich zu gemeinschaftlicher Lesung und Besprechung altdeutscher Sprachdenkmäler vereinigt hatten. Mielck hat nicht von Anfang diesem Lesezirkel angehört. Aber einmal in denselben eingetreten, in welchem er seinen Wunsch nach weiterer historischen Erkenntniss der deutschen Sprache zu befriedigen suchte, ward er bald ein eifriger Teilnehmer der Uebungen und hat zum Fortbestand derselben vornehmlich beigetragen. Die anfangs lose Vereinigung ward zu einer fester gefügten, da sie sich zu Anfang der siebziger Jahre als eine Section des Hamburgischen Vereines für Kunst und Wissenschaft constituierte. Mielck wusste, als später nach der Stiftung des Vereins für Niederdeutsche Sprachforschung die Section zugleich die hamburgische Gruppe desselben bildete, den Zusammenhang mit jenem Vereine als Mitglied beider aufrecht zu erhalten, und seiner Vermittlung ist es zu danken, dass der Vorstand des Vereins für Kunst und Wissenschaft unserem Sprachverein bei seinen litterarischen Unternehmungen fortdauernd, bis im vorigen Jahr das Sectionsverhältniss aufgelöst wurde, in liberaler Weise seine Unterstützung gewährt hat.

Nachdem im Jahre 1871 der Hansische Geschichtsverein unter wesentlicher Mitwirkung eines Mitgliedes des Hamburger Germanistenkreises, K. Koppmann's, gegründet worden war, traten die meisten übrigen Mitglieder diesem Vereine gleichfalls bei. Das Vorbild des Hansischen Geschichtsvereins liess in der Section die Vorstellung auftauchen, wie erfolgreich die Gründung einer ähnlichen Gesellschaft für die Erforschung der niederdeutschen Sprache und Litteratur werden könnte. Wer den Gedanken zuerst gefasst und ausgesprochen hat, das ist vergessen; dass aber diese Idee Gestalt gewann, ist wiederum zu nicht geringem Anteile Mielck's Verdienst. In den Winter 1873/4, nachdem er zu Pfingsten zum ersten Male an einer Hansischen Jahresversammlung teilgenommen hatte, fallen die ersten Besprechungen über die Ausführung des Planes. Man entwarf die „Grundlinien für die Statuten des Niederdeutschen Sprachvereins". Dass in ihnen die Lautphysiologie und die Dialektforschung in den Vordergrund gestellt waren und die Herstellung einer Sprach- und Stammkarte in Aussicht genommen war, geschah ausser unter Adolf Theobald's besonders unter Mielck's Einfluss. Es ward ferner beschlossen, sich mit einem Gründungsantrag an den Hansischen Geschichtsverein zu wenden, weil ja das mittelalterliche Niederdeutsch die Schriftsprache der meisten Hansischen Städte gewesen und die Blütezeit dieser Sprache mit der Glanzzeit der Hansa zusammengefallen sei, weshalb man bei keiner anderen wissenschaftlichen Gemeinschaft auf so grosse Teilnahme rechnen dürfe, wie bei jenem Verein, eine Hoffnung, die denn auch nicht getrogen hat. Der Antrag ward gestellt in der bereits erwähnten Bremer Versammlung des Jahres 1874. Man suchte für ihn zu werben durch jene „Grundlinien" und durch eine von Mielck verfasste Schrift „Ueber Dialektforschung im Niederdeutschen". Aber so, wie die Hamburger sich die Sache gedacht hatten, durch den Geschichtsverein, liess sich der Sprachverein nicht gründen. Sie befolgten darum den Rath der Hansischen Freunde und riefen zunächst auf Grund eines vereinfachten Programms den Verein in und für Hamburg ins Leben. Dies geschah am 25. September desselben Jahres, und unter den sieben Unterzeichnern des Statutenentwurfs befand sich auch Mielck. Als dann um Pfingsten 1875 der Hansische Geschichtsverein seine fünfte Generalversammlung in Hamburg hielt, da tagte der Verein für Niederdeutsche Sprachforschung zum ersten Male mit ihm. Die Statuten wurden endgültig festgesetzt und der Vorstand ward gewählt, in welchem Mielck das Amt des Kassierers übernahm.

Eine zweite Obliegenheit, die nicht in den Statuten vorgesehen war, schuf er sich selbst, dabei unterstützt von Koppmann. Zwar heisst es im ersten Paragraphen des Statuts, dass der Verein sich die Erforschung der niederdeutschen Sprache in Litteratur und Dialekt zum Ziele setze; aber bei den dann aufgezählten Mitteln, durch die man diesen Zweck zu erreichen gedachte, nemlich durch Herausgabe einer Zeitschrift und durch Veröffentlichung von Sprachdenkmälern, waren die lebenden Dialekte nicht genügend berücksichtigt. Für diese, soweit sie nicht den Gegenstand von ausführlicheren Abhandlungen und Einzeldarstellungen bildeten, war in der Zeitschrift kein Raum. Dagegen hatten jene „Grundlinien für die Statuten" und Mielck's Schrift „über Dialektforschung" bereits die Notwendigkeit eines Nebenorgans betont, das jedem Mitgliede gestatte, zwanglos mitzuarbeiten, und das zugleich einen Verkehr und Austausch aller Mitglieder ermögliche. Mielck, der die Wichtigkeit eines solchen Vereinsorgans von Anfang an mit klarem Blick erkannt hatte, suchte deshalb alsbald und gewann noch im selben Jahre die Einwilligung des Vorstandes zur Herausgabe *seines* — so darf man es füglich heissen — Niederdeutschen Korrespondenzblattes. Wie richtig er geurteilt hat, wer wollte es jetzt nach zwanzigjährigem Bestande des Blattes noch bezweifeln? Dass es solchen Beifall gefunden hat und uns unentbehrlich geworden ist, lag nicht zum mindesten an der geschickten Redaction, bei der Mielck es durchaus vermied, der individuellen Freiheit der zahlreichen Mitarbeiter zu nahe zu treten, weshalb er auch den Zwang einer einheitlichen Orthographie ausgeschlossen hatte. Er beschränkte aber seine Tätigkeit am Blatte nicht auf die Bemühung einer sorgsamen Leitung, die Zusammenstellung der gelieferten Beiträge, die Anregung zu bestimmten Untersuchungen, die aus eigener Erfahrung geschöpften Ratschläge, wie man sammeln und aufzeichnen solle; sondern er lieferte selbst fleissig Beiträge, so über einzelne lautliche Erscheinungen, Wortbildungen, Betonungsgesetze und Sprachgebrauch, und teilte seine Sammlungen von volkstümlichen Tier- und Pflanzenbezeichnungen mit. Gerne beschäftigte er sich auch mit Untersuchungen über Volks- und vor allem über Kinderlieder, von denen ihn die geographisch weitverbreiteten am meisten anzogen, deren abweichende Fassungen er zusammenstellte und deren Entstehung und Bedeutung er zu ergründen suchte.

Auch am Niederdeutschen Jahrbuche hat er mitgearbeitet, wenngleich aus Mangel an Zeit nur in den ersten Jahren. Gleich im ersten Jahrgange veröffentlichte er eine musterhafte Arbeit über die Sprache des Tischlergewerkes in Hamburg und Holstein, der ähnliche Zusammenstellungen folgen sollten. Zwei andere Aufsätze besprechen botanische und pharmaceutische Namen. Dieses Gebiet der Namensforschung hat er auch sonst gelegentlich behandelt; zur Ausführung einer Geschichte der pharmaceutischen Nomenclatur, zu der er durch seine Fachkenntnisse ausnehmend befähigt war und zu der er Material, so durch Abschrift einer umfangreichen mittelniederdeutschen Handschrift, gesammelt hatte, ist er leider nicht gekommen. Ausser solchen Aufsätzen und Abhandlungen in unsern beiden Zeitschriften hat er einige ältere Sprachdenkmäler publiciert, kleinere teils im Korrespondenzblatt, teils in der Zeitschrift für Hamburgische Geschichte; eine umfangreichere als eigenes Buch unter dem Titel „Die niederdeutschen Liederbücher von Uhland und de Bouck." Es ist eine combinierte Ausgabe zweier alten, von ihm nach den Namen der Entdecker bezeichneten, Drucke, die sich ihm bei Untersuchung als eine ältere und eine vermehrte Ausgabe eines und desselben Liederbuches ergeben hatten, beide leider nur unvollständig erhalten, sich jedoch, wenn auch nicht völlig, ergänzend. Auf dem Titelblatte hat er diese Niederdeutschen Volkslieder als erstes Heft bezeichnet; ein zweites sollte nach dem Vorwort alle auf sogenannten fliegenden Blättern erhaltenen Lieder bringen. Noch ist zu erwähnen, dass er sich an einem niederdeutschen Liederbuche zu geselligen Zwecken, dessen Sammlung und Herausgabe von der Hamburgischen Gruppe unseres Sprachvereins bewerkstelligt ward, beteiligte, vornehmlich durch die Feststellung der Orthographie, über welchen Punkt er auch in einem Excurs Rechenschaft gab.

Mielck's sprachwissenschaftliche Tätigkeit erstreckte sich also hauptsächlich auf die jetzt lebenden Dialekte, besonders seinen heimatlichen, sodann auf die technische, zumal die pharmaceutische und die volkstümliche botanische und zoologische Terminologie, ausserdem auf das Gebiet des Volks- und Kinderliedes. Von der mittelniederdeutschen Sprache hatte er tüchtige Kenntnisse, so dass er sie selbst gewandt zu handhaben und in hübschen Gelegenheitsschriften zu verwenden vermochte. Doch lag ihm die eigentliche philologische Behandlung dieser Sprache und ihrer Litteratur ferner; sie dienten ihm meist nur als Mittel bei seinen Untersuchungen auf den oben umschriebenen Gebieten und wurden ihm bloss dann Gegenstand der Forschung, wenn ein stoffliches Interesse die Veranlassung bot. Seinen gediegenen Leistungen auf sprachwissenschaftlichem Gebiete stehen gleichwertige auf anderen, zumteil ganz heterogenen zur Seite, was eine seltene vielseitige Begabung bekundet, sowohl für die historischen wie für die Naturwissenschaften. Wäre es ihm, wie er in der Jugend gewünscht hatte, vergönnt gewesen, die rein wissenschaftliche Forschung zum Lebensberuf zu machen, so würde er ohne Zweifel im gewählten Fache Hervorragendes geleistet haben. Aber auf einen Geschäftsberuf hingewiesen, entwickelte er auch die für diesen unentbehrlichen Anlagen, vor allem in eminentem Masse die Eigenschaften praktischer Einsicht und Umsicht. Sein gesunder Verstand, das Vermögen rascher Auffassung und scharfer Unterscheidung der Dinge befähigten ihn, selbst bei schwierigen Geschäften und verwickelten Verhältnissen des Lebens ein richtiges Urteil und einen schnellen Entschluss zu fassen.

Diese seine geschäftliche Tüchtigkeit ist dem Vereine für Niederdeutsche Sprachforschung, insofern er von Anfang an bis zu seinem Tode als Vorstandsmitglied dessen Leitung und Entwicklung mitzubestimmen, als Kassierer dessen Geldverhältnisse zu verwalten hatte, von grossem Nutzen gewesen. Seit 1879 lag ihm auch die Verwaltung des Kapitals ob, welches unser Mitglied, Rechtsanwalt K. Bauer, behufs Ausführung gewisser philologischen Arbeiten vermacht hatte. Eine andere Stiftung, zum besten einer anzulegenden niederdeutschen Bibliothek, die Theobald-Stiftung, brachte Mielck selbst im Jahre 1891 zu Stande. Die Jahresversammlungen hat ihn seine Pflichttreue mit einer Ausnahme, wo er verhindert war, nie versäumen lassen. Ausser dem Kassenbericht stattete er einige Male ebenfalls den allgemeinen Jahresbericht ab, führte auch einmal den Vorsitz, aber nur notgedrungen, weil er sich zu öffentlicher Rede und Repräsentation nicht schickte und deshalb ungern verstand. Ueber die Vorträge und Verhandlungen pflegte er im Korrespondenzblatt ausführlich zu referieren. Diesen Versammlungen mass er überhaupt einen hohen Wert bei, weil sie die persönliche Bekanntschaft der Mitglieder des Vereins mit einander vermitteln. Durch seine stete Anwesenheit bei diesen Zusammenkünften, durch seine Stellung im Vorstande, durch seine Wirksamkeit als Geschäftsführer des Vereins und durch seine Redaction des Korrespondenzblattes trat er selbst zu einer grossen Zahl der Mitglieder unseres, wie auch des Hansischen Vereines, in persönliche Beziehung und vermöge seines trefflichen Charakters zu manchen in ein näheres, freundschaftliches Verhältniss, so dass ihn schon im Jahre 1879 ein Freund als Mittelpunkt unseres Vereinslebens bezeichnen konnte.

Diese eigentümliche Stellung Mielck's im Niederdeutschen Verein entsprang dem ganz besonderen Verhältniss, in welchem er zu dessen Aufgaben stand. Zwar war es überhaupt eine Eigenheit seines Charakters, dass er, wenn nach kühler Prüfung auf Richtigkeit und Durchführbarkeit er sich zu einem Unternehmen entschlossen hatte, dann nicht bloss mit dem Verstande, noch einzig aus Pflichtgefühl für dasselbe tätig war, sondern mit warmer Teilnahme für die Sache. Bei dem Verein für Niederdeutsche Sprachforschung war aber sein Gemüt ganz besonders in Mitleidenschaft und zu Mitwirkung gezogen, da es sich hier um seine von Jugend auf geliebte Muttersprache handelte. Aus dieser Liebe erwuchs seine unwandelbare Treue gegen den Verein. Unser Verein hat ausser ihm manche verdienstvolle Vorsteher und viele tüchtige und fleissige Mitarbeiter und bewährte Mitglieder gezählt, aber wohl keinen, der in dem Masse für den Verein gelebt und sich so mit ihm gleichsam identificiert hätte. Möge ihm für seine Treue der Verein ein treues Gedächtniss in Dankbarkeit bewahren!

HAMBURG.   C. Walther.

Ueber Dialektforschung im Niederdeutschen.

Es sollen in Nachfolgendem, mehr angedeutet als ausgeführt, eine Reihe von Gedanken über den in der Aufschrift genannten Gegenstand dargelegt werden. Dieselben sind das Ergebnis von Besprechungen und Beratungen, welche Freunde der Sache gepflogen haben und durch welche die früheren Ansichten der Einzelnen teils sich ausgeglichen, teils an Umfang und Vertiefung gewonnen haben.

Und wenn auch diese Auseinandersetzungen weder Tatsachen noch Kombinationen bringen sollten, welche dem Leser unbekannt sind, so dürften doch Absicht und Zweck derselben neu sein. —

Die Sprache eines jeden Volkes ist in ihren Anfängen nur eine Sprache des Mundes und des Ohres, d. h. sie existirt bloss durch den Laut, den der Mund des Sprechenden ausstösst, das Ohr des Hörers entgegennimmt. Viel später erst, wenn ein Volk — meistens von Aussen kommenden Anregungen folgend — eigentümliche Formen der Kultur zu entwickeln beginnt, tritt die Schriftsprache hinzu, die nunmehr vom Laute abgelöst an einen andern Sinn, das Gesicht, sich wendet.

Von einem geistig hoch Begabten oder von mehreren Volksgenossen eigensinnig und in Folge fremden Kultureinflusses oft unrichtig fixirt, lebt von da an die Litteratursprache ihr besonderes Lehen, welchem die Spuren derjenigen Periode nationaler Entwickelung, in welcher es begann, stets eingeprägt bleiben.

Einseitig und meistens konservativ soll sie Hüterin der Resultate bewusster Geistesarbeit sein und sie steht — unausgesprochen zwar, doch klar erkennbar — der Sprache der unbewussten Masse feindlich gegenüber.

Nur selten, wenn bisher unbekannte Gebiete geistiger Forschung sich erschliessen und der Kulturstand fremder Völker keine Ausdrücke liefert, geht die Schriftsprache zurück auf den Grund, von dem sie ausging, und schöpft aus dem Borne der Lautsprache, der Vulgärsprache.

Das Volk aber und seine Sprache, welche nach Loslösung der Schriftsprache als Dialekt mit seinen Mundarten bezeichnet werden kann, leben weiter, entwickeln und verändern sich, beeinflusst wol durch die Sprache der Bildung, doch wesentlich unbekümmert um dieselbe. In der Litteratur tritt die allmälig wachsende Scheidung des Dialektes von der Schriftsprache ans Licht in Folge von Veränderungen der Machtgebiete innerhalb des Volkes und nach historischen Umwälzungen, die von aussen hineingetragen werden. Dann genügt die alte Schriftsprache nicht mehr und aus dem Dialekte, aus einer Mundart desselben wächst eine neue Litteratursprache hervor.

Mit der Schriftsprache, mit der Sprache der Litteratur beschäftigt sich die Philologie, mit dem Dialekte dagegen die Linguistik. Sie ist in erster Reihe eine Beobachtungswissenschaft wie die Naturwissenschaften. Ihr Objekt sind die vom Menschenmunde hervorgebrachten Laute nach Form, Funktion und allmäligem Wandel. Nur wo der Mund des Sprechenden erstarrt ist und das Ohr des Hörers erstorben, ist die Linguistik für ihre Forschungen auf die Schriftsprache angewiesen, wie sie uns die Litteratur überliefert hat, und auf die Ergebnisse der Philologie. —

In unsern Dialekten und Mundarten walten noch jetzt frei die bildenden und zersetzenden Kräfte, als: Vokalassonanz, Konsonantassimilation, Abstossen der

Affixe, falsches Analogisiren u. s. w., welche bei der geschichtlichen Veränderung der Sprache tätig waren.

Nur genaue Beobachtung und Erforschung der Laut- und Wortbestände und ihrer in der Gegenwart geschehenden Wandlungen befähigen uns die jetzt wirkenden Kräfte zu erkennen und nur derjenige darf hoffen die Sprachengeschichte richtig zu erkennen, der, im Boden der Gegenwart fussend, von Gesetzen ausgeht, nach denen lebende Dialekte sich umbilden.

Der Vergleich mit der Geologie, der Wissenschaft, welche die Vorgänge bei der Gestaltung der Erdrinde zu erforschen sucht, liegt nahe.

Die Kenntnis der jetzt wirkenden Kräfte und der jetzt geschehenden Gestaltungsänderungen gehört dazu, uns vor tollen Hypothesen, wie sie lange genug gegolten haben, zu bewahren, und nur nach gegenwärtig gültigen Gesetzen dürfen frühere Veränderungen und Umwälzungen beurteilt we den. —

Von solchem Gesichtspunkte aus sind die deutschen Dialekte wenig bearbeitet worden, auch die Mundarten des niedersächsischen nicht. Und doch verlangen letztere eine ganz besondere Beachtung, da dieselben in ihrer Weiterentwickelung schon seit Jahrhunderten fast unberührt geblieben sind von dem direkten Einflusse und der Einwirkung des Schrifttums, der Litteratursprache. Seit dem Niedergange der niedersächsischen Litteratursprache lebt der Dialekt hauptsächlich im Bauernstande und den Elementen des Kleinbürgertums, die erst vor einem oder vor zweien Menschenaltern dem Bauernstande entsprossen sind.

Der Bauernstand in Niedersachsen liest wie überall der Bauer wenig, schreibt noch weniger und das wenige nicht in einer Schriftsprache, von dem die seinige ein Dialekt, sondern in einer anderen Sprache, nämlich Hochdeutsch, dessen lautliche Scheidung der Geistbeschränkte oft stärker als der Begabte empfindet. Die heutigen Bauern sind Nachkommen von Volksgenossen, die in ihrer Masse auch zur Zeit der niederdeutschen Schriftsprache nicht schriftkundig, nicht „buchkräftig" waren. In keinem andern deutschen Dialekte wird also in solchem Masse wie hier der Einfluss der Schriftsprache als ausgeschlossen betrachtet werden können.

Jeglicher Einfluss soll damit nicht bestritten sein, derselbe fand aber nur statt durch Vermittelung der dem Schriftdeutschen anbequemten Sprechweise Gebildeter und Halbgebildeter in den Städten.

Wie sehr ländliche Abgeschiedenheit von sogenannter Bildung, von Einwirkung der Schriftsprache und von Verkehr die Erhaltung und die Weiterbildung dialektischer Eigentümlichkeiten begünstigen, davon berichtet schon S c h ü t z e in der Einleitung zu seinem holsteinischen Idiotikon. —

Aber nicht lange mehr ist eine Durchforschung rein erhaltener Mundarten des Niedersächsischen möglich. Gefahr liegt im Verzuge. Die letzten Schriftlosen (analphabeti) Goldgruben für den Forscher, sterben aus. Eisenbahnen und alle neueren Verkehrsverhältnisse werfen auf eine bis zur Mitte dieses Jahrhunderts ungeahnte Weise die Volksatome durcheinander, zerwühlen den Volksboden. Nichts macht die hochdeutsche Schriftsprache mächtiger und schafft dem ihr nachgebildeten Dialekte schnellere Ausbreitung als die vielfältige Mischung verschiedener Dialektsgenossen.

Dem eben behandelten sprachwissenschaftlichen Interesse gesellt sich ein wesentlich patriotisches zu, wenn wir die Sprache als einen Organismus betrachten, der als geistiger Ausdruck des Volkslebens alle Stufen der Entwickelung desselben widerspiegelt. In der Sprache liegt Alles, was den Volksstamm treibt, bewegt, durchdringt, beschäftigt. Für einen reinen klaren Blik gibt die Sprache die Volksart wieder. Der Wortschatz zeigt uns den Umfang des Denkens und der Lebensinteressen. Die Veränderungen des Wortes im Satze und die Art des Satzgefüges verschaffen uns einen Einblick in die Art des Denkens, in die Art des Aneinanderreibens und Auseinanderentwickelns von Bildern und Gedanken.

So wie unsere Sprache ist, so ist unser Volk, so sind wir. Sind wir auch bestimmt in einer höhern Einheit aufgehend zu verschwinden und unsern regelschönen Dialekt gegen den dialektischen Abklatsch einer hoch entwickelten aber nicht formenreinen Schriftsprache einzutauschen, so wollen wir doch damit nicht dazu verurteilt sein, unsere jetzige Art zu verdammen und schlecht zu finden. Wir wollen im Gegenteil durch Aufzeichnung unserer Volkssprache und durch Sammlung schriftlicher Berichte über die kaum von der Sprachforschung auszuschliessenden Gebräuche, Sitten und Sagen unserm Volke ein Denkmal setzen; uns zum Spiegel, nachkommenden Sprossen späterer Jahrhunderte zur Lehre und wissenschaftlichen Erforschung. Und nicht ohne auf die Zukunft des Hochdeutschen zu achten geschähe dies.

Eine genaue Bekanntschaft mit unsern Lauten, unserm Wortvorrate, unserm Satzbaue wird auf die Weiterbildung des Hochdeutschen in Schrift und Dialekt nach Aussprache, Wortschatz und Stil verändernd, ich darf wol sagen, veredelnd einwirken. Der Oberdeutsche und der Mitteldeutsche, sie beide sind armselig oder gefühllos in ihren Lauten, und vor dem schärfern Ohre des Niederdeutschen kann, was jenen als Reim gilt, nur zu oft nicht bestehen.

Auch hat die Schriftsprache sich noch vieler Knorren und Auswüchse, hervorgerufen durch lateinische und andere fremdländische Bildung, zu entledigen, bis der Bau ihrer Prosa dem einfachen Redeflusse niederdeutscher Erzählung gleiche. Anschliessend an das eben Gesagte erwähne ich noch, dass eine genaue Kenntnis des Dialektes die Möglichkeit gibt zu bestimmen, wie und wo die Schriftsprache bereits von unsern niedersächsischen Mundarten gelernt und aufgenommen habe.

Weiter bietet die Erforschung unserer niederdeutschen Mundarten auch ein historisches Interesse.

Es ist hier nicht der Ort sich darüber auszulassen, ob ein naturwissenschaftlich Geschulter, der im Besitze eines feinen und richtigen Gefühles für Sprachen ist, für die Unterabteilungen einer grossen Sprachsippe den Artbegriff beziehungsweise so scharf und sicher wird ziehen und bestimmen können, wie Linné es nach manchfachen Vorläufern und Vorversuchen in solcher Weise für das Pflanzenreich gekonnt hat, dass trotz entwickelungsgeschichtlicher, darwinistischer Angriffe der Artbegriff im Grossen und Ganzen unverrückt feststeht für die Gegenwart sowol wie für jeden paläontologischen Zeitabschnitt. Ich meine aber behaupten zu dürfen, dass eine Auffassung und Erkenntnis des Dialektes nach Art und Unterart, nach Gattung und Familie es noch jetzt ermögliche, vom augenblicklichen Sprachstande aus die ehemaligen Gaue mit ihren Volksstämmen nachzuweisen und zu begrenzen. Hülfsmittel hierzu liefern, abgesehen von geschichtlichen Ueberlieferungen, beispielsweise die Lebensgewohnheiten des Volkes, die Bauart der Wohnstätten, die Sagen. —

Auch für derartige Forschungen bringt jeder weitere Zeitverlust schlimmeren Sachverlust. Wiederum liegt mir ein Vergleich nahe. Mehr und mehr werden Flora und Fauna, wie sie sich als Ausdruck von Klima und Bodenbeschaffenheit im Kampfe ums Dasein ausgebildet haben, gestört durch den Land bauenden, Tiere züchtenden Menschen. Vor dem Fusstritte des modernen Menschen vergehen ganze Arten und Gattungen und gerade die eigentümlichsten und zugleich empfindlichsten.

Und der Pflanzengeograph sieht sich, wenn er ein Bild der natürlichen Pflanzenverbreitung und Anordnung entwerfen will, oft mehr auf Aufzeichnungen vergangener Zeiten als auf Erforschung des derzeitigen Vegetationsstandes angewiesen.

Während ich im Vorstehenden versucht habe, klar zu legen, aus welchen Gründen und mit welchen Gesichtspunkten wir uns für das Studium der Dialekte im allgemeinen und für das unseres heimischen niederdeutschen im besonderen interessieren, komme ich nun zu der Frage, wie solches Studium fruchtbringend zu betreiben wäre.

Sollte wirklich ein Menschengeist gefunden werden, welcher in sich das ganze Volksleben mit allem Denken und Tun, Träumen und Treiben aufzunehmen vermöchte, so würde doch die Wiedergabe des Aufgenommenen Kraft und Dauer eines Menschenalters übersteigen, und ich glaube, dass auf Einzelleistungen hoffend wir unbemerkt und unbeschrieben unsre alte Art und Sprache verlieren würden.

Auch würden die Schranken des Raumes jedem Einzelforscher ein hinderndes Hemmnis sein.

Eine irgend wie versprechende Tätigkeit kann also nur von mehreren ausgehen, die sich unter gleichen Voraussetzungen zum gleichen Zwecke verbinden. Vorausgesetzt werden muss allerdings zunächst, dass für die oben berührten Fragen nicht einzig und allein vereinsamte Schwärmer Sinn und Verständnis haben, sondern dass weitere Kreise mit uns die Empfindungen, die uns zur Liebe unserer Mutter-

Mundart führten, und das Streben, in das Verständnis tiefer einzudringen, teilen, oder dass unsere Liebe und unser Streben sich weiteren Kreisen mitteilen lasse.

Finden sich aber solche, so müssen diese — was kaum ausgesprochen zu werden braucht — in einem Vereine einen gemeinsamen Mittelpunkt suchen, in welchem sie Anregung schöpfen, zu neuen Arbeiten angetrieben und vor einseitigem Urteile bewahrt werden.

Ein jeder, welcher je Dialekte kennen zu lernen gesucht hat, weiss, dass das Achten auf das Mundwerk seines Nächsten nur bei grosser Vorsicht gelingt und oft nur beim vertrautesten Umgange möglich ist. Vertraut zu sein mit möglichst vielen *Individuen* verschiedener Lebensstellung ist uns aber im gesellschaftlichen Leben unmöglich gemacht. In dem geplanten Vereine wird sich für jedes Thema, für jede Frage wohl einer finden, der Antwort geben kann aus sich selbst oder aus seiner Freundschaft, die er wie der Botaniker den freien Wald durchsucht und durchstöbert, um die Blumen der Volkssprache zu sammeln und einzuheimsen.

Um so reichlicher wird die Frucht geerntet, je planmässiger das Absuchen geschieht und je grösser das Gebiet ist, auf dem gesucht wird. Deshalb soll nicht auf ein kleines Land und auf ein enges Stadtgebiet der Verein sich beschränken, sondern darauf hinwirken, dass möglichst viele Gruppen oder Teilvereine überall im niederdeutschen Gebiete sich bilden.

Ein gemeinsamer Vorstand würde ausser seiner gewöhnlichen Vorstandstätigkeit als Hauptaufgabe betrachten auf bestimmte Ziele hin anzuregen und zu fragen, die Antworten zu sichten und das gesammelte Material an geeignete Kräfte zur Bearbeitung mitzuteilen.

Zur Veröffentlichung seiner Arbeiten würden zwei gesonderte Organe dienen: I. eine rein wissenschaftliche Zeitschrift. .

Diese würde in Art der F r o m m a n n'schen Zeitschrift — doch Dichtungen so viel als möglich fern haltend – sprachwissenschaftliche Aufsätze von Vereinsmitgliedern und die Bearbeitungen des eingesammelten Stoffes bringen.

II. ein speciell den Vereinszwecken dienendes Korrespondenzblatt: Vereinsberichte, hinsichtlich derer auf die in Vorschlag gebrachten Grundlinien zum Statutenentwurf verwiesen wird.

Aus der germanistischen Sektion des Vereins für Kunst und Wissenschaft zu Hamburg im Mai 1874.

W. H. Mielck, Dr. phil.

Die Heliandhandschriften.

Von dem Grundsatze ausgehend, dass man ein richtiges Bild der Überlieferung nur durch Einsicht der Handschriften selbst gewinnen kann, habe ich die für die altsächsische Bibeldichtung in Betracht kommenden Codices in London, München, Prag, Rom, Oxford selbst verglichen. Photographien sind nur für die Rückerinnerung gut, an sich sind sie kein genügender Ersatz der Autopsie, schon deshalb nicht, weil die Rasuren in ihnen nicht gelesen werden können. Ich versprach mir nicht viel Ergebnisse von meiner Neuvergleichung, denn der Cottonianus war ja von Sievers und Bartsch, der Monacensis von Schmeller und Sievers wiederholt nachverglichen, für das Prager Bruchstück und den Vaticanus lagen die ausgezeichneten Ausgaben von Lambel und Braune vor, und auch Kädmons Genesis hat in Wülckers Ausgabe eine sehr sorgfältige Behandlung gefunden. Gleichwohl bin ich zufrieden, die Arbeit mir gemacht zu haben, denn nicht nur konnte ich an zahlreichen Stellen die Rasuren und Verderbnisse besser bestimmen, als bisher geschehen, sondern auch direkte Fehler der bisherigen Ausgaben vermochte ich nachzuweisen. Damit ist kein Tadel gegen die bisherigen Herausgeber ausgesprochen, vielmehr finde ich es ganz natürlich, dass noch einige Irrtümer zu berichtigen waren. So konnte ich aus dem Cottonianus noch etwa zwei und ein halbes, aus dem Monacensis über drei und ein halbes Dutzend wesentlicher Besserungen notieren, und selbst das kleine Prager Stück hat trotz Lambels trefflicher Vergleichung noch mindestens eine recht wesentliche Besserung geliefert. Dabei sind, wie gesagt, nicht die zahlreichen Rasuren und Correkturen mitgerechnet, welche ich glaube besser gelesen zu haben und für die auch der Vaticanus noch Ausbeute geliefert hat. Auf diese Besserungen habe ich mich aber nicht beschränkt, sondern habe namentlich auch festgestellt, wo Worte mit Majuskeln beginnen, da ich bei meinen Arbeiten für den Heliand, namentlich für dessen Vers, es oft unangenehm empfunden hatte, dass Sievers Ausgabe dafür keinen Anhalt bietet. Auch die von den üblichen Halbversenden abweichende Punktstellung habe ich notiert. Gern hätte ich auch über Trennung und Zusammenschreibung der Wörter, über Zeilenschlüsse, über die Verwendung der Punkte ausführliche Angaben gemacht, doch hätte das hier zu weit geführt; es soll das aber an andrem Orte, soweit als möglich, nachgeholt werden. Zu bemerken ist noch, dass neben den Majuskeln in allen Heliandhandschriften Buchstaben auftreten, welche der Form nach Minuskeln, aber grösser als gewöhnlich gemalt sind. Diese habe

ich durch die Bemerkung „grösser" kenntlich gemacht. Besonders giebt
es in den Hdss. für h noch eine dritte Form, welche zwischen H und
h steht und hier durch eine besondere Form (ħ) kenntlich gemacht ist.
Die häufig auch innerhalb der Worte begegnenden N in der Form der
Majuskel und der Grösse der Minuskel habe ich hier nicht erwähnt;
nur wo sie im Anfang von Worten stehen, haben sie Berücksichtigung
gefunden. Die Accente habe ich vollständig verzeichnet, nur nicht
in dem angelsächsischen Stücke.

Beim Cottonianus setze ich die von Sievers und Bartsch
gemachten Nachvergleichungen als bekannt voraus.

Die Eigennamen der Handschriften sind stets mit kleinem Anfangsbuchstaben geschrieben, wo es nicht anders bemerkt ist. Die
Zeilenschlüsse sind nicht nur erwähnt, wo sie zur Erklärung einer Ab-
breviatur oder einer Auslassung dienen, sondern auch da, wo das Wort
des Zeilenanfanges oder Zeilenendes aus sonstigen Gründen vorkam.

Der Cottonianus (Calig. VII, gr. 8vo), in festem Lederband,
vorn und hinten mit aufgepresstem Wappen, mit Goldschnitt. Unten
auf S. 12b steht A, auf S. 13a B, auf S. 36b D, auf 44b E, auf
68b und 69a H, auf 76b und 77a steht J. Die übrigen Custoden sind
abgeschnitten, die Hds. muss also ursprünglich grösser gewesen sein.
Vorher gehen zwei leere Pergamentblätter, dann ein Blatt (1), auf
welchem Sir Rob. Cotton geschrieben hat: Bind this book ᴧ very stronng |
in Lether and gilt vppon the | Egges And my Armes lett | it be don
prefently. And | paft thos leaues together | I haue croffed |, Bl. 4 u. 5
leer; auf Blatt 6 (2) mit der Notiz: Catalogus Tractatuū | in isto
volumine. | 1. Quatuor Evangelia in lingua Danica | cum picturis
deauratis. Liber quondā | Canuti Regis. | 2. Exorcifmi sacri ad red-
dendos ᴧ ferti | les. Saxonicè. | Dann folgt ein Papierblatt, dann acht
Bilder, je zwei mit ihren Rückseiten gegeneinander, zwischen den
Bildseiten je ein Papierblatt zum Schutze. Die Bilder stellen dar:
1. Mariä Verkündigung. 2. Mariä Besuch bei Elisabeth. 3. Christi
Geburt. 4. das Gloria in excelsis. 5. den Bethlehemitischen Kinder-
mord. 6. die Darstellung im Tempel. 7. die Anbetung der Könige.
8. Christi Taufe durch Johannes. Das erste Blatt des Heliand-
textes, 5, hat oben und unten auch die Bleistiftnummer 11. Links
oben auf dem ersten Blatte steht von moderner Hand: Euangelia in
lingua | Danica; rechts oben steht QVATVO. Bl. 170 hat keine Blei-
stiftnummer, Bl. 171 trägt die Bleistiftnummer 176. Der Heliand
steht Bl. 5—170; S. 171a (176)—173a (178) stehen die ags. Segen,
S. 173b (178) ist leer, dann folgt noch ein leeres Pergamentblatt.
Auf S. 69a unten steht ferr uuretha.

Der Monacensis besteht aus folgenden Lagen: 1. 1 Blatt
Papier; 2. 1 Quaternio (Bl. 2—8), dessen erstes Blatt ausgeschnitten
ist; 3. drei vollständige Quaternionen (9—16, 17—24, 25—32); 4. ein

Quaternio (Bl. 33—38), dessen zweites Doppelblatt (nach Bl. 33 und nach Bl. 37) fehlt; 5. ein vollständiger Quaternio (Bl. 39—46); 6. ein Quaternio, dessen fünftes Blatt (nach Bl. 50) ausgeschnitten ist (Bl. 47—53); 7. ein Quaternio, dessen fünftes Blatt (nach Bl. 57) ausgeschnitten ist (Bl. 54—60); 8. ein Quaternio, dessen achtes Blatt (nach Bl. 67) ausgeschnitten ist (Bl. 61—67); 9. ein vollständiger Quaternio (Bl. 68—75); 10. ein einzelnes Blatt (76). Das letzte Blatt ist unten halb abgeschnitten. Die Linien (zu 24 auf der Seite) und der Rand sind vorgerissen. Auf S. 27ᵇ neben der fünftletzten Zeile steht: Oc fcal, und am unteren Rande derselben Seite: fcal ic ev feggean von alter Hand eingeritzt. Auf S. 47ᵃ rechts neben Z. 8 steht dixit ausgewischt, neben Z. 12 ist ein Tierkopf ausgewischt. Näheres über diese beiden Hdss. s. bei Sievers.

Der Cod. Pal. 1447 ist von Zangemeister beschrieben. Ich bemerke nur noch, dass mir die letzten zwei Zeilen auf S. 11ᵛ (Si lunā in ueftigare uolueriſ in qua parte fit. multiplica p̄fentē lunā p XIII. & tunc parare p XXX | & q,t̄ XXX. habueriſ. tot figna ſt inī folem & lunam |) und die letzten zwei Reihen auf S. 12ʳ (conpendoo [durch das vorletzte o lang i gezogen] fi ta tē numerandi. ordine. IIII refpectuſ m̄fiū. | & quinq; refpectuſ h̄ᷓ unuſquiſq, m̄fiſ nifi feb. |) von dem Schreiber der altsächsischen Reste herzurühren scheinen. Auch S. 32ᵛ vita sanctorum septem u. s. w. bis in KI aug. falt' lune apte ponitur (14 Reihen) ist Zusatz von der Hand des Heliandschreibers, sowie links am Rande eine Bemerkung.

---

1. Der Cottonianus.

Die Eigennamen sind stets mit kleinen Anfangsbuchstaben geschrieben, die ſ lang, die grossen Anfangsbuchstaben stehen an den von Sievers angegebenen Stellen, wo es nicht anders bemerkt ist. Bis S. 13a sind die letzteren rot ausgemalt. Die Striche in b, đ sind durchweg alt. „Mit Häkchen" bezeichnet, dass an der Stelle, welche der übergeschriebne Buchstabe im Worte einnehmen soll, ein , steht. — Überschrift INC : PIT . QVAT : : *(braun auf gelb)* | OR . EVANGELIV̄ ∴ *(braun auf blau)* | MANEGA VVARON *(braun auf gelb)* | — 1 thefiaro *(vor r ist i v. alter Hd. überg.)* — 2 thafia *(vor ſ ist t mit Häkchen überg.)* | — 3 riceo *(ri a. Ras. von ſe, das e dieser Rasur zweifelhaft)* — maritha *(das letzte a offen, einem u ähnlich)* — 9 firiho *(das zweite i a. Ras. von o)* — 10 mego *(ni mit Häkchen vor g überg.)* — 12 Craft | — 13 | That — 15 nemofta *(u mit Häkchen vor o überg.)* — 18 Matheuſ — 19 | Lucaſ — Johanneſ — 24 That | — helagaro (ags. r) — 26 Thiu — That — 28 Eftho — 29 Huand — 31 adal orđ frumo | — 34 That — 36*

2*

giuuarahta *(ags.* r) — 39 | gifcuop *(darnach Punkt rad.)* — 40 Endi — 42 That — 45 uuerold aldar | endon fcoldi. — 48 Scolda — 50 Helagaf — 51 mid | dil gard — mauagon *(das letzte* n *aus* m *ge- macht durch. Ras. des letzten Striches)* — 53 | uuid *(das erste* u *grösser)* — god. roma no. — 56 That — thiedo | gihuilica (a *aus* o *corr.)* — 59 liudo (e *vor* o *mit* Iläkchen *v. alter Hd. überg.)* — 60 | Erodef — 61 | Judeono — 62 kuninge: *(Ras. v.* g *oder rundem* s) — 64 | hie — 65 | ifrahelef (i *rad., aus* p?) — 66 Cuman — thef | (f *a. Ras. von* t) — 68 | That — 69 auaron (r *aus* n *rad.)* — 71 Erodef — *nach* | rad- burdeon *etwa acht Buchst. rad.* — 72 than (t *rot ausgem.)* — *links am Rande steht vor* fruodgomo: Scd°m lucam. | Iнillo tēpo | re fuit Indi | ebuf erodif re | gif Iude. facer | quidā nomin°. | zacharias; | *hierin* r *stets ags.)* — 73 that *(das erste* t *rot ausgemalt)* — 75 Jacobaf | — 76 Zachariaf — that — 79 Uuaf — 82 gihoga (a *aus* u *corr., nach* o *ist* ri *mit Häkchen überg.)* — 83 diu | ridon. — 85 нefaca — uuaf | — 86 moftun (u *vor* o *mit Häkchen überg.)* — 87 Ac — than (t *gelb ausgemalt)* — 88 So — 93 mofti. II. | (u *vor* o *ohne Häkchen überg.)* — 94 Thuo *(die Buchst. rot ausgemalt)* — 96 thuo | (t *rot ausgem.)* — 97 Thar | — Judeo — 100 hea | ron (a *rad.)* — that *(das erste* t *rot ausgem.)* — 103 that | — 109 frumida (f *rot ausgem.)* — 110 Junger fcipi — 111 | Midi — 114 fprak (r *ags.)* — 115 ħiet *(grösseres* h) — fruod | (r *ags.)* — 116 quat | hie — 118 Thin — 119 ikif — 120 Gabriel | — 121 | and- uuard *(das erste* a *rot ausgem.)* — nefi: | *(Ras., von* n?) — 122 nuhiet (et *aus* t *corr.)* — 123 Hiet — 126 that | — 127 Uui | nef — 131 | Tugin — 132 for | geban *(über* a *Ras. von* a) — 133 thie | *(nach* e *scheint Ras.)* — Johannef — 135 | That — 138 gibod fcepe (g *a. Ras. von hohem Buchst.)* — 139 Za | chariaf — 141 huo | — 142 after | (a *rot ausgem.)* — 146 Than — atfibunta | (b *oben anrad.)* — 147 fithoн | (oн *lig.)* — 148 Souuit — | Juguthi — 150 fodan | (u *über* o *mit Häkchen v. andrer Dinte)* — 152 That — 155 find. — fprikif. III. | — 159 Thuo *(auch* u *rot ausgem.)* — arm *(vor* a *ist* h *mit Häkchen überg.)* — 162 ala | Jungan *(es ist lang* J, *kein* l, *denn unten fehlt die Krümmung)* — he (i *über* e *mit Häkchen überg.)* — 164 uuord (r *ags.)* — 165 thimagu (h *oben rad.)* — 170 langron | (r *ags.)* — thuo (t *rot ausgem.)* — 171 | Giuuorđan — | uuiæ (h *nach* i *mit Häkchen überg.)* — 172 Engil — 174 baranif (r *ags.,* i *nach* r *mit Häkchen überg.)* — bi | dun — 179 Than — 184 hie — 185 Gifeggean — met (e *von alter Hand aus* i *corr.)* — 186 | uſef (u *a. Ras.;* e *a. Ras. von* a) — 196 bugeon ‖ (. r. *mit Häkchen über* g *überg.)* — bed — 197 fcred | — 198 Jaref — Jo | hannef — 199 *nach* | fconi *Ras. eines Punktes* — 200 uuaf *(das erste* u *war ausgem., doch ist die Ausmalung wieder rad.)* — 202 | fuafoftun (fo *scheint a. Ras.,* n *aus* m *corr. durch Ras. des letzten Striches)* — 204 That | — 208 engifruodot — 210 niudlico (ni *durch Ras. der Verbindung der beiden letzten Striche aus* m) — 212 Jac — 213 So — 216 ħier | (ħ *ausgemalt)* — fiu (f *a. Ras.?)* — 217 Jara | — 218 Johannef ‖ — 221 engel | hert — 222 Nihiet (et *lig.)* — 223 uuita kiefan (n *aus* m *corr. durch Ras. des letzten Striches)* — 224 note | (n *aus* m *ebenso)*

— 228 ſitit (ti *ſchcint a. Ras., von* a?) — 229 Uuiſaniᴄ| *(das erste* iſ *a. Ras. von* a) — Thoh — 230 thoh (t *rot ausgem.)* — 231 thuo | — 236 Johan | neſ — 237 giuuret (et *lig.)* — 238 ſuitho [11a] ſpahlico — 239 That — 242 ſandi iungron tuo. IIII. | *(über dem ersten* i *ist* . iſ . *mit Häkchen übcrg.; die Nummer rot)* — 246 That | — 248 te (t *rot ausgem.)* — 249 uuitie *(das zweite* u *a. Ras., von* it?) — 250 gali | *(rechts a. Rde. rot:* be ſcā | marian. |) lea land — 252 muni | lica (m *rot ausgem.)* — 253 Uuaſ | — ſia — 254 Joſeph — 257 anazareth burg — 260 uualdandi *(das erste* u *rot ausgem.)* — 260 haḃiſ *mit Häkchen überg.* — 261 thu | — 262 | nihaḃiuuekean — 263 Niforohti — 264 Nedragu — | thu — 266 Theſ ·(T *rot ausgem.)* — thie — heland — 267 endi — 270 engel *(darnach Ras. von* a *oder* d) — 272 neik — 276 thanan — 277 uual | dandeſ — 279 niuuarth — 280 ɴiſo — 285 | Thiu uuabiun — nu — 286 Uuerthe — 287 niſmi — 288 Ne uuord — 291 uuarth | — 293 Jac — 295 Joſepeſ — 299 ɴiuuanda | — 300 ɴiuuiſſe — giuuardot *(das zweite* u *mit Häkchen überg.)* — 301 | niualda — 302 Acbegan — 303 thar (r *ags.)* — 304 | Neuuelda (N *schwarz)* — 308 So | huilik — 310 ferahuni — 311 That — u *in* muoſti | *ohne Häkchen überg.* — 313 god | — Joſeph — 314 thiornun (or *a Ras. von* rn) tho | — 317 *Unten auf S. 12b steht* A — 318 Minneon | — niuuiſ — 320 ɴiforhugi — tiardo (h *vor* a *ohne Häkchen überg.)* — 321 leſti | (e *aus* i *corr.)* — 323 thoh *(davor lanɜ* J *corr.)* — 324 barn (b *rot ausgem.)* — | it — 326 That — iħſ | — 328 | nilat — 330 imm | *(das zweite* m *rad.)* — 332 uuaſ — 335 All — *unten auf S. 13a steht* . B . — 338 ſcolda. V. | — 339 uuarth. *von erster Hand (nur kleiner) mit Häkchen überg.* — 345 Hiet (et *lig.)* — voᴅil (v *ags. Form)* — 346 elithoſ | — 350 forun — 352 anbrief | — 354 Jaland (d *mit Häkchen überg.)* Jaliudi — 356 giuuet (et *lig.)* — 357 | Joſeph thioguodo — 359 Thia — 361 marium | — 365 ſialdan hoh giſetu | ſea — 366 | cnoſle (u *mit Häkchen über* o *v. andrer Dinte überg.)* — 367 thu | — 371 | Allero — cuman | thie — 373 uuarun *(das zweite* u *mit Häkchen überg.)* — 374 | tho — 376 Thuru — 378 | thuo — 382 That | — cribbiun (r *ags.)* — 383 Thar | thiu — 384 uuacoinan | *(das erste* n *rad., hinter dem zweiten ist* . de *mit Häkchen überg.)* — 385 ſield — 387 Uuar | doſ — 392 uuanom (uu *a. Ras.)* — 393 ſia uuar | dun — thio (i *rad.)* — 394 u *in* muoᴅe *ohne Haken überg.* — 396 hiet (et *lig.)* — 397 ik — 399 Cuthian | — nuiſt — 400 naht (n *aus* ſ *rad.)* — 401 An | — 403 thar — findan. | (ndan. *a. Ras.)* — 405 hebeat *(vor* b *ist* b *mit Häkchen überg.)* — 406 That — 409 uuord *(das zweite* u *mit Häkchen überg.)* — 411 ſielag — 414 eft (e *a. Ras. v.* ſ) — 415 thea ‖ — 421 the *(vor* e *ist* i *mit Häkchen überg.)* — 422 Thuru — | thia — 424 Giuuitun — 426 muoſtun . . VI. | — 427 Hᴀᴃda — all — 430 Endi — ſan *a. Ras., von* thia? (a *sicher)* — 431 ſagdun | — 432 Uualdande — *(das zweite* u *ohne Häkchen überg.)* — cuthdin (c *a. Ras., von* ſ?) — 434 gitigid. *(nach* t *ist* o *mit Häkchen überg.)* — 435 that fri *vor* r *ist* i *mit Häkchen überg.)* — 437 Thiu — 438 ſodda — 440 | helithoſ — 441 Anthem — 443 heland — 445 | Uuarun — 446 Thuo — 447 uuaſ — 449 that — 452 folgeban | — 453

thuo | — 458 Giuuitun (n *aus* r *corr.*) — 460 Suoh | tum — 462
Uualdan | de — 463 thar — 464 Aldan — 465 Thie — endi (di
mit Häkchen überg.) — 466 Oft | — 471 Uuendian — 473 ſielagna —
thuo — 475 thuo — 479 bilithi *(das erste* i *aus* l *rad.,* l *a. Ras. von* e,
das zweite i *a. Ras.; darnach ist* .endi. *mit Häkchen überg.*) — 480 nu —
489 thina — 492 Thinon — liſtion | — 494 Sagda — 497 Them — 501
that | — 502 thiu (i *mit Häkchen überg.*) — 511 metoðeſ (et *lig.*) — 519
Them — 521 Nuiſt — 523 Toaloſannea — 527 aftær — 529 alaha
ſoit | — 531 ſie | lagero — 532 Joſeph — 534 drohtineſ. .VII. | Mana-
gero — 536 Than — 537 Thoh — 539 Them — 540 Ac — 543
Threa — tun *in* ſohtun *ohne Häkchen überg.* — 548 rikkian | — 551 Thuo
— 553 hiu | lic — 554 hueder — giuun [19ᵃ] dan — 556 | huat ginet
huanan (et *lig.*) — 557 ik — 558 Cunnieſ — cnoſle (u *vor* o *mit Häkchen*
überg.) — 560 giſculon — 563 uui — 565 giſeggian | ſuothlico (t *a. Ras.*
von e) — 573 ſiuand — 579 Thuo — het (et *lig.*) — 582 Thuo | —
584 Theſ — 585 Quat — 586 euon (u *vor* o *ohne Häkchen überg.*) — 587
ſie — 591 oðar (ð *a. Ras. v.* b, *Querstrich von ders. Hd. wie* d) — 592
Neſulik barn — ſiet — 593 hiet | (et *lig.*) — 594 ſea *mit Häkchen überg.*
— giſauuin *(von* a *ist die Schleife alt, der schräge Strich steht a. Ras.*
eines nach unten gehenden geraden Buchstaben, wie ſ; *der erste Strich*
des ersten u *aus* l *rad., der zweite ist alt)* — 595 hit (e *oben an* i
angeschrieben) — geruuan *(vor* a *ist* e *mit Häkchen überg.*) — 596 ſiet
— 597 uueroldi (i *ist später zugesetzt)* — nuiſ — 598 Cuman — thie
— 601 uuigi | ſahun — 603 Uuegoſ — huilon uari *(vor* a *ist* u *mit Häk-*
chen überg.) — 605 | ſagi — 606 Innan — 610 Craftigron — 611 | thuo
— hiet (et *lig.*) — 615 uuiſſun *(das erste* ſ *ohne Häkchen überg.*) — 616
Suitho — 617 Cuningeſ (eſ *rad.*) — 619 no *ohne Häkchen überg.* — 621 ſo —
622 Uuiſlico — 625 That — 628 Judeo (no *später überg.*) — 629 managan |
thiodon. VIII. | — 631 Thero uuaꞃſago | no (ꞃ *aus* ſ *corr.*) — 632 thet | (et
lig., anders als 654; *hier ist* t *alt)* — 634 ſiuan — 636 ſia — 640 Suitho —
642 That — 644 than barne than — 651 habda (h *zu* b *corr.,* b *zu* l *rad.)* —
654 Uuarun — *es stand* tha thea | *(von dem ersten* a *ist der Haken*
rad., an den Rest ist die e-*Schleife gesetzt und an den Querstrich von*
dieser der Grundstrich von t *gefügt)* — 655 uuolneſ (c *nach* l *mit*
Häkchen überg.) — 657 Ant kendun — 662 thieſteorra — 669 gengun
(das letzte n *aus* m *corr. durch Ras. des letzten Striches)* — 671 crist thia
— fellun (f *a. Ras. eines Fleckes)* — 674 Gold | — uuiroc (h *vor* r
mit Häkchen überg.) — 675 thia — 679 gaſt feli. — 682 That im —
687 thuo | — 690 badunal uualdon . *(das erste* n *aus* m *corr. durch*
Ras. des letzten Striches) — 691 ſieranheban | cuning — 693 thanan.
VIIII. | Erloſ — 695 ꞃamun — 697 Umbi — 699 Ac | — 704 ꞃu —
707 Uuonon — uuord | (r *in der Anschlussform)* — 708 thineſ (eſ
lig.) — 711 Joſeph | — 712 Giuuet — 714 Uualda — 718 voðil (v
wie 345) — 719 ſia that | — 722 thuo — 724 nu — 725 Uuet (et
lig.) — 727 under — 729 Cuning | — 731 Somanag — 732 tionon
— 734 ꞃi — 735 | Jamorlicra for gang Jungero — 736 armlicro
(erste r *ags.)* — idiſi — 738 ꞃi | — 739 egan (eg *lig.*) — 741 The

— meneſ — 743 fellun ‖ — 744 tha — 745 kara — 746 Thoh man iro | — 751 thea — 754 ina | (a *aus* n *corr.)* — 757 uuag (n *nach* a *mit Häkchen überg.)* — 762 that *(das erste* t *etwas grösser)* — 770 hiet (et *lig.)* — 771 nuhabit | (n *grösser)* — 772 herodeſſe | — 773 nu — 774 ɴu — 775 all (a *grösser)* — 776 Joſeph — 779 uuordon | gibod. X. | — 782 annazarethburg | *(erste* r *ags.)* — 784 ſie — 785 man ‖ (noɴ *untery.)* — 788 iuđeo | — 796 | Thuo — 797 uuilleon *(über dem zweiten* u *ist noch ein* i *überg.)* — 798 godeſ | ſio — 799 Ac — 800 gifragn *(das erste* g *ags., grösser)* — 803 Uắrth | — 804 | unbi — 805 filo (f *grösser)* — 806 Giuuitun — 808 Anthem — 810 ſiuo — 811 uuerol (d *mit Häkchen oben nachgetr.)* — 813 Sio — 821 ſiui — 822 That — 825 ſiuat — 826 *das zweite* ik *ohne Häkchen v. j. Hd. überg.* — 830 | Maria — 832 eft | ſon — 837 Endi — 839 odmuodialdron (ia *a. Ras.)* — 840 ɴiuuolda — 842 Ac — 845 | Seggean — 847 ſiabda — 851 | Achie — 852 niuuaſ — 855 Uuirkean | — uuiſſun — 858 ſelbo *(Strich durch* b *rad.)* — uuelda. X. | — 859 Johanneſ — Juguthe | diauuahſan — 860 | Thar — 865 Godlic — Johan | ne — 868 Hiet Ina — 871 Uuelono — im — 876 That — 878 That giuuer | than — quthie (a *mit Häkchen nach* u *überg.)* — hebanriki — 879 nu — 881 Letheſ — 882 after (f *durch Ras. aus* t *corr.)* — ik — 883 thoh (t *grösser)* — 885 That — 887 | Mahtig — 889 Thie — 891 ſie — 892 So — 894 That — 898 Thuru — 899 theſ | — 900 Sohuie — 903 tethē | — 905 Uue | roſ — 909 Thuo — 912 That — 914 | Johanneſ — 915 nibiun ik | — 921 bie — 922 fagi — 923 biſt — 924 huat — 927 behui — 929 thu | biſt. — 930 Johanneſ — 931 mineſ (eſ *lig.)* — 933 ikhabbiu — 935 Uuerodeſ — nubiun — 936 Hie — 937 | That — 939 That — 943 hebbeat — 944 liudi (l *a. Ras.)* — Thann — 948 nilatat — tuiſlean. XII. | — 950 manag — 952 Quamun — 954 hie | — 955 Uurethero — 956 | heban riki — 957 hem (u *vor* e *mit Häkchen überg.)* — 958 Endi — 961 Diurlic — 962 uuaſ — 969 ſprak *(unter* a *Ras. wie von einem* g-*Haken)* — 970 ſuithuo. — Johanneſ — 973 ſiuand — 977 Johanneſ — 979 Uuerod | — 987 Uuaſ — 989 | Uuonoda — after — uuor (d. *mit Häkchen oben nachgetr.)* — 990 Criſt | — 994 Johanneſ all | — 995 hie — 1005 hie | — 1007 Manno men dadi hie | — 1009 thit — 1011 uuela — 1014 | numuot — 1016 Tionon | — 1018 that — 1019 duot. XIII | — 1020 Johanneſ — gu | : : mono *(2 oder 3 Buchst. rad.)* — 1022 ſierren — 1027 Uuaſ — 1028 hab : a *(Ras. von* b, d *v. j. Hd. überg.)* — 1030 Uuolda — 1033 huhie (o *mit Häkchen nach* u *von alter Hand nachgetr.)* — 1039 Gumono — thuo — 1047 droh *(davor* bi *mit Häkchen v. alter Hd. überg.)* — 1048 Biſuek — 1051 Herta — 1052 uuaſ — 1054 ſohie — 1055 Than — 1059 ſohie (hie *a. Ras.)* — 1060 That — 1062 mann euuald | — 1064 Gruotta — eſ (e *grösser)* — 1065 nihetiſ thu (u *a. Ras. von* aɴ) — 1066 ofttheſon (o *aus* a *corr. durch Ras. des unteren Teiles des schrägen Striches. das erste* t *rad.,* ſ *aus* g *corr. durch Ras. der oberen linken Schleife)* — 1067 giheli — 1077 that *(das erste* t *grösser)* — 1078 Üuretheſ — 1081 hie anhie | ruſalem — 1082 upp *(darnach* an *mit Häkchen überg.)* — 1083 An — 1085 the erthu ‖ *(das erste* e *v.*

alter Hand aus i *corr.*, ti *überg.*) — gifcriban — 1089 fiuat — 1099 | Endi —
1104 | than — 1108 Eudi — 1111 Suitho — 1112 thar — 1117 Jungar
duom | — 1119 Thionon — *das Folgende lautet:* | gode herren after
if huldi heban | *auf der ersten Hälfte der folgenden Zeile ist eine Ras.,
auf der zweiten steht von alter Hand* cuninge XIIII (*die Zahl braun
auf blau*) | Uuaf (*gemalter Initial*) imthem (an *vor* t *mit Häkchen überg.,*
e *aus* i *corr., der Anfang von* m *a. Ras., von* g?) fin uueldie — 1122
imm | (*das zweite* m *rad.*) — 1124 Uueroda || —thuo — 1125 enodeaf
ard (*nach* f *Ras. eines kleinen Buchst., das folgende* a *a. Ras. eines
tiefgehenden Buchst.*) — 1127 Gieng — Johannef — 1130 Johannef
— iungron — 1133 Mancunnief — 1137 tirlio (*vor* o *ist* i *von ältester
Hand überg.*) — 1143 Gihie | tun — neridien (*vor* d *ist* en *mit Häk-
chen überg.*) — 1145 Sohuie — thionoian (*das zweite* o *aus Ansatz
von* i *corr.*) — 1146 thuo — 1152 thar — 1153 An | dreafe — 1156
thar — 1157 gruotta (*davor* gi *ohne Häkchen überg.*) — 1159 far
geban | fogit — 1163 thuo — 1164 bithionothem (*das letzte* o *rad.,
das letzte* t *a. Ras.*) — Ant kendun — bar (*darnach* n *mit Häkchen
überg.*) — 1167 Uuaf — 1172 Giuuerkean (k *a. Ras.*) if (f *a. Ras.*)
uillon | thuo — 1175 Jacobe endi | Johannefe — 1176 | fatun — 1178
Thiu — 1181 endiohan || (nes. *untcrg., nach* d *ist* i *v. j. Hd. mit
Häkchen überg.*) — 1182 man . Tuo | — 1186 Netti | — 1191 Crift
anenaro | — 1197 | Gold — 1199 Cof — crift (c *a. Ras., von* zu *tief
geschriebnem* k?) — 1204 fel | bo — 1205 uord (*vor* o *ist* u *mit Häk-
chen überg.*) — 1207 Giuuarahta — uuaf — 1208 Jac — 1210 | manno
barnon. XV. (*Zahl braun auf blau*) | — 1211 Liudeon (*gemalter Initial*)
— oft — 1212 Than he | — 1221 Thoh — thar *a. Ras.* — 1223 Uuaf —
1225 Thigidun — 1229 That — 1231 | Uuoldun uualdancrift — 1234 uua-
run | — 1236 | That — 1239 Uurdun — hie *mit Häkchen überg.* — 1241
hie — 1243 gileftan (*nach* t *ist* i *mit Häkchen überg.*) — 1244 uarth
(*nach* u *ist* u *mit Häkchen überg.*) — 1248 im. — 1249 ena berg | —
1250 Suudar — 1251 Tueliui — 1255 hiet (et *lig.*) — nahoʀ | (oʀ
lig.) — 1256 Andriafe — 1257 bethia | — 1258 Jacobe — Johanneffe
— 1259 hie anif | — 1260 that *mit Häkchen v. j. Hd. überg.* — 1263 Judafof
— Ja | cobe — 1265 Jacob — 1266 thuo — 1268 Thuo — 1270
fiet — 1273 thar hic | — 1274 Managero — 1278 | Thuru — hogda. |
(*darnach 1 Zeile leer*) — 1279 Thuo (*Initial ausgemalt*) — nahoʀ |
(oʀ *lig.*) — 1281 | ftuodun — 1283 Uuerof — 1286 Thefon — | than —
1289 | Lerean — 1291 Sat | — 1294 Uuifda — 1296 Spahon — 1298
Hui | lica — 1300 Sagda | — 1301 Thia — 1302 Arma — 1307
| Thia muotun — 1309 Rincof — thef — 1312 anmahle (e *a. Ras. v.*
a) — 1315 herta (a *aus* d *rad.*) — 1317 folca (f *aus ausgewischtem*
b *corr.*) — 1318 Thia — 1320 Selbon — 1322 Them — 1324 nicu-
mit (ni *aus* m *rad.*) — 1325 Uuelono — | fo — uualdan — 1327 gihue
(*vor* e *ist* i *mit Häkchen überg.*) — 1328 gihalon (on *a. Ras. von* d:)
— 1329 Eftha — 1329 tccuon dage (*nach* u *ist* u *mit Häkchen überg.*)
— 1336 Giuuerthat — 1341 Logneat — 1342 thef — 1343 Huand —
1346 Huand | — 1347 athefaro (*vor* t *ist* n *mit Häkchen überg.*) —

uuirſſ — 1349 Uuidon — 1357 than — 1362 Uuaron | — 1365 foʀ
| latean (oʀ *lig.*) — 1370 Thau — 1372 Ac | — 1373 ſo — 1374
Ef — 1377 Ac — 1379 Uuirthit | — 1380 nidog. XVII. | *(darnach
1 Zeile leer)* — 1381 So *(verzierter Initial)* — 1382 | Lcrda — 1383
| hluttru *(das erste t aus o rad.*) — helithoſ — 1385 | Uueroſ — 1386
Thahtun — 1393 Nimugun | — 1395 Than mer | — 1396 hoh *(dar-
nach an von ganz junger Hd. überg.*) holm clibu *(nach m ist an v. j.
Hd. überg. und wieder rad.*) — 1397 uuriſilic | (ʀ a. *Ras., von* ſ?) — Nimugun
— 1399 duot — 1400 | Latat — 1402 Juuua — 1405 i *in* dernian *ohne Häk-
chen überg.* — 1407 That — 1408 Inne | — 1411 ſielith cunnie — 1412 gi-
bod (od a. *Ras., von* ?) — 1413 oʙar thit | — 1414 Endi — 1417 Endi —
1419 That — aldan | *später zugesetzt* — 1420 Niuua neat githeſ — 1432
gihordun — 1433 uor | dun *(vor o ist u mit Häkchen überg.*) — 1436 ik iu |
— 1439 | huand (h *rad. aus* ?) — 1441 Man — 1442 gileſtian *(das erste
i aus* l *rad.*) — 1443 | Than — 1445 Thie — 1447 ſogiuuitun — 1448
That — 1455 . magaſ . *mit Häkchen vor* duat | *überg.* — 1456 | An-
guodeſ — duot — 1458 that — 1465 Iuueſ | — 1468 Inuuidhu | giſ
— 1469 giſonean (u *nach* ſ *mit Häkchen überg.*) — 1470 Sithor — međ
moſ || *(Strich durch đ rad.*) — mat (h . *vor* t *ohne Häkchen überg.*) — 1475 oc
— 1476 ſuo — 1478 uuid mid — than — 1479 That — 1481 | That
— 1482 than — 1486 Than — 1492 niſcal (c a. *Ras.*) — 1494 Than
niſihie — 1496 than *mit Häkchen überg.* — 1499 That — 1501 gi-
ſuokean . , | *1 Zeile leer, am Ende davon* XVIII. | — 1502 oc — 1504
| That — 1505 Neſor ſuerie — ſelʙon that | — 1507 ef — 1509 ɴebi |
— 1510 ɴebi — 1511 Nec — 1514 bethiu — gimithan | — 1515
Erloſ — 1523 Queđe — 1524 Sohuat — 1525 ubile — 1526 That
— 1527 than — 1528 Huo — 1541 Neruo keat — githeſ | — 1545
Mahtig | — 1548 Eftha — ſuand | — 1551 tehuiuuet thi | theſ ualdand
(nach u *ist* u *ohne Häkchen überg.*) — 1553 Iuatheſaro — 1554 | Endi — 1556
Ac — 1558 Suitho — 1559 ſohuat ſothu — 1562 | idila (a a. *Ras.
v.* h) — 1563 Lethlico | — thau — 1567 That — 1568 ſocono | endi
thero thiagi ſu *(nach* thero *ist* . ſundea . *mit Häkchen überg.*) — hir |
— 1570 ɴimareat — 1571 ɴidiurean — 1572 thu | ru idila *(nach* u
ist that *mit Häkchen überg.*) — 1573 | Ac — 1576 Than — *es stand*
the niuet, *vor* n *ist ein* h-*Schaft eingeschoben, die Verbindung der beiden*
n-*striche rad.* — 1577 ſielag — 1578 hie — 1580 | Mid — helithoſ —
1581 godeſ . ger | no *(nach* ſ *ist* ſuno v. j. *Hd. überg.*) — 1582 Uueroſ
— 1586 Torohteſ — thuo — 1587 | godeſ barne. XVIIII. | *(darnach
1 Zeile leer)* — 1588 ſierro — 1590 Allero — 1592 Diurlic — 1594
duo | — Jungron — 1595 uſ giruni | (that . *vor* g *mit Häkchen überg.*)
— 1597 Thagiuuillean (ɴ *vor* . g *mit Häkchen überg.*) — 1608 Endi —
1612 Achilp | — 1613 tebedu — 1618 Than — iu — 1623 | giſculun
— 1625 Alleſ — 1628 ſcal iu tc | — 1629 gileſtean — 1631 Iuuua
— | thann *(das erste* n a. *Ras., von* t?) — 1632 | Acmithat — | uuet
(et *lig.*) — 1634 hiegildiđ — 1636 Theſgi | — 1637 | niuuelleat —
1638 Ac — 1639 That — 1641 Uueroldſcat | teſ — eſ giuuelleat —
1642 Thann niſamnođ *(Strich durch* đ *rad.*) gihier — 1645 auuerdat

(*nach* d ist i v. *j. Hd. mit Häkchen überg.*) — 1646 tegengit (*das erstet grösser*)
— lesteat — 1647 | Samnod — 1648 ni *ohne Häkchen überg.* — 1649 auuen-
dan | (*nach dem ersten a ist* n *mit Häkchen v. alter Hd. überg.*) — 1650 garote|
gegnes — 1652 | sielithos — Iuuuan — 1655 nis — 1656 That — 1659
Achie — 1665 It — 1667 huat githat bethefon — 1670 Thoh — 1672
iuua (*vor a ist* u *mit Häkchen überg.*) — 1674 Nimohta — 1678 Thoh ‖
— 1681 blomen (*nach* l *ist* u *mit Häkchen überg.*) — 1682 sier —
| merr — 1683 | Liudi — 1684 Uual | dand — bithiu — 1685 God —
1687 Gerot gisimla | — 1688 Thann — 1690 feggiu. XX. | *1 Zeile*
leer — 1691 Ne — 1693 Thar — 1695 nio — unret (h *vor* t *mit*
Häkchen v. alter Hd. überg.) — 1696 Gumono — 1698 Menful —
1699 gebulicon. Su | lic — 1704 That — 1705 halman — 1706. Thena
— 1707 siard — lat — 1708 than | (t *grösser*) — 1709 uuerthat |
gi opanod . Thann — 1711 fo — 1713 *es stand* mer (*der erste Strich*
von m *rad., der zweite zum h-Schaft gemacht, vor* e *ist* i *mit Häkchen*
überg.) — 1714 Than — 1716 ef — 1717 | Than — 1718 lofon (n
aus m *corr. durch Ras. des letzten Striches*) — fithor (or *lig.*) mah |
hie mid leruu (*vor* l *ist* . if . *mit Häkchen überg.*) — 1720 | Sundiono
— nesculun — 1722 siuand — 1727 | Ac — miclo | (*nach* c *ist* i *mit*
Häkchen überg.) — 1729 nisind — 1730 That — Iuuua | — 1731
Nilinon — | them — 1732 gispraka — 1733 The | — 1734 Uuara | ro
— 1735 Listeon — 1736 | That — 1737 Nemid — fiacumat — 1738
Thoh — 1739 mugun fan | — 1740 Siasprekat — 1741 | huand gi-
uuitun — 1743 Nec | — 1744 that — giunder huggean — 1745 | That
— 1746 | Nec — 1748 Accumid — 1750 that — 1751 Managero —
1754 siugi — 1755 Ac cu | mit — Inuuidradas | — 1757 | fimla —
1759 | anduuirdi (i *zu* r *gemacht, das* r *vor* d *rad.*) — 1762 thanan |
-- 1763 Suitho — 1765 Uuerthan — 1770 gilobean . | *darnach 1 Z.*
leer, am Ende . XXI. | — 1771 Oc (c *steht in* O) — 1773 Thera — 1775
| Mancunneas — 1776 Uueroldlufta — 1778 Thar — 1785 lidie . (*vor*
d *ist* e *mit Häkchen überg.*) — 1788 fohue | foina — 1790 githes —
1791 githena | — 1793 | hie — 1794 Uuithar — tige | banne theman
— 1795 fuokeat — Iuuuan | — 1796 Than — 1797 kuthiat — 1798
At — 1799 siimili | portun — gianthat | — 1803 That — 1805 Lef-
tean — 1807 siorfca — 1809 Uuegof | — 1811 | Acmah — 1812 filifa
(*das erste* i *a. Ras., von* a?) — 1814 Uurethit — 1818 The | — 1824
erthu [52a] — 1830 Uuor | don (or *lig.*) — for ftuodun — 1835
Acoran — 1836 gisprak . XXII. | (*1 Zeile leer*) | Gibod — 1837 hie
— 1840 Uuid bredan — Ia hie | — 1843 Suara — Iac | — 1844
That — 1846 That — 1848 miedon (m *grösser*) — fo — uuefat (t
a. Ras. von n) — 1850 Lerat — 1853 it an | — 1857 gigangan —
1858 Anthat — nio umbi | — 1859 siuand — 1860 folc fcepi (*unten*
vor f *eine kleine Ras.*) — 1861 | thethem — 1863 Thena — thefo —
1865 that | — 1867 siuo — 1869 bithiu (b *grösser*) — 1872 fiodon (n *vor* d *v.*
erster Hd. ohne Häkchen überg.) — 1875 So — 1876 undar | (n *aus* m
corr. durch Ras. des ersten Strichs) — hebbeat — 1877 So — fofamo |
thie — 1879 That — 1880 for ‖ — 1881 That — 1882 uuefat —

1883 | fiondon (f *ags.*) — 1886 Tat — 1891 Manag — 1892 bithiu |
(b *grösser*) — 1898 anhugiehuer | gin (*über dem ersten* n *ist der An-*
fang eines h-*Schaftes rad.*) — heri : : : || (*Ras. von* e *und noch 2 Buchst.*)
— 1900 fiuat giim — 1901 thu (i *nach* h *ohne Häkchen v. alter Hd.*
überg.) — 1903 bithiu man dradat | — 1904 Ni — 1905 That —
1907 andradat — 1911 | Get — giiuuua anthē | — 1913 fiuand —
1914 anhimil rikie. | (*1 Zeile leer, am Ende* XXIII. | — 1915 thia
her | — 1916 | managa — 1918 firo | pat — 1920 Ac — 1922 That
— 1928 githat arundi (r *ags., könnte aus* u *corr. sein.*) — 1930 uue-
roldi | (r *a. Ras. von* l *und Anfang von* d) — 1931 Bred — befton
mann | — 1932 Endi — 1934 That — 1935 hugiu (*über dem ersten*
u *ein* i *halb ausrad.*) — 1936 Uuonot — || fiim (fi *rad.*) — 1937
Geldat — 1938 uuiffa (*darnach* n *ohne Häkchen v. alter Hd. überg.*) —
1941 That fiauuerc (*vor dem ersten* u *ist* . iuuua . *mit Häkchen überg.*)
frū | meam — 1942 Than gifan | — 1944 endi (e *grösser*) — 1946
Micil — 1947 theman iu anfahan (*vor* f *ist* t *mit Häkchen v. j. Hd. überg.*)
— 1948 Ac | — 1949 Them | — 1950 than (t *grösser*) — 1952 That
— 1954 || Than thiu — meran | (er *a. Ras., von* a?) — 1956 uuidar
uerpat (*vor dem letzten* u *ist* u *v. alter Hd. überg.*) — Iuuua — 1959
giuuarah endi | *nach* h *ist* tan . *mit Häkchen v. j. Hd. überg.* — 1960
| Iuuuan — 1962 uuet — 1963 Gumono | — duot | (*davor* ge *ohne*
Häkchen v. j. Hd. überg., g *ags.*) — 1964 Thoh — 1966 that (*das*
erste t *grösser*) — he (i *ohne Häkchen überg.*) — 1967 thefa | — 1968
That — iu ni bilibit | *a. Ras. von* uuara that | — 1970 Mieda — 1973
Endi — 1976 Ac — 1977 thena (t *grösser*) — 1980 uid (*vor* i *ist* u
v. j. Hd. mit Häkchen überg.) — 1982 Endi — 1984 fiabda — 1986
thuo (t *grösser*) — 1987 halba gihuilica (ag *a. Ras., von* on?) —
1988 fiabdun — 1990 So — 1992 fpraconon fpahirun | — *S. 56b die*
oberste Zeile leer, am Ende . XXIIII. | — 1997 Mulica (*vor* l *ist* ne
ohne Häkchen überg.) — | thar — 1999 mahti gef (m *grösser*) — mana
| garo — 2000 Geng — 2003 Iac — | habda *von hier ab hellere Dinte*
— 2005 Uualdandef — | uuerod — 2007 | gengun — 2010 Thuo —
2012 fo — 2013 Them (*von hier ab die erste Dinte*) — 2014 That |
— 2015 drogin | (u *ohne Häkchen überg.*) — Acthiu — 2016 Thuo | —
2018 Criftef — 2020 That — 2021 fiu — 2022 that (*das erste* t *grösser*)
— 2026 tehui — 2027 manof (m *grösser; von hier ab wieder*
hellere Dinte) — ne | — 2028 gitruoda (*über* r *ein Häkchen wie* i,
aber kein Cirkumflex) — 2030 that (*das erste* t *grösser*) — uuoʀ | don
(oʀ *lig.*) uualdandef (def *a. Ras.*) — 2032 fiet — 2034 That — 2036
Leftian — larea — 2037 thuo — 2039 Neuuiffa | — 2040 fie — 2043
it *auf ausgewischtem Worte* — hladan | (ladan *desgl.*) — 2044 Seppian
(c *vor* e *überg.*) — 2046 them | (t *grösser*) — 2052 | undar — thefaro
(*es stand* đ, *daraus ist* th *gemacht, doch der Strich in* đ *blieb stehn*) —
2054 than — 2057 fietif — 2060 Geban — nu — 2062 | Ift — folc
folc (*das zweitemal rad.*) — 2063 gio gio fah | — 2064 mid (m *grösser*)
— 2065 | Thann — 2068 that (*das erste* t *grösser*) — 2069 fithoʀ |
(oʀ *lig.*) — 2071 thuo (t *yrösser*) — 2072 Iudeo — 2073 fiuo — 2077

tharuuarth (*vor* u *ist* . ſithor . *mit Häkchen überg.*) — 2079 Angodeſ — 2081 gihiet (et *lig.*) — 2082 ħiet — 2084 | Drom — 2085 Thar geſt (t *aus* a *rad. und corr.*) — 2087 gibod. . XXV. | *1 Zeile leer* | — 2090 megin — 2092 Salig — 2096 ena (*nach* e *ist* n *mit Häkchen von alter Hand überg.*) — lango | (l *a. Ras. von* g) — 2097 Siocan — 2101 | quat (q *grösser*) — 2102 thuo (t *desgl.*) — 2107 mid (m *desgl.*) — thu | (u *a. Ras. von* a) — 2109 Uualdand — 2110 || Thann — 2116 that (*das erste* t *grösser*) — 2118 Ac — 2119 Thoh — 2121 Bithiu ni | gidarr (*das zweite* r *nicht nachgetragen; es sieht zwar etwas anders aus, aber es ist alte Schrift. Wäre es weggelassen gewesen, so müsste eine ungewöhnlich grosse Lücke gelassen worden sein; vgl. V. 2127. 2130*). — 2123 Suo | kieſ — biuʀ | — 2127 thie | (t *grösser*) — merr (*s. V. 2121*) — 2129 Thann — | nu — 2130 thar (t *grösser*) — uuordon (r *gerade so wie V. 2121*) — 2134 Thia — 2135 endi an | Jacobeſ — 2138 Iudeo | — 2140 thuiſtron (*die Verbindung unten bei* u *rad., so dass* thuiſtron *zu lesen*) — 2141 ferroſton (*statt des ersten* r *war* ſ *angezogen, dann wurde die Schleife des* r *daran gehängt, das zweite* r *wie V. 2121*) — 2142 Thar (r *wie V. 2121*) — 2144 Thar — 2146 Suart | — 2148 That — err | (*s. V. 2121*) — 2149 uuendigie || (gie *a. Ras. von* ie) — 2152 That — 2153 It — 2157 habda — 2159 Uuen | da — 2161 Criſteſ — 2163 tecan (c *scheint a. Ras.*) — 2164 giahton (i *a. Ras. v.* a) — 2165 gi | frumida. XXXI | *1 Zeile leer* | Vundreſ — 2170 uuoʀ | don (oʀ *lig.*) — 2171 | Iungrono — 2173 Manno — 2175 mannon (m *grösser*) — thuo — 2177 Thie — 2178 thuo — mahtituo | (*nach* i *ist* g *mit Häkchen überg.*) — 2179 | Neriendo — 2180 So ſaun (*vor* n *ist* u *mit Häkchen überg.*) — 2182 bérun (b *grösser*) — 2183 Magu Iungan — thiu — | after (af *verwischt*) — 2184 hugie (g *a. Ras., von* r?) — 2186 Idiſ am ſcapan (*vor* m *ist* r *mit Häkchen überg.*) — 2188 Neuan tithem ſu | nie (*vor* ſ *ist* . enigan . *mit Häkchen überg.*) — 2192 Iungan — 2195 thu — 2196 Thi — 2199 Iac hie | Ina — 2201 | ħiet — 2202 thie — 2203 that (*das erste* t *grösser*) — 2205 thuo (t *grösser*) — muodeʀ (ʀ *wie* 2141) — 2206 ħugi — 2208 fell — 2210 mun | doda (m *grösser*) — 2211 | thie (t *desgl.*) — 2215 Uuar | ſagon — 2216 erl *mit Häkchen überg.* — 2217 Giſahun — 2219 | Thuo — thiu. *v. anderer Hd. mit Häkchen überg.* — 2220 thuo (t *grösser*) — that (*oben vor dem ersten* t *Ras., von* H?) — 2224 thia | (a *aus Ansatz von* e *corr.*) — 2225 Cumana — 2229 Mahtig — 2230 gilobit | *1 Zeile leer; rechts darauf steht* |tuo.| XXVII | — 2231 Aʀif (A *Initial*) — thuo — 2233 The | ſo — thuo — 2235 Uualdand — | thuo — 2238 Slapan — ſegel — 2240 | Manon — middean (n *aus* m *corr. durch Ras. des letzten Striches*) — 2241 Uualdand — thuo — 2244 Uuand (d *rad.*) — 2245 Niuuanda — modag (u *über* o *von alter Hd. ohne Häkchen*) — 2247 uuekidun (*darnach Ras.; es könnte etwa* uuordon *dagestanden haben, es ist aber nichts zu lesen*) — uuoʀ | don (oʀ *lig.*) — 2250 ſueltam | (*von* m *der letzte Strich rad.*) — 2252 ħiet — andrædin (æ *alt*) — 2253 te (t *grösser*) — 2254 niſ — 2256 githit — 2257 getethē | — 2258 ſia — 2262 ħuilic — 2264 bethiu (b *grösser*)

—thuo — 2265 forthoʀ (oʀ *lig.*) — 2266 hó hur | nid *(das erste* h *grösser)* — helithoſ (i *aus* l *rad.*) quamum — 2267 landæ (æ *alt*) — 2268 quam (q *grösser)* — 2270 Sohuena — 2274 Iungron — 2277 folce thoh | (ce th *auf verwischter Stelle)* — 2279 Dreſ — 2281 Liet — 2283 Anſohuilicon — uuaſ. XXVIII. | *(1 Z. leer)* | Sodeda — 2285 Iudeon — 2286 That — 2290 thuo (t *grösser)* hie met iſ | — 2294 umbi — 2295 Thar — 2296 . them . *mit Häkchen überg.* — thar | — ena *(nach* e *ist* n *ohne Häkchen überg.*) — 2297 Uuoldun — 2299 That — 2304 ſia thurf | tigeſ — 2307 Megin thio | do — thuo — 2309 Barun — 2310 Ant that — 2311 tuo (t *und der erste Strich des* u *beim Schreiben aus* d *rad.*) — 2312 huobun [65ᵃ] ina — 2313 endi midi | — 2314 anthena — 2317 Anthero — 2319 Quat — 2323 Grimuuerc — 2324 Uualdand — thuo — 2325 ſciɴ — 2327 innan uun | dron — 2328 fargibanne (fa *a. Ras. eines Fleckes)* — 2329 tegihelianne (g *desgl.*) — 2330 *nach* ina *kleine Ras.* — 2332 Upp — 2334 Sniumo — 2337 God — 2338 elcoʀ | (oʀ *lig.*) — 2339 Craft — 2341 Nigilob | dun — 2342 Uunnun — 2344 Theſ — ſia | uueldun (ſia *a. Ras. von* ni, ni *dann am Ende der Zeile nachgetragen)* — 2346 Uuido — 2351 hie — 2354 Thena | — 2356 Liet | — 2358 Liet — 2360 ne uuaſ | — 2361 Letheſ — betteru. XXVIIII. | *(1 Z. leer)* | Aɴ *(Initial)* — 2363 Suitho — 2365 Liudi — niuuaſ — 2366 uuor | don (oʀ *lig.*) — 2369 uuoʀ | don *(desgl.)* — 2370 Endi — 2372 Under hug | gian — 2375 Marian — thar | — 2378 uuardfaſtun (d *rad.*) — | hie — 2379 Niuuelda — 2381 Ac | — .2383 An — 2390 | ſiren curni — ſum | — 2392 ni *mit Häkchen überg.* — 2394 fruht (t *a. Ras., von* e?) ſum — 2395 | Bigan — 2398 ſum — 2399 Anena — 2401 Bigan — 2404 That it | — 2408 Uuarth | — 2409 thuo | — 2410 Uue | ridun — 2412 eftha thornoſ | — 2419 huat | — 2420 gean | — 2423 Anhuſon — | herro — 2427 uutun | (i *vor* t *mit Häkchen überg.*) — 2429 That — 2430 muotin. XXX. | *(1 Z. leer)* | — 2435 Iungron | — 2437 | helic (he *rad., darauf* mi *geschrieben;* hi *am Ende der vorigen Zeile nachgetr.*) — 2438 Them — | bebilithon — 2440 gimina — 2442 That || (Sad, *mit* / *als Unterstellungszeichen darüber, unter der Mitte der Zeile)* — 2444 ſiuo | — 2445 | uueroſ — 2448 That — 2449 uuellie *(das erste* e *aus* i *corr.)* — 2451 G ·deſ | — 2453 That that — 2455 ethi | lero (thi *a. Ras. von* di) — 2456 ſo huat *ohne Häkchen überg.* — 2459 | An — 2460 | forth — 2463 Ist — 2464 oðoʀ | (oʀ *lig.*) — 2465 Thei — 2467 ſiu | git — 2470 Linot (i *a. Ras., von* u?) — 2475 So anthem | — 2481 uurctha || *(unter der Zeile steht* N) — Endi — uard *(vor* a *ist* u *mit Häkchen überg.*) — 2483 And that — 2484 gethiu — 2485 geoc | — 2486 ſiabit — gi | uueſhlot — 2489 Tionuno — treuna | — 2491 | uueſat — 2492 Mancun | ne *(vor* e *ist* i *ohne Häkchen überg.*) — 2498 Than — 2499 Thann *(das zweite* n *nachgetr.*) — 2510 Elcor — 2516 uuiſa ſum | — 2517 merr *(Accent über* m) — 2518 that | bihalda *(letzte* a *zu* æ *corr.*) huo — 2519 bethiu (b *grösser)* — 2522 corn *(darnach* i *v. j. Hd. ohne Häkchen überg.*) — 2523 In *(es stand* Ina, a *rad., ein Strich für* m *angefügt)* — 2524 Giheftid — 2526 Huo — 2527 That — 2529 So endi | loſan | *(letzte* o *aus* a *rad.*) — 2530 nio hie | —

2532 That — 2534 fteđ (t *mit* e *zusammen gezogen*) — 2535 Manno | — 2537 That | — muoti. XXXI. | (*1 Z. leer*) | Souuifda — 2540 *nach* thefaro *Ras. von Fleck* — | telliau (te *wie in* fteđ *V. 2534*) — 2541 Quat — 2543 Uuolda — 2544 thuo — 2545 Thuru — 2546 uueo | do (eo *aus* i *corr., vgl. V. 2552*) — 2547 gethat (*zweimal*) — fo — 2550 ħuat — 2552 uueodef (*das erste* e *aus* i *corr.*) — hui — that (th *a. Ras., von* n?) — 2554 quat (q *grösser*) — 2556 negi onfto — 2559 Cuman — 2562 giit — 2563 nigi (n *grösser*) — 2564 late | — hinan (h *beim Schreiben aus* i *corr.*) — 2565 | under — 2566 Endi — 2568 Endi | — 2573 Laton — 2580 thuo (t *grösser*) — angegin (*das erste* n *mit Häkchen überg.*) — 2581 that — 2582 | Endi — 2583 hierr | (*s. oben 2221*) — 2584 Thiuf (uf *a. Ras., von* a? *oder* e?) — 2586 | Satanaf — 2589 Thoh — her | (e *aus* i *corr.*, r *hinzugesetzt*) — 2591 Ant that — 2593 rikie *a. Ras. von* Lande — 2594 | than — ertha (r *aus* t *corr.*) — 2595 That — 2597 Endi | — 2598 than — 2601 Endi — 2603 | Thar — 2604 Endi || — 2606 fuliclon | — 2609 So lata | — 2612 Uuordo — uuerco . allaro (c *aus* o *rad.*) — 2613 That — 2615 Tha — 2617 After | — 2619 tir | (*Accent über* t) — 2620 godef. XXXII. | (*1 Z. leer*) | — 2623 ħuilic — 2632 Lithot (*über* o *der Punkt eines falsch angesetzten Buchst.*) — 2633 Endi — 2634 | fo — 2635 anthem ma | rion — 2637 Lifit | — 2639 ħellifiuref niuuet | — 2643 ne thef uue || len (*das vorletzte* e *zu* i *rad., dann* l *hinzugesetzt am Zeilenschlusse*) — fcerit — 2644 Gildid | — 2647 thuo (t *a. Ras. von* h) — than | — 2649 | Dadun — 2652 So — hie — 2653 Thie — 2654 huat | — 2655 So cuth | — 2656 undeʀ — 2660 nehie — 2661 iro (*hohes* r; *vgl. V. 2141*) — 2662 ħuandhie | — 2663 uurethan | — 2664 umbi (*der letzte Zug des* m *beim Schreiben aus* b *rad.*) — 2665 So — fo thar thar uuaf — 2667 Acbigan — 2669 hietun — 2672 Uurethan — 2673 fplelo (*vor* o *ist* l *mit Häkchen überg.*, e *scheint durchstrichen*) fia | — 2674 ħuo | — 2677 forhe (e *a. Ras. von* t) — 2678 Uuiffa — 2681 Ac — 2683 Thar — 2690 That — fomohta — 2691 Endi — 2692 hie — 2693 | Endi — 2695 An enna — 2696 Cuningo — 2697 uuari. XXXIII. | (*1 Z. leer*) Te (T *Initial*, e *grösser*) — 2698 than | (t *grösser*) — 2699 Johannef — 2700 Lerda | — 2702 Mén — hie — gef (g *rad., dann beim Schreiben* l *darauf gesetzt und* i *vergessen*) — 2703 | hie — 2706 Buida — 2707 ellioʀ | (oʀ *lig.*) — 2710 thuo bigunnan | — 2711 Johannef — 2713 That bruo [76ᵃ] der — nami (*über* m *ein Fleck rad.*) — 2714 efthu — 2716 Acmithiro — 2719 gifponi (u *nach* p *mit Häkchen überg.*) — 2720 That — for lieti (ie *a. Ras. von* a?) bigan | (b *grösser*) fiu (u *a. Ras. v.* a) — 2723 Endi — 2725 uuarun | (*das zweite* u *a. Ras. von* a, *beim Schreiben, der zweite Strich des ersten* u *ist mitbeschädigt*) — 2726 Uuiffun — 2728 iartale (t *mit Ras. aus* d *gemacht*) — 2729 | gitald (t *mit Ras. aus* d *gemacht; vgl. V. 2728*) — 2731 Anlioht — fouuaf — 2732 vobian (*über* v *s. zu V. 345*) — 3733 thuo — 2735 heri togo anthat | — 2739 Uuefan — druog — 2741 | Gengun — 2742 ħlud — drucun (n *vor* c *mit Häkchen überg.*) — 2745 foʀth | — 2746 bruother (t *a. Ras. von* d, *beim Schreiben*) — 2747

Uuinu — 2749 That — 2750 lat || la *a. Ras. von* thi) — 2751 ħuo — 2752 Ef — mithro — 2753 | Than — 2755 That — 2757 | Thoh — 2761 | That — 2764 | Thera — thiu — 2767 *unten auf S. 77ᵃ stcht* O — 2769 Godaro — 2770 Thiu — 2774 Jo | hannef — 2777 ſpræcan | (æc *lig., alt*) — 2778 So — 2780 | Gangan — endihet | — 2784 Magat — menigi || (*das letzte* i *könnte a. Ras. stehen*) — 2787 | Thero — 2788 Liet — 2790 Neuuan (*das erste* u *rad.*) — 2791 gæſtaf (æ *alt*) — 2792 | Thie — 2795 Endi — 2798 muoſta. XXXIIII. | (*1 Z. leer*) | Salig — 2799 thuo — 2800 Johannefef | — 2801 ħelag | feraha — 2802 giuuitun — 2804 Craftigna — 2805 | ħuo — 2807 hie — 2808 Suno — 2810 An — thuo (t *grösser*) gifragi | — 2812 Uue | rod — 2814 | Im — 2815 Sunie — 2817 Uuennian — uualdand | — 2819 Elithiodiga — 2822 Quathun — 2823 ſia — 2824 Heli | thof biungref — nulat — 2829 metiloſi (*das letzte* ᷓi *a. Ras. von* a) — 2830 gebat gi | — 2838 ſprac (r *ags.*) — 2839 ħiruuitlico (o *a. Ras., wie es scheint, von ligiertem* OR) — 2843 than (n *aus* r *corr.*) — 2845 ħuu (*vom zweiten* u *der letzte Strich rad.*) — 2846 ħuat — 2848 Scerian — 2850 Endi — 2852 that (*das erste* t *grösser*) — 2854 | uuihda (i *aus* l *rad.*) — 2855 Helag heban cuning midiſ || — 2857 ſia — 2858 Druo | gon — 2859 hela (ga *mit Häkchen überg*, g *ags.*) helpa un | dar — 2860 Thero — 2866 Hiet — 2867 thar — 2868 That — 2870 ħuand thar | (r *a. Ras. von* l *und Anfang von* d) — 2873 anro (i *vor* r *mit Häkchen überg.*) — 2875 quathun (q *grösser*) — 2876 Eftha — 2878 en uualdan (e *grösser*) — alla — 2880 That — 2884 That | — 2888 Land — 2890 Cuning riko — 2891 bithiu — 2893 Uue | rold cuningef — 2895 An — *es stand* vpl | pan (v *wurde zu* u *corr. und* l *rad.*) — 2897 Endi — 2898 | gangan ſcoldin; XXXV. | *1 Z. leer* | — 2902 Uual | dand aniſ (*das letzte* n *a. Ras., von* t?) — thuo — 2903 The — 2908 | ſcred — 2909 Sunno — | ſedle (d *aus* l *corr.*) — 2910 neſlu | ƀiuuarp (*Querstrich in* ƀ *alt*) — 2912 | Thero nahtef (na *aus* mi *corr.*) — 2913 Thuo | — 2918 lago | lithanda (go *a. Ras. von* li) — 2921 | innan (i *aus* a *rad.*) — 2927 mari (m *grösser*) — nugi — 2929 | gibaldlico — 2932 *es stand* | ur uurdig, *das erste* u *zu* a *corr.*, b *später vorgesetzt* — 2934 efthu (e *grösser*) — quathie | hie *scheint am Rde. später zugesetzt* — 2936 ħiet ᷓ 2939 hie — 2940 Stuop — 2942 maht (t *a. Ras. eines Fleckes*) — hie | aniſ (*über* n *ein Häkchen, wie* 2028) — 2943 Thuo — 2944 Uundun — uthi | un hoh — 2945 reht — 2946 So | — endi | (e *grösser*) — 2947 endi (*desgl.*) — 2951 mid | iſ (d *a. Ras. von* ſ) — 2952 gituedodi ħuat — 2956 | Anthinon hardo (*über* r *Häkchen; vgl.* ͞V. 2028) — nu — 2957 ᴋiman anthe | faro — 2961 Stuopun — 2962 uuath (h *a. Ras. von* er) — 2965 | Thuru — 2966 Diurđun — 2972 deda. XXXVI. | *1 Z. leer* | — 2973 Vuid (*Initial*) — thuo | — 2977 Thathie | — 2978 uuaim | (ſ *nach* a *ohne Häkchen überg.*) — 2981 Uuarin — 2982 manag | (ɴ *a. Ras. v.* a) — hie (h *aus* n *corr.*, ie *a. Ras.*) — 2983 Suohta — 2984 thar — 2985 én | (e *grösser*) — 2986 Siu — 2987 quathat — 2988 quat ſiu (. that . vor ſ *mit Häkchen überg.*) — 2989 nuiſ — atendi (h *vor* e *mit Häkchen überg.*) —

2990 Thia — 2992 That || — 2993 uuam | fcathon (t *a. Ras. von fc*) — negaf (n *grösser*) — 2994 Siu | — 2996 Iungron — 2999 | endi if — 3003 Thia — 3005 Dribat — 3007 Thoh | — 3008 Agleto — 3011 forth || (o *a. Ras. von a, r mitbeschädigt, t aus e rad.)* — 3012 Hebbian — thuo | (t *grösser)* — 3013 mari (r *ags.)* — 3016 Uuernie — 3017 met *a. Ras. von längerem Worte* — 3018 Uaʀiſt *(nach a ist u ohne Häkchen überg.; ʀ wie 2141)* — 3019 ħuat — 3020 . herren . *mit Häkchen überg.* — 3021 The fon biede | — 3024 Uuola — 3025 mikil — 3026 all — uuiƀ fagi *a. Ras., unter uu stand ſu oder fa* — 3031 ħabda — 3035 thiu (t *grösser)* — met (et *lig.)* — 3037 That — 3038 All | — 3041 Im | — 3042 niſ — 3043 Sum | — 3045 Sum — 3048 That — 3050 | endi (e *grösser)* — 3052 | ħue — | mina (m *a. Ras.)* — 3056 hold.; XXXVII. | *(1 Z. leer)* | — 3057 petruſ | (pe *a. Ras. von* hie) — 3059 Crist — 3062 biſthu — 3063 muod githah | tion *(nach d Ras. eines Fleckes)* — neit (n *grösser)* — 3065 barnon *(das letzte* n *rad)* — thuforth gi | ſpraki — 3066 | diurlic — 3067 Hluttro — 3068 So — barn (r *ags.)* — 3069 Obar — 3073 | That — allon | uualdand *(das letzte* d *rad.)* — 3075 Thu || — 3077 | Them — 3080 Ant heftean *(das letzte* e *aus* i *corr.)* — 3082 Gruoni | — met — 3085 miſculun — 3089 | Ahtean — 3090 ik — 3092 | beſt (be *a. Ras., von* ſu) — 3095 niſcal — 3096 iu *vor* | fulic *ohne Häkchen überg.* — 3100 ħuat — | uuidar . uuard — 3101 huat — the | ſaro (o *a. Ras., von* ſ?) — 3103 ik mag — 3104 Uuaron — hier *a. Ras., von* thar? — 3106 ħuereban — 3109 Jaċobe | — Johanneſe — 3110 endi (e *grösser)* — 3112 Mid — 3113 Uualdand — thar | (r *a. Ras., von* t) — 3115 That — 3118 | Uueroſ — 3121 uuolda. XXXVIII. | *(1 Z. leer)* | Berehtlic *(Initial)* — 3122 thuo — 3123 Thuo — 3124 Uurđun — 3125 So ſcen — 3127 Uuat (r *nach* a *mit Häkchen überg.)* — 3134 So — 3135 Uuaſ — 3136 Petruſ — 3138 | Gruotta — guod | — 3141 marlico (m *grösser)* — 3144 Lioht — 3146 fon | *(über* o *Ras., von* l?) — 3148 ſelbo — 3149 Libbendero — 3150 hugi ſceſtion (t *a. Ras. eines Fleckes)* them gihorean — 3154 Ac — 3156 Behren — mid *(unterhalb* m *Ras.)* — 3157 niſcal — 3158 Theſ gihier — 3162 Uuaſ — 3164 berge *(vor* g *ist* e *mit Häkchen überg.)* — 3166 ſelbo | ſuitho — 3167 *es stand* aſtandan | *(das letzte* n *rad., an das letzte* a *ein* e *gehängt)* — 3168 | Ariſe — | giit — 3169 theodon. XXXVIIII. | *(1 Z. leer)* | Vuido *(Initial)* — 3170 thuo | (t *grösser)* — 3173 endi (e *desgl.)* — 3176 Them — 3177 | Theſ (e *a. Ras. von* o *oder* a) — 3179 gihor | don thuo (d *a. Ras., von* th?) — 3182 them | (hem *a. Ras.)* — 3183 iudeono | (e *aus* i *corr.)* — 3184 Quamun — kapharnaum | thar — 3188 That — 3189 Thia — 3190 niſ — 3191 ſia for | guldin — 3193 ħabit — niſcal — 3194 ſaman — 3196 . thuo . *mit Häkchen überg.* — 3198 Im — 3200 ħiet — 3202 | ſuccan ſothu — uerpan | *(vor* e *ist* u *mit Häkchen überg.)* — mugi fiſk | — 3204 Ant klemmi — 3206 Them — 3209 | Geng — 3216 ħuo — 3217 uueroldherren (ld *a. Ras. von* d) — 3219 | Gerno — 3220 Ni — | ac (c *a. Ras.)* — 3221 Thiono | — anthu (i *vor*, u *ohne Häkchen überg.)* — 3223 hebbeaɴ. XL. | *(1 Z. leer)* | — the (i *vor* e *ohne Hkch. überg.)* — 3224 thia (a *aus* u *corr.)* — eſ (e *grösser)* —

3227 Úuiſi — ef im | — neſi (e *aus* i *corr.)* — 3228 ſialo — 3230
Sac — ef — 3234 anhugie — Than — 3236 ef (e *grösser)* — 3237
| Than — 3239 Neſi — 3240 for lihe *(unten an* h *rad., als wäre es* p
gewesen) — 3243 ſiuo oft | — 3245 Scal — 3246 | er ik — 3250 duon |
(d *a. Ras., von* Þ*?)* — 3251 Sibun — 3255 Manageſ — 3258 ſcal *ohne
Häkchen v. j. Hd. überg.* — 3260 ſiabda — 3263 | ſiuat — 3265 efthu
(e *grösser)* — 3268 || gibiudit *(das zweite* i *uus einem nach unten gehenden
langen Striche rad.)* — 3269 That — 3272 Nenithin — 3273 Uuiſ | — 3274
friund hold | — 3275 Them — than | — 3278 All — 3280 ſehan
midiſ *(vor* m *iſt .* an *. mit Häkchen überg.)* — 3281 en (e *grösser)*
— 3283 That — thiodne | thionon — 3294 Uuaſ — 3297 That | — 3299
Othoʀ | (oʀ *lig.)* — unmet (et *lig.)* — 3302 Theſ — 3304 godeſ. XLI. |
(1 Z. leer) | — 3305 erthuungan *(das zweite* u *ohne Häkchen v. j. Hd.
überg.)* — 3307 ſiuat — 3312 liudeo — 3313 Sagda — Thaik (n *vor* i *überg.)*
— 3315 | Thar — 3318 Muotun — 3323 tehan (t *grösser)* — 3324
| obar — 3326 allaro. — 3327 quat (q *grösser)* — that *(das zweite* t
a. *Ras.* ſ, r *oder* ſ) — 3328 undeʀ — hie — 3331 im filo hab | da —
3334 anibenki *(vor* b *iſt* ſ *mit Häkchen überg.)* — 3336 Lag — 3337 Inna
— 3339 Sittean — 3341 Nehie || — 3352 That | — 3353 Thar | — 3355
men (a *über* e *geschr.)* — 3357 Bi ſenkidun — 3361 Libeſ — 3363 endi (e
grösser) — 3365 fadeʀ — 3368 That — 3369 ik — 3371 | That — aleſke
(i *nach* k *mit Häkchen überg.)* — 3374 | Letharo — nu : : | *(2 Buchst.
rad.)* — 3375 anduuordia | — 3376 ſiuat — 3377 ſiuat — 3381
bi | thiu — 3389 That — 3390 fendi *a. Ras. v.* felban — 3393 | Sia
— 3397 anthæm *(nach* æ *Ras. eines heruntergehenden Schaftes)* —
3399 Uuar ſagono — | effia — 3400 Than — 3403 | liudion *(die rechte
Rundung des* o *und der erste Strich des* n *durch Ras. eines Fleckes
vernichtet)* — ef (e *grösser)* — 3405 lata — 3408 That — hebbian.
XLII. | *(1 Z. frei)* | — 3411 Manag — 3414 | The — 3415 Quat —
3418 Adro — | ſum — 3419 | Sum — 3420 Sum *(der 2. Strich des*
u *und die ersten beiden des* m *durch Klex verdorben)* — 3421 Sum |
— 3422 thuo — 3426 Them — ge | ban — 3431 uuandun — 3433
arabedie (d *aus* b *rad.)* — 3438 Nuni — 3442 Uuertheſ | — huat (h *a.
Ras., von* Þ*?)* — 3444 | Iuueſ — 3445 Thoh — 3447 ſiuo — 3448 So —
3457 Leftit — | antimiſ — 3458 | Giuuitit — 3473 Uuordon — 3478 thu^{ru}_Λ
(von junger Hand) — 3479 bet | trun — 3488 Thuru gen | git —
3491 Thia — 3494 Ant | that — 3495 | endi iſ uuunnia forſlitit Than
biginnit ¦ *von alter Hand mit schwärzerer Dinte u. Ras. für kürzeren
Text —* | im foraga anmuode *(vor* im *ist* he *von alter Hand vorgesetzt)*
— 3497 Grimmeſ | — thei (i *rad.)* — 3498 Thia — 3500 ſiludo —
3501 mahtigna (m *grösser)* — nilatit ſi | thor — 3502 egrot | full (h *vor* t
mit Häkchen überg.) — 3505 Alla — teene | ro *(das zweite* e *aus* i *corr.)*
— 3506 | Thoh — 3508 | thiodon *das erste* o *zu* e *corr.* — 3509 mannon
(m *grösser)* — that | — 3510 Thuo — 3513 tefrohen. | — 3515
uuerthan. XLIII | *(1 Z. leer)* — ſiet (iet *steht in* ſi) — 3518 Man —
3519 Othier | — 3520 theſ — 3521 quat | (q *grösser)* — 3522 | thar
— 3530 Sia — 3533 ne | — 3535 That — 3537 Thio | non — 3538

ik | — 3540 helpa | (e *aus* o *durch Ras.)* — 3541 fuor (f *grösser)* — 3543 Uuel | da — 3546 | Uůrod (o *aus* e *rad.)* — 3550 | fia (fi *auf verwischter Stelle)* — 3551 fiuand | — 3552 fia — 3553 endi (e *grösser)* — 3556 thuo — 3557 quat (q *grösser)* — 3558 | herroft *von hier ab andre Dinte* — 3559 | thuo — *von* hugi *ab die alte Dinte* — 3561 fireopun — 3564 | Neri — 3568 | fia — 3569 | Ac — 3570 | heland — 3571 . Allaro — 3572 Ledean | — 3573 fiuat | — 3574 | helagna that hie *a. Ras.* — 3580 That — 3583 Lioht — thuo — 3585 | Giuuitun — 3587 endi (e *grösser)* — gicuthit. XLIIII | *(1 Z. leer)* | Manogon*(Initial)* — 3588 thar — 3591 | That — 3593 | then — thuru (t *yrösser)* — 3595 | Adam — 3596 Ac — 3598 | Bifuek — 3599 Uurthun — 3602 Uunnun l — 3605 Anthero | — bethiu — 3607 fiuant fia neant | kendun — 3609 Giuuarahta — | thiuf — 3610 | anthiod arabdi (e *nach* b *mit Häkchen überg.)* — 3611 Sa | tun — 3612 Iamor muoda — 3613 Siu — 3616 That — 3623 Gie | — 3625 | thui — 3626 them | (em *aus* iu *mit Ras. corr.)* — 3627 Afterthem tun | gle — 3628 | Ac — 3630 middil gard *(das erste* d *a. Ras. v.* l) — 3636 That — 3639 | thuo — 3640 thia (t *grösser)* — 3642 Tholodun — 3644 Crift — 3645 thuo — 3646 Thia — 3650 || Acfia — 3654 that — 3657 Than — 3659 | Soduot — 3663 | Giuuitun — 3665 Soduot — 3666 fithoʀ (oʀ *lig.)* — 3669 fioh — 3670 folgoɴ. XL.V. | *(1 Z. leer)* | Thuo *(Init.)* — 3671 nahida (ahida *a. Ras., vielleicht für* nerienda; *der letzte Buchstabe war kein* o) — 3672 quam — 3674 Ant fiengun — 3676 midi buomo *(das zweite* i *rad.)* — 3677 That — 3679 tethero | *(das erste* t *grösser)* — huarb — 3681 That — 3684 ʒodo*) *nach* | thie *v. j. Hd. mit Häkchen überg.* — 3685 bú | — 3686 fioha — 3693 fiuo | — bihadd *(über dem ersten* d *ein Punkt)* — 3695 than — 3696 man | non Lediat — 3700 neaffet | — 3701 Sten — 3703 fiuand — 3705 Niuui || tun — 3708 thu (i *vor* u *ohne Häkchen v. alter Hd. überg.)* — 3709 thuo | uuarth — 3711 Lo | bodun — 3713 That — 3716 Quat — 3718 Uuitag — 3720 anhuge — 3721 That — 3722 dolм || muoda (м *rad.)* — 3725 Leti thia | (t *über dem ersten* t *ohne Häkchen überg.)* — 3726 it — 3728 ef — 3730 | Than — 3733 Uuido — 3737 Mangodun | — *auf den letzten 3 Zeilen von S. 105ª ein repariertes Loch, das die Schrift umging* — 3741 *es stand* Quathuuari | *(vor* t *ist* t *überg.,* uuari *ist rad. und at* uuari *dafür geschrieben)* — 3742 That — 3744 That — 3745 Thon | — 3747 enuuald *(das erste* u *a. Ras. für* di) ɴegi — 3751 Them — 3753 | uuarth — 3755 blindon | (b *grösser)* — fo — 5757 Umbi — fofamo || *darunter steht* . XLVI. | — *S. 106ª erste Zeile frei* — 3760 Gifah — 3763 that all | droh uuaroda — 3765 Idif — tethem *(das erste* e *rad., aus ?)* — 3767 en | uald (a *nur etwas anders, aber es kommt auch sonst so vor)* — 3773 | nededa — 3774 Ac — 3776 bethui — 3778 Te — thef — 3780 *Am Rde.:* Secdm̄ lucam. | Iɴ illo tpr̄. | abeuntef phar (phar *rad.)* | pharifei con | silium inier̄t | ut caperent | ihm̄ In fermo | ne.; et rɫi. | (r *hier stets* ags.) — 3783 | flc (o *nach* f *mit Häkchen überg.)* Iudeono — 3785 That — 3792 *links oben auf den drei ersten Reihen von* 107ª

---

*) Das Zeichen ʒ steht für das angelsächsische g.

ein ausgebessertes Loch — 3793 hel | pu *(der zweite Strich des* u *ab-gerissen)* — 3794 ero | deſeſ *(das erste* e *grösser)* — 3795 obar hordin (n *rad.)* — 3796 Eſ — 3801 thu (t *a. Ras., von* h?) — 3804 Umbi iſ | rikiduo — 3808 thio | don — 3812 fagi — 3813 If — rad — 3815 | Than ni mohta (ni *rad.)* — 3817 neſcal — 3819 | ħiet — 3821 Iudcon | — 3823 Uuaſ — 3826 after *mit Häkchen überg.* — 3831 Endi — 3836 That — 3839 uuari. XLVII. | *(1 Z. leer)* | — 3842 thu idiſ | *(vor* u *ist* i *mit Häkchen überg.)* — 3848 ħuedar | — 3849 eftha (e *grösser)* — 3850 Thuo (o *rad.)* — 3853 endi (e *grösser)* — | auurpin *(vor* r *ist noch ein* u *mit Häkchen überg.)* — 3855 ſa | gi — 3856 Uuoldun | — foʀ | fahan (oʀ *lig.)* — 3857 ef (e *grösser)* — 3861 quethanth | *(das letzte* th *rad.)* — midan (da *a. Ras. oder Fleck)* — 3863 Uueldun — 3868 ſo — 3869 ſogan | gan — 3870 endi (e *grösser)* — 3871 auuerpe | — 3874 Gi hogda — 3878 ena (e *grösser)* — 3880 *unten auf der Seite 109ª steht* S — 3881 Theſ — 3884 huar | — 3892 neik (nei *a. Ras. von* der) — geth de | riu — 3893 Ac — 3895 ħabda — 3900 ħaddun | — giloben | — 3901 Uuaſ — 3904 Ruo muod | — 3908 | hie — 3909 Lerda — 3912 Sohue — 3914 Ik — 3915 Sohue — 3919 Cumat | — theſa — 3925 . godef. XLVIII. | *(1 Z. leer)* | — 3927 i *in* thiu *ohne Häkchen überg.* — 3929 | ħabdun — 3931 nuhie annuoh | ulerid *(das letzte* u *rad.)* — 3932 ſprac (ac *a. Ras.)* — 3933 cumad — 3937 Ac — 3938 that — 3946 | anuueʀpan — 3948 || Uuretha — neuui — 3950 | Ac — 3951 ħuand | — 3960 Deda 3962 that — 3963 ſothat | anif (at *a. Ras. von* e) — 3969 Uuarun — 3972 anbŭ | dun — 3975 gihor | ɖa *(Strich durch* ɖ *rad.)* — 3977 Quat — 3981 thiu | — 3987 tehui — 3991 Thar — 3993 Thuomaſ — 3994 neſculun *(das erste* n *grösser)* — 3995 Niuuerniaħ | — 3996 Thuoloian — uſ | ſeſ — iſt : *(Ras.;* ſt *auch auf Ras.)* — 3997 | That — 3998 | duan — 4000 ɴeba — 4001 than — 4005 ſelbo (elbo *a. Ras.)* — 4009 | Thann — 4018 That — nika | rodun — 4024 uuiſ | ſuɴ. XLVIIII. | *(1 Z. leer)* | — 4025 Tħuo — 4027 ħeou | andi — 4038 That — 4043 Nethin | — 4045 All — 4047 endi (e *grösser)* — 4049 Than | — 4054 Bethiu — 4055 nio — 4057 Thoh — 4059 That — 4063 Uuiton — 4065 gifran | thero (ik *am Schlusse der ersten,* that *am Anfange der folgenden Zeile nachgetragen)* — 4066 maria (m *grösser)* — 4074 ħiet — 4075 | lag — 4080 | fromin — 4082 ħuand — 4084 ħu uuar | — 4085 And uurdig — 4086 huat — 4089 amaht *(das erste* a *rad.)* — 4093 Sigi drohtin — 4094 Ac — 4097 upp | stan *(darnach* . dan . *mit Häkchen überg.)* — 4101 ħiet | — 4102 uueroſ — 4103 æ *in* aræſ *ist alt* — 4105 That — 4113 Thuo | — 4114 ħel — ſomag — 4116 endi ħondo | niht — 4117 far gibit. L. | *(1 Z. leer)* | — 4119 || uuerc (r *a. Ras.)* — 4120 ħuand — 4123 Ac — 4125 Suoh | tun — 4132 | ant hie *(vor* h *ist* that *mit Häkchen überg.)* — 4138 Riedun — niſt | — 4142 than — 4147 Caiphaſ — 4150 Uuardun — mi (m *grösser)* — 4151 gicunnun | — 4153 That — 4154 *unten auf* S. 117ª *steht* T — 4160 Ac — 4162 bigangan *(über dem ersten* e *ein Häkchen, wie* 2942) — 4163 Uuar | dun — 4164 biſcop (b *grösser)* —

4166 | That — rad | *auf ausgewischter Stelle* — 4169 enn | uuundia —
4172 Sohue ſoina | — 4174 | Quathun — 4179 | ſiie — 4180 that |
(at *a. Ras. von* ie) — 4183 That | — 4188 Uuonoda | — uerodu *(vor
e ist u mit Häkchen überg.)* — uulleon | — 4190 Mid — 4191 Thuo
— 4192 niſ — 4194 ɴe — 4195 uue | rold *(nach e Ras. von ol* |; o
unsicher) — 4196 letheſ (h *a. Ras., von* i?) — 4197 nimuotun. LI. |
(1 Z. leer) | — 4202 That — 4207 thiodo — 4210 || That — 4216
uuaſ — 4220 Ac — 4224 Ac — 4226 ſiabda — 4229 Ac — than
— mahti | — 4230 fada *(über dem ersten a steht g ohne Häkchen)*
— uuoʀd | (oʀ *lig.*) — 4231 uuaſ | — 4232 Ant thathie — 4233
thuo — 4239 Uuaſ — 4240 | ſiuand — 4242 endi filo | — 4248 That
(vor T kleine Ras.) ſia ſia || geridin *(das zweite ſia rad.)* — 4249 That
— 4252 ſiiet — 4253 mén *(unter dem Accente ein Punkt)* — 4265
Ac — 4266 craft || (aft *a. Ras. von* iſt) — 4272 IAC — 4273 Sat —
4274 ſia — 4275 | Thia — 4280 tellian | *(über e ein Punkt)* — 4284
So uuiſlico — 4286 ſiuo — 4287 Er — 4293 ſculi. LII. | *(1 Z. leer)* |
— 4297 | faholan — 4298 Uual | dand — 4300 uueroldi (i *aus* u
corr. durch Ras. des zweiten Striches, unter dem auch ein Punkt steht)
— ɴe — 4305 fader | — 4306 ſielag — elcoʀ | (oʀ *lig.*) — 4309
antheſa *(oben am letzten a Ras. eines kleinen Strichs, wie einer e-Schleife)*
— 4310 That | — 4311 Iac — 4315 Grimmid — 4316 | ugiſon —
4319 Ac — 4324 That — morth ſculun (t *mit Häkchen von
alter Hd. überg.; h ſ a. Ras., wie es scheint, von* ſcu) — 4325
Uuirthit — 4331 min min | niſta *(das erste* min *durchstrichen)* —
4334 gite — 4335 than (a *corr. aus* i *und Anfang von* e) — 4337
ſimil crafteſ | — 4338 ſiuat | githeſaro — 4339 *die Anm. gehört zu*
4349 — 4341 Thann | — 4344 gioc — 4349 . helag. *mit Häkchen
überg.* — 4352 giuuaralico | — 4354 Thiu — 4355 furi — giuuardon |
— 4358 mut ſpelli | — 4360 darno mid (o m *a. Ras.)* — 4362 Soſamo
— 4366 | So — 4370 botan (b *grösser)* — 4372 That — 4374 So —
4375 So — | lezo (t *nach z mit Häkchen überg.)* — for — 4377 bethiu
latat aniu | uuan — forga. LIII. | *(1 Z. leer)* | — 4378 ſiuand — 4381
Sittian — 4383 thann (t *grösser)* — 4388 A | delian — 4390 So —
4391 Gruote | — 4392 riki | (r *auf verwischter Stelle)* — 4393 That
thar — 4394 Iuu — 4395 | gimuotun — 4397 | mi iuuera *(vor* e
noch ein u *ohne Häkchen überg.)* — 4398 Than — 4401 giuuarun
— 4403 fromin | — 4405 ſiuann | — 4406 huat — 4407 Gie — 4409
iuueſ *(vor e ist* u *mit Häkchen überg.)* — 4413 Sohuat fogi — 4415
Thiu — bithiu — 4423 ſiuand — 4425 iamoʀ | muod (oʀ *lig.)* —
4426 | Thann nihabda — Thann ik — 4428 Thann ni | — 4429 uuiſon |
(der erste Strich des zweiten u *aus hohem Buchst., l?, rad.)* — uuihti
(das zweite u *a. Ras., nach dem zweiten* i *scheint ein Buchst. rad.)* —
4430 bethiu — 4433 ſiuann — thi manno | — 4434 huat — 4436
than (t *grösser)* — *Die letzten 9 Zeilen der S. 125*[b] *scheinen Palimpsest
zu sein; hier und da sieht man Spuren alter Buchstaben.* — 4439 be-
deldun | (b *grösser)* — 4440 bethiu | (b *grösser)* — 4441 Ac — 4445
Thia — 4448 ledit — 4450 | Anthat — 4451 thioda. LIIII. *(Zahl*

braun auf gelb) | *(1 Z. leer)* | PASSIO. DOMINI. *(auf blau)* | SO *(Initial)* — 4454 ſuo — 4457 ſuat giuuitun || — 4460 Uueroſ | — theſ — 4461 Thar — 4463 tholod (t *grösser*) — 4469 thar — 4472 quathun (q *grösser*) — 4474 Huand — heri ſcipi *(das letzte i aus einem nach unten gehenden Schafte rad.)* — 4475 uui — 4480 Quat — 4481 ſuat — gimi — 4484 ef (e *grösser*) — 4489 atſamm *(der letzte Strich des zweiten* m *ist zu* e *gemacht)* — 4490 *zwischen der fünft- und drittletzten Reihe der S. 127ª ein ausgebessertes Loch* — 4491 Uuenda — ureth *(vor* r *ist* u *mit Häkchen überg.)* — 4493 That — 4497 vodil | (v *wie* 345) — 4501 ſcred — 4506 famen | — 4508 nethunkit — | ſometlic — 4511 ef | — 4513 thuru (t *grösser*) — 4515 | ſugi — 4516 thu — 4524 | Mahtig — thing. LV. || *oben auf S. 128ᵇ eine Z. leer* — 4525 Firihon — frithu | barn — 4526 genge *(das zweite* e *rad.)* — 4528 mahtigan — 4531 ſuar — 4533 ſogithann — 4537 them gifolgon — 4538 An | — 4539 Iac — githem (. than . *mit Häkchen vor* t *überg.)* — 4543 thar | — 4544 thar — 4545 Selbo — 4549 uuarth | — *rechts an der Seite 129ª von hier bis unten ein grosses ausgebessertes halbkreisförmiges Loch, vor* land *ein kleines* — 4550 tha | *(nach* a *ist* t *mit Häkchen überg.)* — 4554 alouual | do *(das zweite* l *oben durch ein Loch beschädigt)* — 4556 tuelifi (t *grösser*) — 4558 Beuuordon | — 4560 gruotta — gern | — 4561 That || — 4563 iuuueſ (i *aus heruntergehendem Schaft rad.)* — 4566 er (e *grösser*) — 4567 mi — 4569 *Loch zwischen* te *und* them — 4571 Uuarth — giſuoʀcan (ʀ *aus* ſ *corr. mit Ras.)* — 4572 ſuat — 4573 gimi — 4574 nu — 4575 Ac — nu — 4576 That — 4577 *vor* mi *Ras. eines Striches* — 4578 endi (e *grösser*) — 4579 metmoſ | (h *nach* t *mit Häkchen überg.)* — 4583 Than — 4584 That — 4585 | than — 4587 thero e | erlo *(das* e *am Ende der Zeile rad.)* — 4590 thia — 4593 *rechts ausgebessertes kleines Loch* — 4595 Menn githahteo — 4597 er (e *grösser*) — bar uuur | dig — 4598 negidoʀ | ſta *(*oʀ *lig.)* — 4603 | Thar — 4604 ſpʀac (ʀ *aus* a *corr.)* — 4605 Bigann — hue — 4607 uſ — 4608 uuoʀd | oʀ *lig.)* — 4609 ſih — 4610 men githat *(über dem letzten* t *ein Punkt)* — 4615 Iudaſe — 4616 Selbo — ſnimo het | — 4617 frum *(darnach* i *ohne Häkchen überg.)* — 4620 gina | hid *(über* a *ein Punkt, der linke Bogen des* a a. *Ras., von* i?) — 4624 Uuarth | — 4627 | uuehſloʀ. LVI. || *S. 131ᵇ die erste Z. leer.* — 4629 Iudaf — 4630 uuaſ — 4634 ſielgoda — 4635 endi (e *grösser*) — 4639 Gibu — 4640 thit — anerthu | (ne a. *Ras.)* — 4646 Mid — frummean (u a. *Ras., von* u?) — 4648 That — 4650 That — 4651 ſerren — gihuggent giſimla — 4652 that *(das erste* t *grösser)* — 4653 ſebbiat — 4659 Satanaſ | — 4660 ſinnon gi | — 4661 Ik — 4662 That — 4663 oc — 4664 Thoh — 4673 Simon — 4678 ik — 4679 That — 4680 Thoh — 4681 thuoh (t *grösser*) — 4683 ſielieben. | eſſia *(das letzte* e *grösser)* — 4688 handcraf *(vor* h *ist* h *rad., der Schaft des* h *steht* a. *Ras. von* u) — 4689 ſuat — 4690 Thriſtero — 4691 ik | mahthi — 4693 That | — 4694 hancradi *(vor* c *ist* o *mit Häkchen von alter Hand überg.)* — thin (t *aus* h *corr., indem der Schaft rad. und über den rechten Teil*

der Querbalken gelegt ist) — 4695 Acthu | — 4696 ef | *(e grösser)* —
4698 Doian — 4700 thuo | *(t grösser)* — 4701 That | — uueldin.
LVII. | *(1 Z. leer)* | — 4704 | ſiet — 4705 nedruouie — uord. *(vor o
ist u mit Häkchen v. alter Hd. überg.)* — 4706 Ne — ik — 4709
Thie | — 4711 hie — 4715 nah | teſ ſelbo — 4717 | criſt *(darnach
eſ mit Häkchen v. j. Hd. überg.)* — 4718 ſiriuuig muoda (uig *auf
schlechtem Perg.)* — thuo — hohan (hoh *auf schlechtem Perg.)* — 4720
uuiſa | — 4722 | iugron (n *vor g mit Häkchen v. alter Hd. überg.)* —
4723 giſind — 4724 Nu — 4726 Thiuſ — theſ — 4727 | Than —
4728 gimendian — 4730 Bethiu nethurbun iuu — 4731 ſuand | —
4735 ſiet | — 4736 Jacobc. — Johanneſe — 4737 thriſt muodian |
(das erste t grösser) — 4738 gengun (e *aus a corr.*, u *a. Ras. v. a,
das zweite n a. Ras.?)* thuo — 4740 ſiet — 4744 Gie — 4745 Craftig
— 4750 If — anſarahtan *(das letzte a scheint zu u corr.)* — 4752
| Uuaſ — 4754 Ođer — 4755 Ođer | — 4757 Ac — ſimnon — 4759
ſiohan — 4760 ef (e *grösser)* — 4763 Te uuegianne — 4764 Ik —
4767 ik — 4777 ſui — nimugun — 4780 miniſ — 4781 Mingeſt —
4783 Letit — 4784 | ik — 4785 hebbiat — 4789 godeſ — 4791 bel |
dida (b *grösser)* — hie — 4793 ef (e *grösser)* — 4798 | geng —
4802 | Manoda — 4805 nu — ſnimo (o *vor m v. j. Hd. ohne Häkchen
überg.)* — 4809 || Anthena — | mikilon. LVIII. | *(1 Z. leer)* | Vvretha
— 4810 uuiſda — 4814 | Thar — 4815 thia — 4820 Cuſſiu — 4821
thena — 4822 bindan uppan | — 4824 | Mid — uuerod | — 4828 thuo
— 4829 Judaſ — 4831 Cuſta — 4834 ſprac (pr *auf Fleck)* — 4835
fragoda (ſ *grösser)* — | bi hui *(fast zusammengeschrieben)* — 4836 behui —
Iudi | — 4838 Meldoſ — geng — 4839 uuerod *(das erste u rad., aus?)* —
endi | (e *grösser)* — fragn (a *aus u corr.)* — 4841 | So niudlico —
ſogi — 4843 that *(das erste t a. Ras., von q?)* — 4846 ina — 4847
| Uueldun — 4854 Uuarun | — 4864 Sothat — 4872 Ac — 4875 That
— 4880 Uuell — | thuo — 4884 ef (e *grösser)* — 4886 Than —
4888 That — 4889 Uuigeſ — 4892 Ac — 4894 | That — 4896
ſuand ſohue ſo | *(das erste o a. Ras., von a?)* — 4899 Uui | — 4900
geng — 4902 ſiobiduundun — 4905 gimi — 4906 gimi — 4907 An |
— 4908 than — 4909 Diurlic — gimi — 4910 Le | theſ — 4912
Thann — 4913 uue | rod — 4914 Gripun — 4916 Muodag — 4918
im — 4920 Teuuinnianne — 4921 ſuand — 4922 Halon — 4924
Theſ | — uueldun. | *(1 Z. leer, am Schlusse . LVIIII. | — 4928 thia —
4929 | geng — 4930 gibindan (über dem zweiten i ist v überg., v. j.
Hd., wie es scheint)* — 4931 uuarun — 4934 Ac — 4937 Johanneſ ||—
4940 | thuo — 4941 fan (f *grösser)* — 4946 Lietun — 4947 uuaſ —
4948 gelmuogero (di *nach dem ersten o von alter Hand mit Häkchen
überg.)* — Johanneſ — 4953 Johanneſ — 4954 friđhof *(das letzte f
ags.)* — 4957 Magat — huat | — 4959 thuo | — 4962 Netheſ |—
4965 ſuarbondi — 4967 Geng — thar — 4968 ſier — 4969 thit
(das erste t grösser) — 4972 uua || (ri. *unterg.)* — 4974 uui anthi |
non uuordon — anthinero (r *von andrer Form)* — 4975 Ac |
hieni — 4976 Ac ſtud | — 4980 huaraƀe | (e *auf Fleck, dahinter*

Ras.) — 4983 | Thar — 4985 ſie — 4986 iſ | libeſ — quat (q *grösser)* — 4989 thuo — 4990 hanacradaha | ban *(das a vor h a. Ras., von* h?) — Thuo ſah *(zwischen o und ſ oben zwei untereinander stehende Punkte)* — criſt ſelbo | te — 4996 Suitho — 4998 ſuartun *(der erste Strich des zweiten u oben aus dem Schafte eines d rad., es hatte erst ſuardin gestanden)* — 4999 er *(e grösser)* — 5000 | theſ — 5002 The — 5004 uuan | ſcefti — 5005 | trahni (ni *a. Ras., von* te?) — 5006 hie | — 5007 Firin uuerco — 5008 niſ — 5009 That man | neſ — 5011 | uuolo — 5012 That — 5013 | ef — 5014 huldi *(darnach o mit Häkchen von alter Hand überg.)* — 5015 Thiodan — 5026 That — 5027 theʒ | no — 5029 hie — 5030 ſerroſt — | ſelag — 5031 Liet — 5033 Liet — 5036 | That — 5038 harm giuurohti. LX. | *(1 Z. leer)* | — 5041 Than — 5044 Thie — that — 5046 bithiu — 5047 | Te — 5051 huurbun — 5056 Mor | gan — manag — 5058 In | uuid — uuarth — 5060 | Irri — 5061 gengun — 5062 Rincoſ — 5066 That — 5067 | ſia — 5070 thuo | — 5073 | Quathun — 5078 | ſie — 5084 Gruotta || — 5085 *das erste* that *scheint a. Ras.* — 5087 Criſt | — uui — 5089 | Thie — thu — | it for theſon *scheint a. Ras.* — 5090 Suothlico | — 5091 theſ — 5092 Neſind — nuſeggiu — 5093 That ginoh — 5096 endi *(e grösser)* — 5100 | nune — 5101 | Thit — 5102 that — 5103 Rinco — 5104 | huat — 5105 iſ — 5106 Uuirđig — that — 5107 ſcolo. LXI. | *(1 Z. leer)* | — 5108 Vuitieſ *(Initial)* — neuuaſ — 5109 That — 5114 be uurpun (b *grösser)* — 5115 iro *a. Ras., von* i? *(die Ras. ist klein)* — 5117 | biſmar ſpraca (b *grösser)* ſtuod — 5119 tholoda githuldion | — 5121 thuo — 5124 Thero — thar — 5125 thar — 5127 Cuman. | — 5129 Pilatuſ — 5132 uuar loſa — 5133 Agabun — 5135 That — 5136 Sarpon (c *vor a mit Häkchen v. alter Hd. überg.)* — thuo — 5138 Mahlidun — 5141 Ac — 5142 Pilatuſ — 5146 | Thuo — 5149 | Thriti — 5150 Geng — 5151 Sundiun — 5156 | funda (i *vor a mit Häkchen v. alter Hd. überg.)* — 5157 ſuat — 5158 huat — 5159 thuo — 5163 fuor (f *grösser)* — fiondo (f *ags.)* — 5166 That — 5167 ſneg — 5168 uurag *(vor* r *ist a mit Häkchen v. alter Hd. überg.)* — 5169 ſard — 5170 fuek. | *(1 Z. leer, am Ende* . LXII. | — 5174 im te | — 5177 mudag (o *vor* d *mit Häkchen v. alter Hd. überg.)* — 5178 After — 5179 Anthem — 5182 Uuitieſ — bihui — 5184 negabin — 5186 Uuordon — hie — 5188 Duot — 5189 ina (i *aus* ſ *rad., oder Fleck darüber)* — 5190 hie — 5191 Quithit — 5192 begihina | (t *vor* n *ohne Häkchen v. j. Hd. überg.)* — oft gegneſ | *(nach* t *ist* te *v. alter Hd. ohne Häkchen überg.)* — 5193 Bodo — ef — 5196 endi *(e grösser)* — 5201 uureth hu | dig — 5203 rumu || (. burg . *unterg.)* — ſiet — 5207 ſueder — 5210 Uulanc — 5211 nebiun — 5213 Theſaro | — biſala *(darnach* h *v. j. Hd. ohne Häkchen überg.)* — 5214 Agabun — 5215 huat — 5217 Quam — 5219 Anthem — niſ | — 5220 ef — 5221 Than — 5223 So — 5226 giuuit | ſcipi giuuareſ — 5227 that — 5228 Thia uueroſ — min (n *a. Ras. v.* d) — 5232 thuo — 5233 Muodag — 5234 Obar | — 5236 Forthem — 5237 Dođeſ — | than — 5239 uurug | dun (r *ags.)* Quathun

— 5242 Manno — 5244 doðeſ | giſculdian. LXIII. | — 5245 ïna —
5246 Thuru — | thuo — 5249 Manno | — 5251 erodeſ *(das erste* e
grösser) — that craftiga | cuning duom — 5255 | Duomoſ — hie —
5257 . mid iſ . *mit Häkchen überg.* — 5259 Paſcha | — 5260 That —
5263 ħaf | tan — 5264 | uuigand — 5267 | Allaro — 5270 Cuning ᴇʀodeſ
— 5273 Uuandun | — 5276 fragoda (ſ *grösser)* — *unten auf S. 149a*
stcht y — 5277 muod ſeƀon | *(nach* n *ist ein Buchst. rad.)* — 5280 en
tho | loda *(nach* n *ist di mit Häkchen überg.)* — 5281 *vor* neiſ *Ras., von* eſſ?)
— 5284 uurougdun | — 5286 ſarmuonſtun *(das erste* n *aus* ſ *rad.)* — 5287
ħimiliſcan — 5288 Baluuueſ — barn — 5291 ſohuat ſo | huat ſo *(das*
zweite ſo huat *rad.)* — 5292 Sia (i *a.* Ras., *von* e?) — 5296 erloſ (e
grösser) — thuo — 5298 Ledian — lun | gra (r *ags.)* — 5302 Ne | —
5303 | ħoſc — thuo — 5308 | Uuelda — 5309 Nerian — ſtuodun —
5312 Grimmera — thuogi | uuet — 5313 . thia . *mit Häkchen überg.*
— 5314 ħard — huat gimi — 5317 nu — 5319 ſcin — 5320 erodeſ |
(das erste e *grösser)* — 5323 Lif — nu — 5326 ſolc — 5329 cri | ci
(ci *steht nur scheinbar auf Ras.; ri sieht aus wie nachgetragen)* —
5330 Uuegian — hie — 5333 eue *(vor dem zweiten* e *noch ein* u *v.*
j. Hd. mit Häkchen überg.) — 5334 || That — copo | *(1 Z. leer, am Schlusse*
. LXIIII. |) — 5336 Mikilon — 5339 huaf | im — 5342 ħuat — | te —
5343 uueſt — 5344 Umbi | — mihebbiat — 5345 Uuerod — 5348 Sohue-
ðer | — 5356 Thegan | — 5357 Ac — 5358 ne — 5359 thinon (in *aus*
m *gemacht durch Ras. der Verbindung des ersten u. zweiten Striches)* —
5360 Sithon — 5362 Ahaƀið — . mugi . *mit Häkchen überg.* — 5364
| ħie — 5365 bethiu — men | uurekan eſ — 5370 Selƀo — 5372 lan |
goda — 5374 Quelan — 5376 oſer *ohne Häkchen überg.* — 5378 hie ſcal | —
5379 Uuiti — | uuerod — 5381 | hie — 5383 nio . Uuið — uueruo | (o *Rest*
eines halb radierten d; ld *nachträglich hinzugesetzt)* — 5385 uuundron *(das*
erste u *rad.)* — 5386 Niuuol | da — im *(es war* m *angefangen, die Verbindung*
des ersten u. zweiten Strichs rad., ein vierter hinzugesetzt) — 5388 ħuand | —
5389 Than — 5391 Thann — 5393 bethiu — 5394 thiu — 5395
| Mari — 5400 Uuaſ — 5401 | Uuaſ — 5402 barrabaſ (ſ *a.* Ras. *von* n)
— 5407 That — 5410 fragonan *(nach* o *ist* i *von alter Hd. überg.)* —
5411 ħuederon — | tueio : (o : *a.* Ras.) — 5414 giſpanam *(der dritte*
Strich des m *zu* a *gemacht)* — 5418 Quelidin — thuo — 5419 Duomoſ |
— thuo — 5420 | barn that — 5422 That — 5426 uuói (i *a.* Ras. *eines*
langen Striches) ſithor (ith *auf verdorbnem Perg.)* uuann ſi | thor —
agaſ. LXV. | *(1 Z. leer)* | — 5430 Thuo — . uuaſ . *mit Häkchen überg.* —
5431 Barn | — 5432 Uuiſſa — 5437 That — 5439 Te — 5442 | hie —
5443 Thera | — 5447 Uuiſſa | — 5449 Obar — | that — 5450 Suitho
— 5452 Anhe | lith helme — thuo — 5455 Thuru — 5456 formon
(ſ *grösser)* — ſerhe (ſ *ags.)* — ik — Ina — 5462 Anthem — 5463 thar —
5464 Sagda — thuo — 5467 Gie | that ina *(vor* ina *ist* ſea *a.* Ras.
mit Häkchen überg.) — 5469 Thuru — uuarth — 5471 Te — 5473
ħiet || — 5474 Uuatar — 5475 | Thuog — 5477 Quat — 5478 neuuilliu |
— 5479 achleot | githeſ — 5482 quathun (q *grösser)* — 5483 De-
rauoro *(das erste* o *aus* u *corr.)* — fare — 5485 Obar — uui — 5487

Ageban — 5489 Thar — 5491 Menſcathono — mahtig | — 5494
ſpiuun *(vor* n *ist noch ein* u *v. j. Hd. mit Häkchen überg.)* — 5496
Uue | roſ — 5497 Rouodun — 5499 ſietun — 5501 gengum (e *a. Ras.
von* o, *das zweite* g *a. Ras. von* n) — 5502 queddun (q *grösser) —*
5505 | Mahtig — 5506 ſietun | — 5508 Craftigna — 5510 Dragan —
ſcolda bedrorag | an — 5511 ſithodun — 5512 | Uueroſ — 5513 thar
— 5515 | Uuib — 5516 | Thia — galilea (g *a. Ras. v. 2 Buchst.)* —
gangan ſol | godun *(vor* ſ *ist* quamun *mit Häkchen überg.)* — 5518 Suitho
— thuo | — 5520 ſiet — nitharf — 5522 urethan *(vor* r *ist* u *mit
Häkchen v. j. Hd. überg.)* — 5523 Tornon — noh | — 5528 That —
5529 uari *(vor* a *ist* u *ohne Häkchen überg.)* — 5531 cumiđ.
LXVI. | *(1 Z. leer)* | — 5534 Bom — 5538 Bittra — 5539 hie —
urecan (u *vor* r *mit Häkchen überg.)* — 5541 Mahtig | na — 5542
uure | tha huand — 5545 thia | — 5546 | ſam uurdi (u *vor* r *mit Häk-
chen v. alter Hd. überg.)* giſprecan (e *aus* o *corr.)* — 5547 er (e *grösser)*
— 5548 | peda (d *a. Ras.)* — 5549 Allaro — | theſ — 5554 Au-
bomin — thuo — 5556 Selbo — 5558 ſiard — it — 5560 Dadun —
5563 uuarag threue (u *vor dem letzten* e *mit Häkchen v. alter Hd. überg.)*
— 5564 thia — 5567 | Quelan — efthu — 5569 Neri — 5571 | Theſa
— ſum — 5574 thu ſagdaſ — 5576 | Sten uuerco — 5578 | Theſef — ſinu —
5580 balouueſ (b *grösser)* — thuo — 5583 Theſ | — ef — 5584 Criſt — 5585
ſan *a. Ras. (von* ſim?) — 5586 | ef — 5587 Uualdand | — uuercon (c
aus d *rad.)* — 5588 thuo — 5589 An — 5590 behui — 5591 Gruotiſ — ſteſ |
(ſt *a. Ras. von* o) — 5592 uuit — 5594 hie | — 5595 Allaro — 5600
That — 5602 Uueſ — thuo — 5603 | ik — 5604 | That — 5609 oc
— uuib (b *aus* p *rad.)* — 5611 Thanſtuod | — 5613 Druuodun —
thar — 5614 muodeʀ — 5619 | Idiſ — thuo — 5620 gibod. LXVII. |
(1 Z. leer) | — hlutran (t *nach* u *mit Häkchen v. junger Hd. überg.)* —
5623 Thuo — 5625 ſiuo — nimah | ta *(über dem letzten* a *ein Häkchen, wie*
2028) — 5629 Obar — 5631 | Ant — thuo — 5633 ſie | dron — thuo — 5634
| thuohie — 5635 fader — 5636 Tethiu (t *rad.)* — mik *(an* k *ist
unten der zu lang gewordene Schaft rad.)* — 5638 ik — 5639 Uundron
— uuerod — 5641 Drohtin — 5642 thiu — 5643 | Uurctha — 5644
| tuo *(vor* t *ist* un *von ganz junger Hd. am Rande geschr.)* — 5645
ſiabdun — | ſuoti *(davor* un *am Rde. von ders. ganz jungen Hd. wie* V.
44) — 5650 | Gibundan — 5651 hie — 5653 So — 5654 | ſiludo — | ik
— 5655 mi | non *am Ende und Anfang der Zeile von alter Hand nach-
getragen.* — | garo te thiu — 5656 ſirio | — 5657 Gihnegida — 5662
That — 5664 ſeli | ſoſ (ſ *grösser)* — felde (de *a. Ras. von* iſe) —
ſehan | lacan — 5667 | ſiel — 5669 ſielageſ — 5672 aſtuodun (n *aus*
m *gemacht durch Ras. des dritten Striches)* — 5674 Mannon — that |
— 5675 That — 5677 Uuord anthe | ſaroldi (. uueroldi . *vor* l *mit
Häkchen überg.)* uuerod — 5681 An — 5682 ſuma — 5683 Thia — hvodian
(v *wie* 345; d *aus* l *rad.)* — 5684 That that | — ualdandeſ *(nach* u *ist*
u *mit Häkchen überg.)* — 5686 Barno — ſlo | gun — 5688 ſier | ren
— 5689 Suitho — than | — 5691 Lengerun — 5693 Gengun — 5694
Thieoboſ — 5696 Unt that — 5699 nithortun (ſ *nach* r *ohne Häk-*

chen überg.) — 5701 If — 5703 That — thuo — 5705 | ſiard — 5707
That — | ſidu *(vor* d *Ras. eines unter die Zeile gehenden Striches)* —
5708 | thia — 5710 Uuellun — 5712 | ſiriho — frumu (f *ags.)* — ſo.
LXVIII. | *(1 Z. leer)* — 5713 nahoʀ | (oʀ *lig.)* — 5716 Uuaſim | —
5719 Iuđeno — 5720 Dar nungo — 5721 folgolte | — 5722 ſiie —
mahlan *(nach* l *ist* i *mit Häkchen v. alter Hd. überg.)* — 5723 Thin-
gon | — 5725 giquelmid *(das erste* i *a. Ras. von* e) — 5726 | Theſ — 5729
ſiie — 5730 te them | — barn || godeſ (r *a. Ras. von* n, *dann* n *hinzu-
gesetzt)* — 5732 | Nam — 5735 Druog — 5737 Thar — 5738 | Gumon
— thar — 5741 griotandi — 5742 Idiſi | — for ſauun | *(über* n *ist* tun
überg., aber ausgewischt) — 5743 Theſ — giuuitun | — 5745 ſiuo —
5746 ſiabdun — 5748 Idiſi | — 5749 neflu (f *ags.)* nith folc — 5750
meni | gi . — 5751 Rekidun — huat | — 5753 | Uuerod — 5754 hie
— 5755 thiuſ | — 5756 Thit — nu — 5763 Tethem — 5764 uuarth ||
— 5765 ſia — 5766 ueroſ *(vor* e *ist* u *mit Häkchen überg.)* — 5769
Liu | don — lohte *(vor* o *ist* i *ohne Häkchen v. alter Hd. überg.)* —
thuo — 5771 ſialag — 5772 An the | — lioht — 5775 uua | nom —
5777 Sothia — uuardeſ (e *zu* o *corr., dann noch* o *überg.)* — 5779
Areſ — rincoſ — 5780 umbi *(über* m *ein Häkchen oder Punkt, wie*
2028) — 5781 ſcred — 5782 naht . || *(darnach steht ein Kreuz)* —
5786 | Uuertheſ — 5787 That — 5789 Uuundun | — thiu — 5794
Befulhun | — ſothiu — 5797 engil (e *grösser; nach* l *Ras., von* e?) —
5798 all *(darnach Ras.)* — aſciann *(vor* ſ *ist* n *ohne Häkchen überg.)* —
5799 Thiu | — 5801 forah | ten *(nach* e *ist* o *mit Häkchen überg.)* —
egan. LXVIIII. | *(1 Z. leer)* | Lif — 5802 lagun — 5806 Diurlic —
hie — 5808 blicſniun | — 5809 Uuaſ — 5810 thuo — 5811 Thiu —
5816 Quat — 5818 | ſiet — ik — 5819 | Neriendon — 5822 Sundi-
loſian | nu — 5824 | nu — 5825 Nahoʀ | (oʀ *lig.)* — 5827 Thar —
lungra — 5829 Uliti ſconi | uuib — 5831 engil (e *grösser)* — ſiet —
5835 ſiet — 5837 Cumi — 5845 Then — nemahtun | *(Klex auf* e) —
5847 thuo | — 5848 Uualdan | deſ — 5849 | Tehui — 5851 feraheſ (f
grösser) — fullan (a *durch Ras. aus* e) nugi — 5853 Aniſ lic lic ha |
men theſgi — 5856 Angalilea | lande — 5859 | That — 5862 nuhabit
— 5863 Gifrumid — 5864 cuth. LXX. | *(1 Z. leer)* | — 5865 ſiie —
5869 Cu | thian — 5870 | giefrumida — 5872 ſed | lic *(über* d *Ras.*
eines l-*Schaftes)* — 5873 thuo — 5874 Judeono — 5875 endi . —
5877 ſiuilica — 5880 | Nimithun — thuo — 5882 Saldun — 5883 ac
— 5884 An ſuebidi | — 5885 ſimnen — 5887 uuigi helpat — 5888
| Letheſ — thuo — 5890 Negiuuel | dun — 5895 Johanneſ | — 5897
Johanneſ — guode | (o *von alter Hand über* e *geschr.)* — 5899 erl (e
grösser) — 5900 | ſireo giuuadi — 5904 Mid — 5905 Rikieſ | — 5906
Johan | neſ — 5908 uuaſſa | *(das erste* a *aus* u *corr., durch Häkchen*
darunter getilgt und i *überg.)* — 5910 Upp — thuo — 5911 Johanneſ
— 5912 Thia — | than — 5915 | Maria — 5917 Thena — 5920 ant |
kennian — 5921 Seggian — hie — ſerobi uuiepi — 5922 So —
trahnin (r *aus* h *rad.)* ſiu quat — 5923 efthu | — 5924 efthu | (e
grösser) — ginamiſ | (a *aus dem dritten Striche eines* m *corr.)* — 5926

ſia | niuuiſſa ſia — 5928 | ſiof uuard — thuo | — 5930 That | — 5931
Mitha | — ina (in *aus* m *corr. durch Ras. der Verbindung der beiden ersten
Striche)* — 5932 Nouan — 5933 Quat — 5934 ik — 5935 Ac — 5936
Bruothron | — 5938 uuilliu. LXXI. | *(1 Z. leer)* | | 5940 Seggian —
5942 That — 5944 ſia — 5946 Ac | — 5947 thuo — 5948 eft (e
grösser) — 5950 than (t *grösser)* — 5951 Quedda — 5952 hie —
5953 Acgi | — 5957 anthem (a *a. Ras. von* a) — 5958 temauſ *(vor*
m *ist* e *v. alter Hd. mit Häkchen überg.)* — 5961 Thē || — thuo — 5964
| Uuaſ — 5965 ſiui — iſt — 5966 foragono (g *aus dem ersten, o aus
dem zweiten Striche von* n *corr.)* — ſia — 5967 Thia — tehui — 5968
biſt (b *grösser)* — hieruſalē — ſol cas. | *Die zehn letzten Zeilen der
Seite sind leer, auf S. 170ᵃ sind 13 Zeilen von S. 169ᵇ in Spiegelschrift
matt abgedruckt, S. 170ᵇ ist leer. —*

---

2. Der Monacensis.

*Die in der Mitte und am Ende von Worten häufig begegnenden
ʀ sind hier nicht notiert, wohl aber die im Anfange.   Von S. 2ᵃ sind
die ersten sieben Zeilen rad., doch sind folgende Reste noch festzustellen:*
h(abda) ſ(ere)h(tan) h(u)g(i) . (uuaſ) ſ(on them liudiun leuiaſ cunneaſ
iacobeſ) | ſ(une)ſ g(o)da(ro t)h(iodo zachariaſ uuaſ he hetan that uuaſ
ſo ſalig man) | (huand) he ſ(imlun) g(erno) g(ode thiono)d(a uuarahta
a)f(tar if uuilleo)n . | d(ed)a (if uuiſ ſo ſelſ uua)ſ (iro gi) a(ldrod
i)d(i)ſ(ni mo)ſ(ta im er) b(iuuard) | a(niro iu)g(uthedi) g(ibidi)g(uuerðan)
l(ibdun im) ſ(arutar) l(aftar uuarahtun) | l(o)ſ g(oda uuarun ſo) g(ihori)g(a
heban cunin)g(e diuridun uſan) d(ro)h (tin) | niuu(el)dun (dere)biaſ
uu(i)h(t un)d(ar man)c(unnea meneſ gi) ſ(rumm)ie(n ne) | — 85 faca ne
(ca n *anradiert)* — 86 moſtun *(darnach Punkt rad.)* — 89 ina . — 91
heuancuningeſ. *(das erste u scheint aus* li *corr., von* l *ist keine Schleife
da; vgl. vorher* bi) — 106 drog . *(Punkt rad.)* — 111 *Von den ersten
2 Zeilen von S. 2ᵇ lese ich noch:* ſo ma (n) h (erron) ſ (c) al (gerno)
fulg (an) gan . g (rurio) ſ (qua) m (un im)u; *(der letzte Buchst. sicht
mehr aus wie ein* a) egiſon | an th (em) alaha he giſah thar aftar
(thiu enan en) gil god (eſ an) them | — 114 to *deutlich* — 116 andredi
Thina (a *schwer zu erkennen)* dadi ſind *deutlich* — 129 het — 131 Quad —
133 teʀamon — 138 bodſkepi (ſ *sieht aus wie* ſ) — 139 Zacha | riaſ —
142 It — al . te lat . — 144 huuanda — 168 than — 169 ʀi —
170 ſo . *(Punkt rad.)* — 174 breoſtun . Imu | Bidun (Imu *rad.)* —
197 ſkred — 198 Iohanneſ — 200 ſagar . ſahſ . endi nagloſ . —
201 uultige . | *(nach* l *ist* i *überg.)* — 204 aldun . túem . — 205
ʀiuuari — 207 nimahti . (ti *lig.)* — 210 ʀiutlico — ʀamo — 211
uueſaʀ . — 212 an . iſ gibarea . — 218 Iohanneſ — 219 that —
221 eʀ | (ʀ *a. Ras.)* — 223 uuita kiaſan . — 224 niud | ſamnaʀamon .
— 231 ʀamon — 236 Iohanneſ — 247 ſeʀdean (ʀ *a. Ras.)* —
253 ſeaʀthegan — 254 Ioſeph — 256 thar — 262 | giuuihit .

(h *a. Ras. v.* g) ɴeħabe — 263 | ɴequam — 266 teɴamon — 273 uuiſ . — 276. than — 277 uualdandeſ — 280 Neſomari — 281 Tho (T *rot*) — 283 thanc (t *grösser*) — 287 niſmi — 291 uuardtheħelago — 295 Thó — | ħugi Ioſepeſ (i I *aus a corr. ohne Ras.*) — 296 iſṁód gidróbid . the . im . ér . thea magad ħabda thea idiſ | ánthettea . ádalcnoſleſ . uúiſ . gibóht . im . te brúdiu . ħéaſſóſ that . ſiu | ħabda . barn . undar . iru . ni (i *aus a corr.*) uuándę theſ . mid . uuiħti . that . iru . that . uuíſ | ħaɓdi . giuuardod . ſo uuařlico . ɴi . uuiſſe . uualdandeſ . thóh . (*letzte* ħ *rad.*) noħ . blídi | gibodſkepi . ɴi . uueldę . ſię iṁ . tebrudiu (*letzte* u *rad.*) thó ħalon iṁ te ħiuuon . ac | — 306 ſu | — 310 frí . midira ſerħu . Ni uuâſ . gío . thiu | fémea ſo gŏd . thât ſiu mîd them liudiun lêng lībbien mōſti . | uuéſan ūndaɽ . thêm uuēroda . Bigân îm thé . uúiſo mâɴ ſuîdo | — 313 Ioſeph — 315 forleti . (ti *lig.*) — 320 ɴe | — 321 leſti . inca . uuini treuua ford . ſothu dadi . endi | — 331 Antkenda — 332 | uuaſ (*das erste* u *grösser*) — 337 ina (a *a. Ras.*) — 338 | brengean· (ng *v. jüngerer Hand nachgezogen*) — 339 Tho (T *rot*) — 341 baɴ . endi bodſkepi . 342 cumaɴ . ſonthem — 343 heritogon (ħ *aus Anfang von* o *corr.*) — 345 ħiet — 348 gibôd . (*Cirkumfl. v. j. Hd.*) uuaŕd . giléſtid . oɓar . theſa uuîdon . uuerold | uuerod . ſamnoda . té . allaro . burgeo . giħuuem . Fŏrun . thea . bôdoɴ | oɓar . allthea . fon . them . kēſura . cumana . uuárun . bōkſpaħa . uueroſ . endi | an bréſ . ſcribun . ſuiđo . niudlico . namono . giħuilican . ialand . ialiudi . | that . im . ni . maħti . alettean . maɴ̃ . gumono . ſulica gambra . ſoimſcolda | geldēɴ . giħue . ħelido . fon . iſ . ħōɓda . Thō . giuuēt . im . óc . mid . iſ | ħíuuiſca . ioſeph . the gōdo . ſo . it god . maħtig . uualdand . uuelda . ſōħta | imthiu . uuanamoɴ (*über* n *Ras.*) ħem — 359 b&ħleħem . — 360 ōc — ħélagun — 361 mariun . thera . gōdun . Thar . uuaſ . theſ . mareon . ſtōl . an . ēr daguɴ | — 363 gōdoɴ . than . langa the ħe . thana . druħt | ſkepi . (ħ *aus* d *corr.*, t *am Rde. nachgetr.*) thar . erl . (r *aus* l *rad. u. corr.*) undar ebreon . ēganmōſta . ħaldaɴ . hóhgiſetu | ſiu (u *zu* e *rad. u. corr.*) uuárun . if . ħiuuiſcaſ . cumaɴ fon . if . cnoſla . cunneaſ . gōdeſ . beđiu | bigiburdiuɴ . Thar . gi . fragnic . that . ſie . thiu . berħtun . giſcapu | maríun . gimánodun . endimaħt godeſ . that . iru . anthem ſíđa ſunu | — 370 bárno . ſtrangoſt . — 371 uuaŕd . the mareo — 372 ér — 373 bilidi . uuárun endi bōgno . filu . giuuórđen . aɴ | — 374 Thō . uuaſ . it allgiuuárod . ſó . ſóit . ér ſpáħa . maɴ | giſprôcan . ħabdun . thurħ . ħuilic . ódmódi . ħethit — 378 | Tho iɴa (ho iɴa *a. Ras. von?*) — ɴam — 386 magad . ira | modſebo . — 402 that — 403 thar — 405 Hebbiad — 407 that (*das zweite* t a. *Ras. von* r) — 415 thea — 435 fagar . an | felde . that — 438 ſodda — 443 ħeleaɴd — 447 uuaſ — 449 that — 450 unt . that — 451 endiɴaħto tho (t *grösser*) — 453 ſo — 456 | uuard ſunu . aſodit — 459 bediu (e *aus* o *corr.*) fon (f *aus langem Strich*) — 460 kriſt | *ganz klar* — 465 Thea — 466 | Oft — 475 aɴ (ɴ *sieht aus wie* f)

th(an)a (uui) h(innan T)h(o ſa)gda h(e uua)l(dande th)an(c) alomahti | goṅ
— 476 mid . — 477 geng — 481 biddeaɴ *(das erste d aus angefangenem
hohem Buchst.)* — 492 liſtiun — 493 idiſ *a. Ras.* — 494 ſunu . ſcolda
— 496 tefalle . — 497 the . — gihordin . — 501 that — uuerk
(der Strich durch den Schaft rad.) — 504 ald . innan . — 505 doh-
tar | (d *aus falsch angesetztem Strich corr.)* — 507 ſiu moſta — 512
tho (t *grösser)* — 516 Siuquam *(das erste u aus c-ähnlichem Ansatz
von q corr.)* — 520 ginahid (d *aus h rad. u. corr.)* — 526 manag .
— 530 andi (a *beim Schreiben zu e corr.)* — 535 uuard | *(Strich
durch đ von alter Hand)* — 537 inuilic *(das erste i rad., n zu h corr.)*
— 540 ɴiuuarun . — 548 tho (t *grösser)* — 550 | mordeſ *(Strich durch
đ alt, ebenso in allen folgenden Fällen)* — 551 Tho — 554 huueđer
— uuracſid (a *a. Ras., von o?)* — 555 tegebu . huilicun gumuno . —
558 ɴio — 560 giuualdan . — 566 giu — 569 | than (t *grösser)* —
571 thar | ɴiuuard (t *grösser)* — enig . man — 582 tho (t *grösser)*
— 586 erđun *(von alter Hand)* — 587 hequad — 592 barn . —
bocan . het — 595 | Het — 598 the — 599 giboran . bald . endi
ſtrang | — 603 that *(das erste t grösser)* — 605 | ſaga uſ . (*vor u
ist h oder đ rad.)* — 613 es stand ſpac, *aus a ist r, aus c ist offenes
a gemacht und* cono *darzugeschrieben beim Schreiben* — 615 uuiſſun . te
uuarun . — mid uuor | dun — 620 uuiſſin (n *aus r beim Schreiben corr.)* —
621 ſoiſanuſun — 626 lioht (h *aus Ansatz von n corr.)* — 630 gifragn . ic .
— 636 hedro . fonhimile . ſie (ſo *aus n corr. beim Schreiben)* — 643 ſo |
keaɴ . aɴiſſeldo . — 645 | than — 646 He — 647 lango . (g *a.
Ras.)* — 653 uuiſſun *(das erste u grösser)* — 658 | thea — 662 the
(t *grösser)* — 668 | tho — 671 kriſt . | thea *(Punkt jünger)* — 680
naht⌣ſuueban *(der Haken von alter Hand)* — 687 | tho — 693 mod .
morganhuuem . tho (t *grösser)* — 698 *von* ſid uuorige *ab schwärzere
Dinte* — 707 cuma (a *zu e corr. v. j. Hd.)* — 709 landſcepi (epi
scheint u. Ras.) — 710 | tho (t *grösser)* — 712 ſan . antkenda .
Giuu& — 713 thornon *(nach h ist i ohne Häkchen überg.)* — 715 | tho
— 716 rikea | (e *aus i corr.)* — 719 *Seite* 11ᵃ *ist unten abgeschnitten*
— 722 tho — 724 nu — 725 mag (m *aus g rad. u. corr.)* — 731
umbib&hleem . — 733 tho — 734 ni — 736 idiſi — 741 meneſ —
743 fellun — 744 thia — 745 cara — | anb&hleem — 749 biforan
(b *aus p rad. u. corr.)* — 751 thie — 756 anægypteo — 757
ioſe | pe . (o *scheint corr.)* — 759 ɴord — 760 thar — 765
hetan . — 777 Thoſie — 782 thar — 785 He — 788 *S. 12ᵃ unten
beschnitten* — 792 thar — 797 | anthē (h *a. Ras. von e, ē später zu-
gesetzt)* — 800 friun dun . *(das erste un a. Ras. von a :)* — 803
uuard | — 804 ira — 806 Giuuitun (n *aus m rad.)* — 811 the theſa
(nach dem ersten e ist ſ rad., das folgende t a. Ras. von a) — 812
thar — 813 antkennan (i *vor dem zweiten a v. j. Hd. überg.)* — 815 | ſie
(ie *a. Ras. von a :)* — 816 | ſie (ie *a. Ras. von* a) — 818 modar
(ar *anradiert und von j. Hd. ungeschickt nachgezogen)* — 822 giſidon
(g *a. Ras. von* ſo) — 829 biuui (h *über dem ersten u ohne Häkchen
überg.)* — 830 maria (m *grösser)* — 835 bezta (z *a. Ras. von* t) —

847 hab | da — 852 ni (n *grösser)* — 855 uuiſſun — 861 alouual-
don *(das zweite* a *und* d *anrad.)* — 862 forl& thieda (e *aus* o *corr.)*
— 863 *es stand* | gimentha thar *das ist ganz rad.* — uuard *(das
erste* u *anrad.)* — 865 iohanne (e *v. j. Hd. aus* a *corr.)* — 867
theſan (n *aus* r *corr.)* — 868 h& | — 871 | im — 873 giuu& —
878 hebanriki | — 879 nu — 882 | ic — 895 gi | biodeɴ . — godeſ . —
899 faran . — heta | theſ — 900 | So — 903 | erloſ — 909 Tho —
911 bodon . — burg . — 915 | baldlico . — 921 heiſ | — 932 Ic — 941 So-
mikilu — niſ — 944 thaɴ ſcal cu | lango ſcal uueſan . — 947 | hegan
(h *durch Punkt darüber und darunter getilgt)* — 950 | manag — 964
tho | — 970 Io | hanneſ — 973 Kriſt — 977 Iohanneſ — 982 craftag
kriſt . — 988 dubuɴ . endi . ſat || *(die Seite unten abgeschnitten)* —
aſlu . (h *über* a *ohne Häkchen geschr.)* — 991 kriſt . — bezton . quad |
— 995 giſehan . — he — 998 uuilleo (e *aus* i *corr.)* — 999 mi . —
godeſ . — 1007 he | — 1009 thit — 1011 uuala *(das erste* u *grösser)*
— 1018 that — 1025 them || *(die zwei letzten Striche von* m *rad.)* —
1032 He — 1040 for | geben *(vor* f *ein Strich, aber wohl kein Buchstabe)*
— 1041 bethiu (b *grösser)* — 1042 ſunu . ſenda | that — 1045 | ſunu .
drohtineſ . — 1049 than — 1050 uuid . — 1052 uuaſ — 1054 ſo
— 1060 móſeſ | — 1062 *die Seite 16ᵃ unten abgeschnitten* — 1067
geheli — 1077 that ſridu | barn . tholode . — 1080 let — 1085 ʒeſcriban
— ti te *(das zweite* t a. Ras.*)* — 1089 huuat — huuargin (h *a. Ras.,
von* n?*)* — 1091 | To (T *rad.)* — 1093 thineſ | *(über dem Haken
des* h *Ras. eines Schaftes)* — 1094 ſandon . — frohan . — neg : : : |
(Ras. von en *oder* een*)* — 1095 thriddean — 1096 berg . then
hohon . — 1102 uuilt (uuil *und darunter* habaſ *auf rad. Perg., es
standen aber keine Worte da)* — 1104 than — 1107 the *(von* h *an
schwärzere Dinte)* — 1109 betz | — 1112 thar — 1115 uuard — 1117
cumen (u *a. Ras., von* m?*)* — 1127 Geng — 1131 thit — 1133 maɴ-
cunncaſ . meɴ — 1134 Kriſt — 1148 he | — 1152 thar — 1153
adrcaſ *(über dem ersten* a *ein liegendes* ɴ*)* — 1156 thar — 1157 grotta
(r *aus* o *rad. u. corr.)* — 1176 ſatun im | thage ſunfader — 1191
kriſt . aɴ | — 1208 aniſ (i *a. Ras. von* a *oder* o*)* — 1222 ſume —
1226 almoſnie *(nach* l *ist* a . *mit Punkt überg.)* — 1233 ſuma — 1245
Thogiſahe — 1255 ɴemɴida — 1260 bige burdiun | — 1261 eɴdi — 1270
bartholomeuſ (rt *lig.)* — 1273 thar (r *aus dem ersten Striche eines* u *oder
aus* i *corr.)* — 1281 ſtodun — 1298 Irminmaɴno — 1304 quad — 1306
quadthat — 1308 Saligaſind *(das zweite* a *v. alter Hd. zu* e *corr.)* —
1309 theſ — 1312 ſali | ge — 1315 hebeneſ (h *mit Ras. aus* b *oder*
p *corr.; die Ras. geht herunter)* — 1316 quad | (q *grösser)* — 1317
te (h *über* t *geschr.)* — 1336 Geuuerdat — 1342 theſ — . gi *vor*
euuan *mit Punkt überg.* — 1351 hinferdi (n *aus* r *corr.)* — 1352
than | (t *etwas grösser)* — 1355 than — 1357 ſogondigeſehan . || (. r
nach dem ersten o *mit Punkt überg.)* — than (t *grösser)* — 1362
uuordun . — | uueroldeſ . nu ford — 1367 ſo — 1373 ſo — 1374 Eſ
— 1375 that . hi . — 1380 ɴiduguɴ . | — 1382 uuard . liudi . —
1385 uueroſ . — 1389 mag . — 1393 ɴi — 1397 ɴi — 1399 dot | —

1409 than — 1410 dernien *(das erste* e *a. Ras. von* n) — 1427 unleſtid .
— 1431 that — 1437 Sohuue — 1439 gebrođar *(die Striche durch* đ *sind
von hier ab in gleicher Weise alt, wie früher)* — 1453 | ic iu nu teuuaron
— 1456 dot — 1458 that — 1460 than (t *grösser)* — 1462 ne | (n
grösser) — 1466 far | geban . that it . — 1469 er — 1472 mer — 1473
godeſ (g *aus* o *corr.)* — 1482 than — 1504 mi‿thæ . *(Haken alt,*
e *von* ȷ. Hd. an a *angelehnt)* — 1507 eſt (ſ *a. Ras. von* t) — 1511
nec (n *grösser)* — 1517 bithiu — 1521 ef | — 1522 gquede ia . geb |
it ſi . *(das erste* g *rad.)* — 1524 So huat — 1529 ſohue — 1532
than — 1536 doe — 1539 leſtiemuuili . | — 1540 erodgiarme — 1541
rokad (e *über* a *geschr.)* — 1542 leobon | (e *aus* i *corr.)* — 1546 fagare
(zweite a *offen)* — 1549 ſo — 1550 thuhugiſ | — 1552 biſilhiſ endi antfaiſ .
eſt | thaꞃ thu uuili; — 1553 iuuuan uuillion (i *vor* l *zu* e *gemacht, das
erste* l *und das letzte* i *rad.)* — 1557 ef(t) g(e)l(d nima)n ſ(uui) do ‖
— 1559 ſo huuat | — 1563 thanna — 1565 gebeodan . *(das zweite* e
aus i *corr.)* than (t *grösser)* — 1566 helpono (h *aus* l *corr.)* biddeaꞃ .
(über der rechten Schleife des b *steht etwas wie ein* e *zu hoch angesetztes*
i; *ein* h *war es sicher nicht)* — 1580 ſtoduꞃ *(über* ꞃ *ist ein Fleckchen)*
— 1594 do — 1597 uuo : d *(vor* d *steht ein Ansatz von* đ, *der wohl
noch zu* r *corr. werden sollte, aber vergessen wurde)* — 1604 uuilleo —
uuerold . al ſo | — 1605 anerdo . — iſt — 1606 himil rikea . — 1608
| Endi — 1612 Ac — 1616 efgithan — 1630 than — 1637 ne (n
grösser) — 1645 | giuuadi — 1646 leſtead — 1647 himile hord . that
mera . — 1655 . ſinc *(vor* ſ *Ras., von* g?) — 1661 lib . euuig . —
1664 etan . eftho | — 1665 geuuedea . it uuet al . uual | daꞃd god .
— 1666 thionod . uuel — 1667 githat — 1674 ꞃe | — 1679 uurt (rt
lig.) — 1681 Ina — 1682 mer — 1684 bethiu (b *grösser)* — 1694
uuerdan . them teuuitea — geſprikid . *bis* that *auf rauhem Pergament.*
— 1697 | gim& — 1700 it eft | — 1703 Te — 1705 halm (l *aus
Anfang von* r *corr.)* — 1707 lat — 1709 mahtthu *(das zweite* t *a. Ras.
für Anfang von* h) — 1711 ſo — aꞃ if hob | de . (ꞃ if *a. Ras.)* —
1712 middilgard . maꞃno . ‖ — 1715 faca . endi ſundea . endi habad |
im . ſelbo mer — 1719 | uu& . — 1729 | neſind — 1731 | them —
1737 ſie — 1741 giuuitun — 1743 fagororo — 1744 that — 1748
cumid (i *und der letzte Zug des* m *a. Ras. von* d, *es stand* cund) —
1757 fimbla —, 1762 thanan — 1769 godeſ . antheſun gardun . be |
thiu — 1771 Oc *rot* — 1772 | antheſumu . liohte . — 1774 ſtrata .
endi bred . — 1780 atthemu . endie ni dugi | — 1785 ledea . *(das
zweite* e *aus* i *corr.)* — 1786 than (t *grösser,* a *offen, ist aus* i *beim
Schreiben corr)* — 1797 cuđeadiuuua | — 1803 thatalloro *(das erste* t
grösser) — 1811 thar . uuid . (uu *a. Ras., von* th?) ungi | uuidereon .
— 1813 ſtene . anthabad . — 1814 uure | đid . uuiđar uuinde . —
1821 nemag (n *grösser)* — 1828 ꞃe — 1830 far ſtodun — 1835 ꞃe
1837 heimtho *(das erste* h *grösser)* — 1840 giahe | — 1844 ꞣenamin .
— 1845 ge | huggead — huand (h *auf Anfang eines anderen Buch-
staben)* — 1848 ſo — 1852 nelatad | — 1858 gimang . neo — me |
ti forgot . — 1862 uuirđig — 1865 that — 1875 gi . — 1876 hebbead

— 1880 | far — 1882 uuefat — 1883 fecncon | foman — 1888 nef-culun — 1891 ɴamon — 1892 bethiu | — 1894 githar — 1903 bethiu (b *grösser*) — 1916 managa — 1919 ɴefind — 1920 Ac — 1923 thea (t *grösser*) — 1924 huanda *(erste Strich des* u *aus Anfang von* a *corr.)* — 1925 uu& — 1927 bethiu (b *etwas grösser)* — 1929 than (t *grösser)* — 1933 ef — 1935 mid | imu (u *durch Punkt darunter getilgt)* — 1937 imu (u *durch Punkt darunter getilgt)* — 1940 ef (e *grösser)* — 1947 fotun . — iu . — uuili . — 1962 uuet — 1964 Thoh — 1973 thar | uppe . — fader — 1976 giit . far gumfke | pi — 1977 godef | ogun . — 1980 rethinon . — rikeon . thar — 1981 mildi *(das erste* i *aus Ansatz von* l *corr.)* — 1987 herifkepi manno (r *a. Ras. von* li; if kepi manno fidon te *auf rauhem Perg.)* — 1988 hab | dun — 1995 enumu *(das letzte* u *durch Punkt darüber und darunter getilgt)* — 1997 thar — 2002 He — 2007 gengun — 2010 Thothar | — 2012 tho — 2026 te — 2037 tho — 2040 He — 2046 themu — 2050 quad (q *grösser)* — 2052 undar — 2054 than — 2056 than (t *grösser)* — 2057 gemarcod . | — menigi . — 2064 mid — 2065 gebon . endigomean . — 2069 truodun (t *grösser)* — 2074 That — 2078 themu . uuerode . — 2079 | ɴamon — 2086 | uunod . an uuil-leaɴ . — 2090 megin — 2093 than | (n *aus* r *corr.)* — 2107 uuor-dun . endi mid | uuercun . — 2113 uuelono . ge | uunnen . — 2119 Thoh — 2122 biddieɴ . barn godef | — 2124 faruurhti . | (ti *lig.)* — 2138 than — 2142· | thar — 2146 fundea *(der erste Strich des* n *war etwas länger und ist abradiert)* — 2153 It — 2156 halp . (I *aus dem ersten Zuge eines* p *rad.)* — 2158 Giuuet — 2160 bu . endi bodlof . — 2163 ɴimag — 2174 uuaf *(das erste* u *grösser)* — 2177 ɴaim . — 2186 It — 2187 ɴe — 2189 uunneaendi — 2192 thar — 2195 thu (t *grösser)* fcalt craft | fehan hir — 2197 ɴe — 2267 ·telande . 'liudi . — 2268 | quam — 2272 ɴio — 2277 fori . undar | themu folke . — fargab ferh . — 2286 ɴe — 2293 endi . al . undar | if . cunnie — 2296 thar — 2301 ɴi — 2302 thaɴ | — 2318 Tho — 2333 He — 2334 fnimo *(über* i *ist* u *ohne Häkchen überg.)* — 2341 ɴe — 2353 *es stand* fa:lgaf *und vor der Rasur war* r *überg.; dieses* r *und* ilga *sind rad. und* rga *darauf geschrieben)* — 2354 than (t *grösser)* — ina the heland — 2360 ɴi — 2369 giuuenid . mid if uuordun . — 2375 huat (h *a. Ras., von* u?) — 2379 | ɴiuuelde — 2412 thornof . fo — 2423 | herro — 2429 uui . — uuerk . — cumad . (a *durch Punkt darunter getilgt und lang J hindurch gezogen)* — 2432 anduuodi *(über* o *ist* r *ohne Häkchen geschr.)* — 2440 marien . huat ikmende . — 2448 it . be . — duæ (æ *alt)* — 2460 ford — 2462 ɴio — 2463 If — 2467 if . orun . to . — 2470 If if gilo | bo (b *aus* u *corr. v. alter Hand)* — 2483 that . — 2486 habad (h *grösser)* — 2489 treuua find . | fogoda — 2492 miflike | (c *zu* a *corr.)* — 2502 than — 2506 that — 2511 ɴi — 2578 badun — 2581 that — 2582 Ik — 2584 thiuf (t *grösser)* — 2585 | buland (la *rad. aus* b *und Anfang eines* l) — 2591 anttatd . allaro *(unten auf der regelrechten letzten Zeile der S. 38ª steht:* ·/. bmudfpellef megin obar maɴ ferid . endi thefaro uueroldeſ . Thaɴ iſ *nachgetragen)* — 2593 geripod . — ri | kea — 2594 thaɴ — 2597 | thit *(das zweite t aus Anfang von* h *rad.)* lioht . ſgiſaun . *(das erste* ſ *rad.)* — 2615 Thaɴ — 2627 | that — 2632 | Liſit — 2635 anthemu (u *aus Anfang von* o *corr.)* — 2636 brengid . irminthiod . | — 2639 ɴiuuet | — 2642 ɴimag — 2643 ɴitheſ uuelon . nitheſ uuiſleoɴ . | — 2646 moti . (ti *lig.)* — 2647 than — thealiudi . to . — 2648 galilæo *(das erste* l *a. Ras. eines Fleckes,* i *nicht a. Ras.,* æo *auf Ausgewischtem)* — 2652 ſieiſ (h *grösser)* — 2654 ſiuat (h *grösser)* — 2656 ſiuaneɴ (h *grösser)* — 2660 ɴihethar — 2661 ɴiuuelde . — 2666 giboreɴ . — ɴiuueldun — 2668 thæne *und* 2669 cumæn (æ *alt)* — 2669 ſietun (h *grösser)* — 2671 anthene . — *S. 39a unten abgeschnitten* — 2672 ɴiuuaſ — 2677 | ɴiuuaſ — 2678 ɴimahtun — 2683 | uualleɴider — 2688 ɴiſo — 2689 ſieɴiuuaſ (h *grösser)* — 2690 ſo — undar . — ſtandeɴ . — 2692 ſie (h *grösser)* — 2702 ſie (h *grösser)* — 2707 Idiſ — 2708 uueſlode . | tho . (t *grösser)* — 2713 | ɴami . — 2714 eſ (e *grösser)* — 2715 ɴi — 2716 ɴihaba — 2717 ɴiſundeo — 2718 uuibeſ . — uuorduɴ . | — 2724 lido | coſpun . be them liudiun . — 2731 ſouuaſ — 2732 erg (g *rad., dann Lücke gelassen, um* lo *einzutragen, was aber nicht geschah)* — 2736 quamuɴ ‖ (q *grösser); die Seite ist unten abgeschnitten* — 2737 glad modhugi | — 2739 | drog — 2745 ſiet (ſi *grösser)* — 2750 lat — 2764 thiu (t *grösser)* — 2769 Siu ‖ — 2775 inneɴ — 2776 that — 2778 So — 2789 ɴiuuard — 2814 Imu — 2820 ſedle . Tho . gen | gun — 2821 te themu — 2825 nah.— 2836 noh *(an* n *ist noch der Ansatz des 3.* m-*Striches)* — 2844 ɴihabdiɴ — 2845 ſiui . anuſaru | ferdi . — 2846 menigi? | *(Fragezeichen)* — 2852 that *(das erste* t *grösser)* — 2853. mikil | (kil *scheint nachträglich, aber von derselben Hand hinzugesetzt)* — 2865 *S. 42a unten abgeschnitten.* — 2866 Het — 2867 | thar — 2869 that *(das erste* t *grösser)* — 2874 tho — 2879 gehui *(Loch)* likeſ . — 2881 ɴuheſulic — 2882 alle . giuuard | — 2884 ɴiuuaſ — 2888 | ɴidedin — 2891 | bethiu — theroh (e *rad., aus den Resten* u *gemacht;* o *rad.)* — 2893 ɴamon | ɴi — 2904 ɴi — 2906 tho letun ſie ſuide an ſtrom — 2910 ɴebu | lo — ɴathidun — 2912 ɴeriendo — 2913 uuarode | (de *später v. ders. Hd. zugesetzt)* — Tho — 2921 ɴimahte — 2928 ɴe — 2929 Ik — 2930 ſee . ſcal — 2931 mundon . — meri ſtrom . — 2933 ɴiuuelde — 2934 uuiti; — 2936 mi . thaɴ — tethi . — 2939 gangan | *(das zweite* n *aus* m *rad.)* — he — 2943 andradeɴ . diap | uuater . — 2950 thiodo — 2952 huat — 2957 ine ‖ (e *könnte aus* o *corr. sein)* — 2965 Tho — 2975 elithioda — 2978 Imu — 2986 cunnies. — 2987 helagna. — 2989 atendi. (t *aus Anfang von* n *corr.)* — 3005 ɴe | — 3019 ſiuat (h *grösser)* — 3025 mikiliſ — 3029 That — 3037 gerno (e *mit Ras. aus* o) geuunodun . (e *ohne Ras. aus* o) — 3043 Sum — 3045 Sum | — 3047 Alle — 3049 uuordun . giuu . — 3062 quad . he — ɴimahteſ — 3063 ɴe — 3064 | Acdede — 3066 diurlico — 3069 peter . — stene . — 3071 | ɴi — 3075 Thu — 3079 So huene ſo | — 3088 Iɴnan — 3091 craft . ſan . — 3097 ɴiſ — 3101 huat | — 3105 theaɴimotun — 3122 Berhtlic — 3131 thar — 3134 So — 3144 uuol |

cah . fken . — 3150 | themu — 3151 Thonimahtunthea | — 3157 niandredin — 3170 uueroldi fopita. Lux | *(nicht am Rande)* — 3177 thef — 3181 he . || *S. 47ᵃ unten abgeschnitten.* — 3184 thar — 3186 fie —· 3198 giuuaro . uualdand crift. | Imu nimahte — 3200 gehuilikef (k *aus* c *corr.*) — fiet — 3206 man | ne . — 3218 fculdi . en | di fcattof . — 3219 nifcal — 3220 ni — 3226 rad . | faga . — 3230 if . fundea | — 3233 | Odo — 3236 neuuili . — 3244 drohtin | (n *rad.*, *aber noch zu erkennen)* — 3245 || Scal — 3248 angegin . — 3250 | Ik — to (o *aus angefangenem* h *rad.)* — 3254 hiuuifkef | (ifkef *scheint von alter Hd. nachgeschr.)* — 3255 nu — uue | fen — 3263 nif — 3271 ne — 3272 ne | nidin . ne hatul — 3275 than — 3276 himil | rikeaf . *(über und unter* a *Punkt, der oberste wieder ausgekratzt, der unterste angekratzt)* — 3277 | fprak *(nach* a *ein falsch angesetzter Strich rad.)* — 3279 ni — 3284 | thu Thu that — nimen . — 3285 farcopien . | (en *könnte von alter Hd. später nachgeschr. sein)* — 3293 uuende *(das erste* u *grösser)* — 3297 iungarun . geginuuardun . — 3298 unodi . — 3299 man | olbundeon — 3303 giuuendid . an | thene uuerold fcat . — 3304 Modgithahti . — 3307 nimen | — 3309 egan | endi . erbi — 3311 huat (h *grösser)* — 3312 telone? *(Fragezeichen)* — 3319 dadiun . | (iun *könnte nachgetragen sein)* — 3321 minamin | nea (e *aus* i *corr.)* — 3325 euuig. lif . — 3327 quad (q *grösser)* — 3334 than (t *grösser)* —· 3340 nimofte — 3341 ne — 3346 niquam — 3356 uuihti . (ti *lig.)* — 3357 fuarton (rt *lig.)* — 3359 thanen | — 3367 | Sendi — 3368 gefforea *(das erste* e *aus* i *corr., das zweite* f *rad., das erste mit* o *unten durch Haken verbunden)* — 3370 nu if | — 3374 if . mi . nu (u *aus* d *rad.)* — 3377 huat — 3379 uuiti — 3383 ni | mag — 3384 It — 3385 nimag — 3392 Sie — 3393 Ik — 3399 ef — 3403 | niuuilliad — 3404 nihoriad — 3409 uuordon . *(das zweite* o *aus* u *rad. u. corr.)* — 3412 | Quad — 3414 thef (h *a. Ras.)* — 3491 tenonu — 3493 gefrodot | (ot *v. ders. Hd. am Rande nachgeschr.)* — 3497 nimag — 3498 dadi . — gefrumide . — 3500 hludo . — 3501 mahtigne . — uuerde . ni — 3502 fo — 3503 far uuernien . — finef . | - 3508 gibid. he — 3512 | nam — 3513 fulle . (ll *a. Ras.)* — froian . — 3515 | folate uuerd(an) | — 3520 thef ni | — 3522 thar — 3525 thar — 3529 endi . — 3530 Sie — 3531 Ik — 3535 ni — 3543 uueldun . — hierufalem — 3548 (thero meni) gi thar faten | tuenie *(über* thero meni *ist* pvaa *geschmiert)* — 3559 | frah modhugi . — 3568 niuueldun — 3570 Heleand — 3572 liftiun . to — 3573 uuilliad | (liad *könnte von alter Hand nachgeschrieben sein)* — 3584 *S. 52ᵃ unten abgeschnitten.* — 3585 Geuuitun — mid . imu . — 3596 Ac — | te nah . — 3605 antheru — bethiu — 3607 huand . fiu . ine . ni . antkiendun . craftagne (c *aus* i *corr.*, t *a. Ras.)* god . — 3611 Satun — 3613 Siu . ni . mahte — 3618 antkennien . uuel — 3620 huggien . endihorien — | heliandef . — 3623 Iahuat — 3624 Iabe huiu — 3626 Thiu | — 3628 gehuilikef duod . oder | uueder . — 3637 gifahin . finfconi — 3639 tho (t *grösser)* — 3641 fatun . anfundiun — 3642 affobun | (bun *nachgetragen)* — 3645 tho — 3649 fie — 3653 Open . — 3658 uueridun . — 3659 Sodot — 3661 fidur . — 3663 zeuuitun

— 3665 Sodod — ɴoh — 3667 geliuhte . mid iſ lerun . — 3671 ɴahide
ɴeriendo — 3672 quam | — 3674 Antfengun — 3679 theru | *nachgetr.*
— huarf — 3680 | loſſang . hof . — 3686 thæt *(die e-Schleife rad.)*
— 3695 thaɴ — 3696 Lediad — managæ . to . — 3697 ordoſ .
endieggia | — 3700 felliad . folduɴ . ɴiaſſtad — 3705 ɴi | — uuiſadd
(das erste d *aus* n *corr., das zweite ausrad.)* — 3706 imu — 3712
Thiu — 3722 tho (t *grösser)* — 3726 | ɴi — 3728 ɴimotin — 3734
geng . — huſ . | — 3739 that — 3740 | Dref — 3746 uuehlſ *(unten
zwischen* l *u.* ſ *steht* a; *dieses, sowie* lſ *sind rad.)* — 3749 ſo — 3756
uuerode . huand . — 3758 fora (o *ist an* a *angelehnt, dessen Schleife
noch dasteht)* — 3762 godu uuebbiu — 3763 that — 3769 /. brahti
! geba . — 3773 uuidouua | (uua *könnte v. alter Hd. nachgetragen sein)*
— 3776 Bethiun (n *rad.)* — 3778 theſ — 3782 ſtod — 3783 / uuord
/ godan /. ſuotea *(das letzte* a *aus Anfang von* ſ *corr.)* — 3802 ɴiſ —
3804 | ɴeuo — 3806 ɴimag — 3813 iſ — 3817 | ɴiſcal — 3823
Uuaſ — 3828 rumuburg . the | alleſ — 3829 geuuald . — 3834 ɴi |
— 3837 uuar | dode . — 3840 Sieɴiuueldun — 3850 menegi . —
3854 ɴu — 3855 ſaga — 3857 Eſ — 3860 Eſ — 3863 uueldun
(das erste u *grösser)* — 3867 | Tho — 3872 ɴimahte — 3875
ɴiuuaſ — 3877 ſtandeɴ *(offenes* a *aus* u *corr.)* — 3881 | the (e *a.
Ras.)* — 3882 theru — 3888 uundrun? | *(Fragezeichen)* — 3889
niomaɴ | (ɴ *scheint nachgeschrieben)* — 3892 neo uuiht . quad he . —
3896 | thaɴ — 3900 habdun — 3905 habdun (d *aus* b *corr.)* —
3908 | heanmiddieɴ — 3922 *es stand* hebencung *(gleich beim Schreiben
durch Verwandlung des* g *in* i *und den ersten Strich von* n *ist dar-
aus* cuning . *gemacht)* — 3928 gelmode . | iudeon — 3930 fram-
modaga | — 3933 leriand . | — ſie . kumad — 3935 ɴiſ — 3936 ɴio
— 3938 kumid . — crafte . that | — 3941 *nach* ſtedi *Ras., von* a,
wie es scheint — 3943 ɴiforhtodin — 3945 ɴuuuilliad gimi — 4017
frûbreaɴ . (o *scheint jünger)* — 4028 mo : karag *(Ras. eines Anfangs
von* k) — 4032 ɴidorſti — 4041 | Ik — 4054 bediu (e *aus* i *corr.)*
— 4056 lif (f *aus Anfang von* l *corr.)* — 4057 Thoh — 4058 ɴiſ —
4059 fleſk . iſ biuolheɴthat . ferah iſ | gihalden . — 4061 thu (u *aus
Anfang von* e *corr.)* — 4065 idiſiu . quam | — 4067 tho — 4069
ɧofnu (h *grösser)* — 4073 | ſpracun het (cun *rad.,* h *auf den letzten
Strich des radierten* n *geschr.)* — 4075 lag | — 4079 marɳha (rᴛ *lig.)*
— 4090 tho — 4092 gihoriſ. | quad he — 4093 ſigidrohtin . ſelboik
— 4094 Ac — 4098 Ia — 4100 beuundeɴ (b *ist ursprünglich, daran
ist corr., es scheint ein* i *herangeschrieben zu sein)* — 4101 het | —
4103 uuanu — 4107 ɴi | — 4108 geſueſᵗ | — 4119 gihuor | beɴ .
hugiſkeſti . — 4122 ɴiuueldun — 4124 uunnun . mid iro | uuordun .
— 4129 im | kriſteſ — 4140 than — 4142 | thaɴ -- 4144 gierod | —
4166 That — 4174 githoloiaɴ . — 4178 ɴiuuaſ | — 4179 ɧe (h
grösser) ɴiuuelde — 4182 torohteon . || tidio . — 4189 te b&ha | nia
brahtmu . thiu mikilun . — 4195 Imuall — 4197 ɴimotuɴ . | — 4203
bed — 4206 martha (rt *verschlungen)* — 4207 thiodo — 4211 or-
lobu . godu . | — 4213 ford . mid thiu folcu — 4216 uuarodun . — 4217

thieniuueldun — 4218 | nite — 4219 nihabdun | — 4222 farfengun |
(un *nachgetr.?*) — 4224 Ac | — 4225 antlangandag . *(vor* d *ist* a
überg.) — 4227 ine *(nach* e *Ras., wie es scheint, von angefangnem* r)
— 4231 uuaſ — 4233 ſelidun (li *aus* d *rad. u. corr.)* — 4237 oliu&i
binamon . | thar — 4238 neriendeo — 4240 uuiſſe . | ti uuarun . —
4241 So — 4246 thar . — 4250 diurida . antfahen . — 4251 ſagde
— 4252 | ſiet (h *grösser)* — 4254 niman . — 4255 hertan . (rt *ver-
schlungen)* — 4260 Ia — 4265 niuueldun — 4266 moſtun | (u *zu
offnem* a *corr.)* — 4268 | ni — 4272 Iac — 4275 gumon . — 4297
Iac — 4298 nimag — 4300 | neit — 4309 | er he — 4311 Iac —
ʒiſuerkad | — 4314 Biuod — 4319 uuerold . alla . — 4325 uuirdid
(das erste u *grösser)* — 4329 unm& | grot — 4330 hungar . hetigrim
— 4331 niſ | — 4332 uuiteo . antheſaru uueroldi . — 4337 Himilcrafteſ
— 4338 drohtineſ . mid if | diuridun . — 4340 thanſie — 4346 nimot .
— 4347 gefullid . | ſo — 4352 gi *a. Ras.* — 4355 fora — 4361
lazto . — | liohteſ — niuuitun . — 4366 So — 4374 Soſarungo —
kumen . ſo uuard ér . — 4377 | bethiu — 4383 Than | — 4390 So
— 4392 gi . — thea thar — 4394 Iu -- 4401 giuuarun — 4404
bethuungana *(das letzte* a *rad.)* — theſaru (a *aus* u *corr.)* — 4406 huat
— 4409 namon . — 4410 gódeſ far gábun *(Umstellungszeichen über*
o *und* a) — 4413 | minann *(das letzte* n *rad.)* — 4415 be thiu —
4418 mannun . — ſculin . — ant | gelden . — 4420 forflocaane *(das
letzte* o *aus* a *rad. u. corr., das letzte* a *rad.)* — *über* euuig. *ist Ras.*
— 4423 ſuand (h *grösser)* — nihulpun — 4425 geng . iamer mod .
— 4426 thanIk — 4428 niuueldungi — 4429 niuuaſ — 4433 |
huan — 4434 huat — gebun (b *a. Ras. von* p) — 4436 than (t
grösser) — 4439 igi *(das erste* i *rad.)* — 4440 ʒiuuer | nidun —
bethiuniuuili — 4441 gianthat — 4452 uuid godeſriki . *auf rauhem
Perg.* — 4457 ſuat (h *grösser)* — 4460 uueroſ *(das erste* u *a. Ras.)*
— theſ — 4466 uurdun — 4469 | craftag (cra *rad., doch noch lesbar)*
— 4470 ſie | — 4472 niſcoldin . | — 4475 farſtanden . || mid ſtridu . —
4476 freſon . — 4477 ni — 4484 ef — 4498 meron (e *aus Schleife
von* a *corr.)* — 4502 tho — 4506 foti . mid folmun . — 4516 thu (t
grösser) — 4517 godo . — hando . — 4518 thua | hanne . — moti .
— 4525 fridubarn — 4526 Geng — 4528 mahtigne — 4543 thar |
— 4544 thar — uuiſ⌣kumo . | *(Haken alt)* — 4548 niuuaſ — 4549
thar — uuard — 4553 eo . endi ald ſidu — 4560 grotte — | Ik —
4563 delien *(das erste* e *aus* i *corr.)* — 4564 nimot . — 4568 uuiti .
— uunder quale . | — 4575 ac (a *offen, aus* c *corr.)* — 4580 that —
4583 uuet *(das erste* u *im ersten Striche aus* l *corr. ohne Ras.)* —
4585 than — nimid . (n *aus* r *corr.)* — 4590 thea — 4596 negi-
dorſtun . — 4598 negidorſte — ſelbo (b *aus* u *corr.)* — 4607 uſ —
4614 moſeſ . — mannun . — 4615 iudaſe (u *aus* d *rad.)* — 4617 faran .
— frumi — 4619 thiu — 4626 ſoiſthemu — 4627 himile . ſcal — 4630
uuaſ — 4631 ſunudrohtineſ — 4638 githeſ | liohto . — 4640 drinkan .
(der erste Strich des n *zu lang geraten)* thit — 4643 ʒihuggeat —
4647 habbad *(über dem zweiten* a *ist* i *überg.)* — 4650 man . | —

middil gard . — minnea . giduan . — 4651 ʒehuggiad — 4655 irminthiod (r *aus* ɴ *corr.*) — 4656 giſind — 4660 ſimlun — 4661 | Ik — 4662 ɴimugi — 4663 Ik — 4664 ɴegiſtodi . — 4667 gi — 4668 luuueſ — 4670 maɴnuɴ . | — 4741 coſtondero craft . farſtodi — 4743 ɴimahti — 4744 Iak — 4750 If — 4753 barne . the | geſt . — 4756 ɴiuuelde — 4757 acdrobde . — dode . — 4760 uualdand . — uuordaɴ . — 4761 ɴeſi — 4766 ɴiſeh — 4778 thiu — 4780 ɴiſ — 4784 uuilleeɴ *(das erste* e *aus* i *corr., das zweite durch Punkt darunter getilgt,* a *darüber geschr.)* — 4785 hebbiad | — 4786 imu . — thaneɴ . — 4789 ʒodeſ — 4791 he — 4792 ford . | an flite . — 4793 nimag (ni *aus* m *corr. ohne Ras.)* — 4798 geng — 4801 ér . dede . — 4804 Geɴg — 4815 thea — 4818 ɴifarfen | ginthar . — 4821 thene — 4841 ſoniutlico *(das zweite* i *a. Ras.)* — 4849 ſagdæ *(æ alt)* — 4853 uuider uuardeſ . that uuerod — 4854 Uuarun — 4858 ſtoduɴ — 4867 henimahte. — 4871 ɴiuuaſ — 4872 bloth . aɴ if breoſtun . | — bil *(darnach scheint* li *rad.)* — 4878 | hlear . endiore . — 4881 | thoſtod — 4888 engil . herod — 4890 | ɴiſtodi — 4892 ac *(a grösser)* — 4895 ɴiſculun — 4896 hue (h *aus* b *rad.)* — 4899 Uui — | ɴiſculuɴ . — 4908 thaɴ — 4909 diurlic . || — 4920 Ac — 4923 ɴebiſprak . — 4929 geng — 4931 uuarun — thea (a *offen, aus* i *corr.)* — diurioɴ | tho geſuikane . — 4936 ɴimahtun — 4943 thar — 4947 uuaſ — 4949 hof . innaɴ — 4951 ɴilet — 4954 thar — 4961 ɴibikonſti . — 4962 ɴitheſ | — ɴiuuari . — 4965 huarabondi | Geng — 4968 iuuaan *(das erste* a *rad.)* — 4971 nid huata . (h *aus erstem Striche eines* u *corr.)* — 4974 uuiſoɴ (o *aus* u *corr.,* ɴ *später zugesetzt)* — 4975 ɴiuuelda — 4979 ge marcode . — 4980 far uuardot . antheſaru uueroldi . | — 4986 uueldi — 5005 hertcara . (rt *verschlungen)* — 5006 Heɴiuuande — mahti . — uuiht . — 5007 firinuuerk . furdur . — 5013 ef — 5016 liohtequam . (e *aus* q *rad.)* — 5020 ɴu — 5027 ſne thegno (ſne *rad.)* — 5028 It — 5029 ſie (h *grösser)* — 5031 hullike *(langes* I) craft . habet — 5039 mikilun biderbi — 5041 gesuikid . — sundeo . — 5046 ɴiſcoldi — 5049 ɴiſterkit. | — 5051 | huurbun — managa *(über* ga *Ras.)* — 5056 manag — 5058 uuard *(das erste* u *grösser)* — 5061 uuredeſ *(das erste* u *grösser)* — gengun — 5067 ɴimahtun — 5072 tellieɴ . an . — 5078 ɴiſprak — 5083 Iac — 5084 ɴamon . — 5087 uui *(das erste* u *grösser)* ɴimugun — 5088 ɴeanthinun uuorduɴ . ɴian — uuerkun . — 5091 theſ ni | — ɴiuuilliad — 5092 ɴiſind — 5102 that — 5104 huat — 5106 uuordun? | *(Fragezeichen)* — 5108 Vuitieſ — 5117 | ſtod — 5120 ɴibalg — 5124 | thar — 5125 thar — 5132 uuarloſe — 5138 ɴiuueldun — 5140 || themu d(a)ge(derbieſ) u(uiht) ad(e)lie(n ne)g(ihor)din . — 5154 thiod (t *grösser)* — 5158 huat — uſ? *(Fragezeichen)* — 5162 ɴegidorſte — 5163 For — 5174 fr(ummi)a (nuue)l(din T)h(otha)r | — 5178 ɴiuueldun — 5182 be — 5184 gileſtid . ɴiga | uin . — 5186 he — 5188 | ɴi — 5197 iuuuaro (o *aus* u *corr.)* — 5189 ɴimoſtin . — 5199 anthe helagon tid | — 5200 uuerdeɴ . mid uuapnun — 5204 ɴahor — 5207 ſpri | kiſ . quad he . — 5212 ɴigadoling | — 5215

| huat — 5227 that — *(dies Blatt ist an der rechten Seite beschnitten)*
— 5240 begunni . angalileo lande . | — 5241 heroduuardeſ . thaneɴ .
hugi (h *grösser*) — 5255 he — 5260 ɴamin . — 5969 ſan (a *unsicher)*
— 5971 gode . ledda ſie . ut thanan. — 5983 uualdandeſ — *Von
den 4 Schlusszeilen ist nichts zu lesen, die untere Hälfte der Seite ist
abgeschuitten, die Rückseite leer.*

---

3. Das Prager Bruchstück (Facs. bei Gallee).

Die ɴ *sind sämtlich niedrig. Ich notiere nur, woriu ich etwas
zu Lambels Texte zu bemerken habe.*
    Erste Seite: Z. 1. Das ; nach lera *ist viel jünger.* — *Z. 2*
lang *noch erkennbar; nur der obere Teil von* l *fehlt* — afta *deutlich,
von* r *noch der Schaft erhalten, das Häkchen durch das folgende Loch
vernichtet* — *ein zweites Loch ist zwischen Z. 1 u. 2 von* ſan *bis* giu,
und nimmt zum Teil die Schrift fort. Einige Buchstabenreste (namentlich lilea *und* ue) *sind durch Reagentien verdorben. Zu erkennen ist
noch* ſan ga : : : : agiu *(vom zweiten* u *noch der erste Strich)*: t ʒodaſ
(ʒodaſ *füllt nicht ganz die Zeile, oben* ɴiuua *und unten* ſuokeaɴ *geht
etwa um 3 Buchstaben darüber hinaus; indessen ist nichts weggefallen)*
— *Z. 3* diorlic (d *grösser)* — *Z. 4* Uuaſ (U *etwas verdorben, vorn
ausgerückt) im (abgeschabt, aber lesbar)* — all (a *grösser)* — *Z. 5* ſo — *Z. 6*
nach if *scheint ein Punkt zu stehn* — thar (t *grösser)* — *Z. 7* allan *(das
erste a grösser)* — *Z. 8* liodi *(das zweite* i *verdorben, aber deutlich)* —
dopta (d *grösser)* — *nach* diorlico *scheint ein Punkt zu stehn* — *Z. 9*
fioldaɴ (h *grösser)* — *nach* herraɴ *scheint ein Punkt zu stehn* —
Z. 10 theſ (t *grösser)* — *Von Z. 11 ab wird es undeutlich* — *Z. 11*
miđ (đ *sicher) darüber steht* . im thuo . *klein übergeschrieben, ist zwar
durch einen Bruch im Pergament verdorben, doch noch gut lesbar* —
uuorduɴ t : o *(vor diesem* o *noch der erste Strich des* u *erkennbar,
der nicht krumm ist; im hätte gar nicht dastehn können)* ɴu *(unter* u
ein kleines Loch) — thu te *noch erkennbar, dann eine Lücke, wo* mi
gestanden haben könnte, dann ɴa | — *Z. 12* drohtiɴ (tiɴ *undeutlich)*
fromiɴ thiod (t *grösser)* gumo : o *(eher* n *als* ɴ) bez : : *(von z noch
eine charakteristische Spur sichtbar, darnach Raum für zwei Buchstaben)*
— *Z. 13* ſo ſco *verdorben, aber lesbar* — h : : ɴd *(von* u *nach* h *noch
eine Spur,* h *grösser)* thu b : ſt allaro | *(das zweite* a *unsicher,* o *auf Bruch)*
— *Z. 14* kuningo (k *scheint mir sicher, wegen der charakteristischen
Strichkreuzung)* craftagoſt . *(noch ganz gesehen; der Punkt v. j. Hd.,
oder ein Fleck?)* — ſelbo *(Strich noch erkennbar; nach* o *ein Fleck)*
: ibod (g *durch Fleck vernichtet)* U:aldand *(letzte* d *unklar)* — *Z. 15*
u:ar lico *(vom ersten* u *und von* a *nur Spuren)* tha : : : : ɴi ſpraki
(von p *Spuren;* i *unsicher)* th : : : *(von* t u. h *nur Spuren)* : : : rd :
: : : n : : r — *Z. 16* Uueſt (U *auf den Rand ausgerückt)* — that *(das
zweite* t *noch erkennbar trotz eines kleinen Loches)* — *nach* geriſid
oben zwei kleine Löcher — quad (d *sicher, einen Strich habe ich nicht
bemerkt)* — allaro (o *unsicher).* — *V. Z. 17 ab deutlicher:* gehuilic .

(e *deutlich*) — aʀ (a *grösser*) — *Z. 18 nach* uuilleaʀ *das* ; *viel jünger* — ʒiohanneſ — dopta (d *grösser*) allaʀ dag | (aʀda *verdorben*) *Z. 19* uuatara. : ʀdi (i *unsicher*) — *Z. 20* ſierraʀ (ſi *grösser*) hebaʀkuning handuʀ (u *sicher, der Schein des o ist durch Schmutz hervorgerufen*) — *Z. 21* ſinum . aʀ (a *grösser*) — *Z. 22* aʀ (a *grösser*) — *Z. 22* upp *(beide p sicher)* — ſagar (ſ *grösser*) — fluoda friđu (a *sicher, das letzte u noch lesbar*). —

    Zweite Seite: Z. 1 ; *nach* uuard *jünger* — *Z. 2* S *(von* So*) ist rundliches* S *wie V. 994 in* giohannes — *von* d *nur der untere Teil erhalten* — thu *(von* u *der obere Teil durch das Loch vernichtet; von* i *vor* d *und vor* laſ *nur die unteren Teile als Punkte erhalten)* — *nach* laſ *scheint ein Punkt von jüngerer Hand zu stehen* — *Z. 3* ſon (ſ *grösser*) — *Z. 4* im (m *im zweiten und dritten Strich beschädigt*) — *die Glosse* gitalaſ *gut geschrieben von derselben Hand* — *Z. 5* diurlicaro (d *grösser*) — *Z. 6* ahſlo̅ . (ʀ *von alter Hand*) — uualdan — *Z. 7* ſilud (ſi *grösser*) — *Z. 9 nach* gicoranaʀ *scheint ein jüngerer Punkt zu stehen* — *Z. 10* ſelbo (ſ *grösser*) — thieſuno | — *Z. 16* ; *nach* alouualdand *ist jünger* — *Z. 17* uueſaʀ *(das erste* u *grösser)* — *Z. 18* drohtinaſ (d *grösser*) — *Z. 19* uueroſ *(das erste* u *grösser)* — ſohuar . *(Punkt jünger)* — *Z. 20* thana (t *grösser*) — *Z. 23* diorlic (d *grösser*).

    Die Hds. trägt die Bezeichnung XVI D 42 *und liegt jetzt in einer Mappe. Die Masse entsprechen genau Lambels Facsimile. Der Bibliotheksstempel steht auf der zweiten Seite links von Z. 13 u. 14. Das Blatt ist durch Wasser und an einigen Stellen auch durch Reagentien verdorben.*

---

4. Die Vatikanische Handschrift

a. Heliand 1297—1358.

beginnt Seite 27r, *Z. 16;* 1279 ʀahor — 1283 ʀiúd. — 1286 ſat ím *der Accent scheint zu* i *zu gehören.* — 1293 antlôc. — 1302 ód. | muóđi. (đ *etwas verwischt)* — 1305 muótun. — 1307 muótun — gebiđan. *(Accent geht durch den Anfang eines irrig angesetzten* d-*Schaftes)* — 1308 | ſáligaſindók *(das erste* ſ *grösser)* — 1309 aduómean — 1310 *es stand zuerst* bidriégan. *(aus* d *wurde* k, *aus* ri *das* n *corr.)* — 1311 ʀeuuilleat — 1319 ʀeátan — 1324 ʀikumit. — 1326 thar *(ich halte, was über* a *steht, nicht für Accent, die Photographie führt irre)* — 1328 uuili. *(das zweite* i *etwas verwischt)* — 1333 all (a *grösser*) — 1335 g *in* godaſ *mir deutlich* — 1337 aftartheſun *(über dem zweiten* t *Ansatz eines zu früh angefangenen* h*)* — 1340 ſpráka *(nur das letzte* a *unsicher)* — 1344 gáro *(Accent deutlich, nur etwas verwischt)* — 1347 Uuirſiſ *(das letzte* i *verloschen, aber noch deutlich)* — 1348 gibidig . — 1350 ʀarouuora — 1353 ʀe — 1355 *ich konnte nur* thann | *erkennen; die Photographie zeigt das* e *allerdings deutlich* — i *in* kumit. *abgckratzt, nicht absichtlich.*

b. Genesis.

1 *Das erste* U *in* Uuela *ist überklebt.* — *vor* habaſ *Ras. von* h — *(oben steht* ela that thu nu eua ha) — 2 nu — | ſuarton (ſu *überklebt, aber erkennbar)* — 5 gélihc. *(der Accent geht durch* l) ─ 10 fiđa (a *noch deutlich erkennbar; darnach Reste eines Buchstaben* r? z?) — 12 hungar. endi thruſt. — thuingit *(über* thuing *Rasur; ich lese* mir *ziemlich sicher)* — 13 uúit *(der Accent könnte auch ein Rest früherer, jetzt radierter Schrift sein)*ₕ — 14 nu (u *durch Beschädigung des Pergamentes verletzt)* — eſtou — an *(unter dem zweiten Striche des* n *ein Punkt)* — | uuit *(das erste* u *noch überklebt)* — liátha *(der Accent geht durch den Schaft des* h) — uueſan p) *(vgl. V.* 153) — 16 nordan (đ *war durchstrichen, der Strich dann rad.)* — 17 kumit (k *ist überklebt)* — 19 h&o — 22 neſk : : : a | ne *(von* n *nur der zweite Strich sichtbar)* ſcura . — *nach* hier *Ras. von zwei Buchst.* — 24 | tehui (t *überklebt)* — uuit . — 25 heban rikean — 26 uualdand al : : : : : . *Von der letzten Zeile sind nur Reste hoher Buchstaben zu sehen.* — 30 legar bedd . (r *in Ras.)* — 31 thuo ſrak *(über* r *steht* p *mit Punkt darüber u. darunter)* — 32 Uualdand | — 34 | tho — 35 habđa *(Strich durch* đ *rad.)* — 36 uuaſſó | *sicher* — 40 uuande — 42 thuo | — 45 blŏdig (b *aus* p *rad.)* — 51 tedrohtina (t *ganz deutlich)* — 55 thuo — 56 garoo . — 57 That — 58 ſoik | — hugi . quađheberan — 59 ſluog (l *auf ursprüngliches* u *geschrieben)* — 60 nuuuet | — 62 ſomi — ſuiđaron (r *etwas verwischt,* o *verschmilzt mit dem ersten Striche von* m, *über dem letzten Striche des* m *ein Punkt)* — 66 *es steht* tiunono *(es kann kein offenes* a *sein)* — 69 thuo — 70 Hebaneſ — hierſcalt — 71 libbian . — thoh — 72 f&eaɴ *(vor* e *ist* t *mit Punkt davor überg.)* — 74 niſiſ.; — 75 Flŭtik — 77 For huatan — furthur *(es war erst geschrieben* furđ, *dann machte der Schreiber* đ *zu* th *(wobei der Querstrich des* đ *im Schafte des* h *blieb) und setzte* ur *dazu)* — 78 vuallandiſt& — 79 anĕlli. — 81 ſoroga — 87 thuo — 88 ſerag.; — 89 Iac *(vgl. V.* 134) — 90 *es stand* ſordade, *aus* a *wurde* e *gemacht* (æ), *und* e *wurde durch Punkt darüber und darunter getilgt und* a *angelehnt* — 91 *es stand* thoh noh, *das zweite* h *durch Punkt darüber getilgt, über dem ersten* o *ein* u *nachgetragen* — 92 aleđid — 93 | thuo (h *durch Punkt darüber und darunter getilgt)* — 94 ɴiudlico — afluſ (ſ *sieht aus als wäre es auf* a *geschrieben)* — 95 theſ — 96 herta; — 100 thian . tholodun . — 102 buotta.; — 103 That (t *grösser)* — 104 eɴdi — 106 ſpuodda — 107 | drohtin; | — 108 *(S. 10v Z. 19)* that im (t *grösser; that schon einmal verwischt links am Rande)* — 110 *vor* endi *war ein Strich, als sollte* u *geschrieben werden, dann das* c-*Häkchen oben daran gesetzt; über* hu *(in* hugi) *ist* hu *rad., wie es scheint* — 111 gang . heuuaſ . — 114 ſie (h *grösser)* — 115 huldi . gumun. — 116 mĕ̊nn . — 118 uuel; — 121 ɴiuueldun — 123 Uuohſunim — 124 | bigunnun — 128 giſcuop; | — 131 mikil; — 132 thie — 133 middil gard; — 134 That Ina — 135 libbendiaɴ — 136 Ac — 137 Endi — 138 ſeɴdi | — 140 thann — thie *(es stand erst* đ, *dann wurde beim*

Schreiben th *daraus corr., wobei der Querstrich stehen blieb)* — 141
That — 142 uuerođ *(Strich durch* d *rad.)* — hemid . uuapunuſcal
(das vorletzte u *durch Punkt darüber getilgt)* — 143 enocha . te banon |
— 146 eggiun; — 147 Uuirthit — 148 folk — gihȟoroban; — 149
Tegodaſ — 150 | exdiſtéd — thit (it *aus* e *corr.)* — giſuxd; — 153
dribun .) | — 154 Fremidun — 159 thuo (t *grösser)* — 161 uúhi
ſtedi *(der Accent geht durch* h, *er ist unterscheidend)* — 162 endiſcol |
da : *(Ras., von* n?) — 163 thiebezto; — 164 antkenda *(das zweite* a
offen) — 165 Gengim — 167 muoſti; — 171 uúhit . *(s.* 161) — 172
ſtéd; — 173 en diik gibi *(nach* n *ein Schaft von falsch angesetztem* d,
über dem vorletzten i *steht* lo) — 175 uuilleaſ; — 177 niuuilli —
thimíthan . | *(der Accent geht durch den Schaft des* h) — 180 | nu —
182 nu — 183 | mann. — 184 thanna — 186 ſuebab *(das zweite* b
unterpunktiert, l *über* a *geschr.)* — 188 menda dige *(das erste* e *von
andrer Form; vgl. V.* 218) — 193 hauaſ. (ſ *durch ein Loch beschädigt)*
— 194 manna *(das zweite* a *scheint zu* o *rad.)* — 198 rŏmeſ — rhtæſ (t
aus e *durch Ras. u. Corr.)* — 199 ſothu — 203 Ef — 205 ſtandax; | —
206 anduuor di ; — 207 Ik — 210 aldanuille ; — 212 ford *(Strich
durch* d *rad.)* — ſradcgoda (d *und Anfang des* a *durch Punkte dar-
unter getilgt)* — ſinan ; — 214 Efthuthar — 218 giſadda . | *(das erste
d durch Punkt darüber getilgt und* g *unter* d *geschr.)* — hie (e *wie
V.* 188) — 219 leſtían . — ef — 220 fiđax — 221 godforotha |
(das letzte o *aus Anfang von* r *corr.)* — 223 uueſax . | — 224 agal&-
lico — 225 giſprac ; — 226 biddean . — 228 uuiderthi . midminū
uuordū . ikuu& — 234 Ef — 235 unđthemo | — 238 buan . anthē

275 lŏkoian ; — 276 he (e *wie* 218) — 279 far liuuen . — 280 Ac
281 *unten auf der Mitte der Seite ein Stern und rechts eine Ver-
ſuart —*

— 288 tho — 290 | tho — 293 hi&un tho . gangan . thanan . — 294
fiundū . — 295 adałborana . he — habdathar . — hadaliaſ . *(nach* i
ein Punkt wie von einem falsch angesetzten a) — 296 midthē gi&un ſie
(darnach Ras. eines Buchst.) — 298 tho — 303 Hi&un — gehlunn .
mikilbrakon — 305 uúeldix . — 307 engi . *(Schnitt)* loſ gengux . |
ſniumo . — 308 teſodo mo — 309 loth . — 310 | dag . kuman. —
311 thar *mit Punkten überg.* — 316 bred. burugugiſ&u . bran | — 317 ſten.
— 318 Suultun — 320 that — 323 thegnigénaſ . ; — 325 thuo — 326
allſodomo thiod — 327 Botan — 328 endithiu . uuif mid | imthriu .
— tho — 332 leſtſtian *(das erste* ſt *rad.)* — lohthaſ — 334 biſach ;
— 337 EXPŁ. —

5. Die angelsächsische Genesis (V. 235 ff.)

237 hniʒon — 238 toʒeneſ . *(das erste e aus a corr. mit Ras.)*
— 240 hþærſ*) — 241 ſtod — 244 heo — 245 *der Rest der Seite 13
wird von einem Bilde eingenommen.* — 248 téne *(das erste é durch
Punkt darunter getilgt, y überg.)* — 250 | him (i *durch Punkt darunter
getilgt,* eo *überg.)* — 252 ʒeſétt — 254 hehſtne (ſ *a. Ras.)* — hæſde
— 256 lóf — 258 þoñ | léte *(das erste e aus æ rad.)* — 259 heþénde
(vor þ *ist a mit Einschaltungshäkchen überg.)* — úphebban. | *(vor* h
ist a ebenso überg.) — 260 þaldend . *(vor a ist e ebenso überg.)* —
þā | — 261 ure . (e *durch Punkt darunter getilgt,* ṽ *darüber geschr.)*
— þeorðan . (eo *durch je einen Punkt darunter getilgt,* y *überg.)* —
262 enʒyl . onʒan — 265 hþæð *(der Schaft des* h *rad., aus dem
rechten Teile ist* c *corr.)* — líc þære . leoht — 266 né — 267 he
nach þ *mit Häkchen überg.* — 271 feala — 274 heah:run *(vor* r *Ras.
von* o) — 278 hþæt | — niſ — 282 | hþy — 284 bíʒ ſtandað me .
ſtranʒe ʒeneataſ . — ſtriðe . geſþican . — 285 hæleþaſ (I *aus* b *rad.)*
heard | mode . hie habbað me . — 289 ſþa — 291 lenʒ. | — 292 þa — 293
micel! — 299 þá — 301 hete — 302 *nach* him *ist* ʒ *rad.* — 304 ácþæð — 306
ſe | — feollon (n *aus* f *rad.)* — 309 forþon — 313 þær — 316 cald . ſymble
— 319 ſiðe, fylde — 320 heoldon — 322 laʒon | — 324 *Rest von
S. 17 ein Bild.* — 325 Brand (B *Initial)* — 326 þyſtro. (o *aus* e *corr.)*
— 328 alþaldan . (e *nach* þ *mit Häkchen überg.)* — 334 fynd | —
335 þita, únrím . — 336 | heora (o *aus* r *corr.)* — 338 þa — 339
heofne . *(das zweite e zu* o *corr., darüber* n *geschr.)* — 345 ſátan
ſiððan .' — helle .' — 346 | þinnan ; *(das erste* n *aus* o *corr.)* — 347
Sátán — 350 heofne . *(das zweite e zu* o *corr.,* n *überg.; vgl. V. 339)*
— 352 þolde ! — 353 þeollhím | on innan' — 355 heþaþorde — 356
if þæſ *(die linke Schleife von* æ *rad.)* ænʒa *(vor* ʒ *ist* i *mit Häkchen
überg.)* ſtýðe . | — 359 alþaldan *(nach* þ *ist* e *mit Häkchen überg.)* —
360 næfð — 361 befiel | leð . *(über* i *ist* y *geschr.)* — 364 þmé —
366 ſtronʒlican.' | — 368 þálá — 371 ác — iren benða *(über* a *ist*
ſ *mit Häkchen überg.)* — 373 habbað — hearðe.' — 377 me — 382
licgað me ymbe . *(das letzte e rad., utan v. j. Hd. überg.)* — 385 ſþa
— 388 ʒeþeald. VII·· | *3 Z. leer* || *S. 20 ein Bild* || — 391 ſþa — 393
þita (a *durch Ras. aus* e *gemacht)* — nemaʒon — 395 hehæfð —
ʒemeárcoð . anne | middanʒeard . — 397 þé — 401 ɴeʒelyfe — nu .
— furðor . — | him (i *zu* e *corr., dieses und der erste Strich des* m
durch je einen Punkt darunter getilgt, eo *mit Häkchen überg.)* —
neótan . (e *aus* i *corr.)* — 403 ʒo | deſ . moð on þæcen . uton —
nú . — 404 ʒe | ðon þ — 405 þonne — 406 hylðo ! — 408 bearn .
on | — clomme . onginnað — 409 ʒif ú — 410 for ʒeafe ! | — 411
ſæton ! — 412 tið.' — 417 ſæðer hóman . *(die linke Schleife von* æ *rad.)*
— 421 nu — 423 heofon rí | ce .' — 425 þ — ón mode ! minum — 427
ʒif — 430 ʒif — 431 ʒeʒarþoð . *(vor* a *ist* e *mit Häkchen überg.)*

---

*) Mit dem Zeichen þ ist im Folgenden das angelsächsische w bezeichnet.

— 432 hyczað — 433 fiððan — 435 Se — 438 Sittan — 444 full ‖
(das zweite l *ist mit andrer Dinte dazu gesetzt, nicht ausgekratzt)* —
446 *I.* þora *(am Rande mit Verweisungszeichen I.* lþráþra þorða) —
þanð — 449 tþá. — 453 he þazeferede. | *(das vorletzte* e *rad.)* —
feonðef craeft. — 454 áðám — 458 félf ! — 459 metot | — 460
twezen .' *(das zweite* e *aus* i *corr.)* — 466 *am Rande:* i. ⅂ þáþan —
| næffe — 467 a. *Rande:* i. ⅂ fcéone . (o *rad.)* — 474 onþorulde. |
— 475 zeþinzþ° ! (þ° *jünger)* — 476 þenðe ; — 477 þonne — 484
Sceolde — 485 dreámaf | — 487 landa . fþeartoft . — 489 þ —
490 *Schluss von S. 24 ein Bild* — 491 þearp — 495 on | zon —
496 lanzað — 497 údám — 506 þinū | hearan . — 507 ðrihten . —
zeþorhtne. | — hine. | — worð. — 509 fþa — 516 | nuheþe — 519 þe
— 521 hear ‖ (ra *untergeschrieben)* — 522 aðam (a *grösser)* — 523
þonne — 531 nát — 533 fiþæt — 535 ic — 538 þu — 542 þy —
543 ic — 544 þā | — 555 ærenðe fþa. — 556 | nú — 558 beoðan.
— inc. — wyrð. — 559 zif — 562 zehyze — 564 þonne — 568
| meaht — a | dame — 575 fpan — 578 zif — 580 adam — 583
ác — 588 læð | ðe — 594 ne | — 595 þ — 598 *Am Schlusse von
S. 28 ein Bild.* — 599 fieo (fi *grösser)* — 603 þuhtre (r *rad.)* —
609 heofon rice. þa fe for hatena. | fpræc. — 611 þu — 617 Sæze
adame. — 618 cime. cræfta zif ziet. | — fioðo. — 619 lára. —
zife. íc | — zenoz. — 623 fþa — 626 þa — aðame. — 631 fceolðon.
(das zweite o *zu* e *corr.)* — 634 | monize — 640 þ þæt | — 647 for
léc — 649 zeþoht. — on | zan. — truþian. — 654 þa — 655 adam
(das erste a *grösser)* — 656 breoftū | — 659 híf | — 661 zifþu —
663 þillað ! ‖ hþæt — 664 | unc — 666 ic — 671 þynfumaft. hþá
| meahte me. — zifan. — 673 Gehyran *(solch* G) — 676 | þearð —
678 nu — hif. — hanða. — zoða. — 679 zeorne. ic — 686 ftoð — þráða.
bo | ða. — 694 hþæt — hellzeþþinz. *(das letzte* z *rad.)* — 704 heo —
toadame. — 706 hþeorfan. | þ — zehate. zetruþoðe. — 714 fþelce. —
oðieþðe. — zehet. — 715 ádame. | — 717 he — 719 of | etef — 723 fþa |
— 726 nuhæbbe — 729 aðam — eue. — 731 forþon — 733 fþa — 740 unc
— 743 | ác — 745 forþon — 750 | mæz — 755 fþa — morðref. þoliað. —
756 aðame. — 758 morðef (f *aus* r *corr.)* — forþon. — 759 heortan.
zerúme. — uncre. | hearmaf zeþrecene. — 760 þoleðon. ɴú | — eft. |
— 761 fatan — féccan *(das erste* c *rad.)* — 762 hþearf — 766 aðam
— éue. — 770 þ — 772 láre (a a. *Ras., von* 1?) — 777 hþilum
781 hif *nach* hie *mit Häkchen überg.* — 783 bare — 788 þa — 790
adam — éuan — 791 hþæt | — eue — 792 ze | fyhft — 799 nu —·
802 nu — 805 hu — 815 | tohþón — 816 ɴúme mæz hreoþan. | — 820
zefeah.; | — 821 eue — 824 þu — 827 hire þa | adam — 835 nif
— 838 ac — 839 uton — 840 hþurfon — 841 *Schluss S. 39 ein
Bild* — 842 Sæton — 845 þa — 847 ac —

ALTONA.   P. Piper.

Ortsmundarten der Magdeburger Gegend.

Die nachfolgende Darstellung soll den Lautstand von dreizehn benachbarten Orten nur in seinen wichtigsten Einzelheiten übersichtlich und vergleichend verzeichnen; wo minder Wesentliches aufgeführt ist, schien dasselbe besonderes Interesse zu bieten. Nach Möglichkeit ist versucht worden, die älteste Sprachform zu geben, soweit sie noch den Gewährsmännern[1] im Bewusstsein war. Das gilt besonders von R345689. Hochdeutsche Formen sind im Allgemeinen nur dann berücksichtigt, wenn sie schon die Herrschaft erlangt haben. Den Ausgangspunkt bildete meine Heimat Ranies (R), dann folgten Glinde (G), Pömmelte (1), Grünewald (2), Felgeleben (3), Wespen (4), Prödel (5), Dornburg (6), Plötzky (7), Dannigkow (8), Leitzkau (9), Elbenau (α), Pretzien (β). Es sind sämtlich Dörfer, nur Leitzkau ist ein Marktflecken (in anderer Beziehung merkwürdig als der Sitz des Geschlechtes der Herren von Münchhausen). Die Orte liegen zwischen Magdeburg und dem fast 4 Meilen südöstlich davon gelegenen Barby auf beiden Seiten der Elbe, G134 auf der linken, 5—9 und β auf der rechten Seite, R2α auf einer Insel, die durch eine Gabelung des Flusses gebildet wird.

Bei der Lautbezeichnung ist leichte Lesbarkeit und die Rücksicht auf den Letternvorrat der Druckerei massgebend gewesen. Es sind folgende Zeichen verwendet worden:

Für kurze Vokale *i, e, a, o, u, ə* (überkurz); für lange Vokale *i, ê* (geschlossen), *ę* (offen), *â* (hell), *å* (dumpf), *ô* (geschlossen), *û*; für Diphthonge (deren erster Teil fast einer Länge gleichkommt, während der zweite überkurz ist, sodass beide zusammen eine gewöhnliche Länge ausmachen) *au* (*u* = überkurzem *å*), *ai* (*i* = überkurzem *ê*), *ęa, ûa, åa, ie*; für Konsonanten *w* (bilabial), *v* (labiodental), *j, r, l, m, n, y* (Gaumennasal), *p, b, f, t, d, s* (stimmlos), *s* (stimmhaftes s), *š, ž* (stimmhaftes š), *g, k, h, x* (palataler und gutturaler Reibelaut); *ll, mm, nn* bezeichnen die entsprechenden langen Konsonanten.

---

[1] Dies sind die folgenden, denen ich hiermit für ihre Unterstützung bestens danke: Witwe Kabe und Fährmann Jacobs in G, Gastwirt Christoph Steffens in 1, Otto Becker in 2, Gastwirt Zenker senior in 3, Christian Schönau in 4, August Finzelberg in 5, *hômestr* Vogt in 6, Frau Gastwirt Müller *(mellər)* in 7, Witwe Schütze in 8, Schneidermstr. Rohde in 9, Frau Gastwirt Hamel *(håməl)* in α, Schneidermstr. Piepenbrink in β.

Lautlehre.

Kurze Vokale.

§ 1. **a.** Es bleibt in geschlossener Silbe.

In G134 ist es in einer Reihe einsilbiger Wörter gedehnt (bei den Substantiven nach Analogie der obliquen Kasus): *blåt, jråf, nåt, smål, fåt, råt, jlås, kåf, åf, ån, dåk, slåx, jrås, (jras* 3).

5689 zeigen Umlaut gegen *a* in den übrigen: *det — dat, endər* 8 *andər* R u. s. w. (auch 6), *kletərn* 589 *klatərn* R6β u. s. w., *hezəlnętə — hazəlnętə* R247αβ, *kletə* 8 *klatə* R67αβ, *dext* Nebenform in 7 sonst überall *daxt*. Umgekehrt *fayən* 56789β — *feyən*, ebenso *hayən* und *heyən, haməln* 569 *hęməln* R1234β.

Linkselbisch *a*, rechtselbisch (d. h. links oder rechts vom **Hauptarm** der Elbe) Umlaut: *jandərt* G134 *jentər* R256789αβ (überall aber *jans*), *aksə* 34 *eksə* RG256789αβ (Axt); umgekehrt *hekərn* G34 *hakərn* R256789αβ (von Kindern, die überall herumklettern), *sellər* 1 *sallər* RG23456689β (grosser Holzsplitter, in α nicht).

Anm. Ueber Dehnung und sonstige Veränderung der kurzen Vokale in offener Silbe, vor r + Konsonant, vor l + Konsonant, vor intervokal. j oder g, sowie andere Uebergänge siehe die betreffenden Abschnitte.

§ 2. Umlaut von *a* ist *e*: *bedə, trextər, helə, melk*.

§ 3. i > i: *filə (fêl* 3), *himəl, lilijə*, sonst *e*, s. § 44.

§ 4. o > o: *hof*. Ueber o > u s. § 45. Der Umlaut ist *e*: *helln* oder *helsərn*.

§ 5. u > u: *vulə, tunə, ful, pulə, vulf (volf* in G2β ist hd.), *buk* (beruht *bok* in G1234 auch auf hd. Entlehnung?).

u erhalten in *tumm* 9, sonst umgelautet *tivə* 5, *timm* RG24678αβ; dgl. in *hufə* 6789β *hifə* R14 (hd. *hiftə* in G2357α); umgekehrt im Norden umgelautet: *mil* 5689 *mul* 34α, *kikərn* 59 *kukərn* RG123678αβ (4 *fitsən*).

§ 6. Umlaut von *u* > i: *pitə, plikən, sipə, linsə* (in 4 dafür *stemlistə*).

Lange Vokale.

§ 7. â in RG123467αβ > å, in 5, 8, 9 diphthongiert > åa: *låtn låatn, nåll nåatl, stråtə stråatə. trånə* nur noch selten in R, anderwärts nur Umlaut *trenə* G123467αβ *treənə* 5; auch neben *swår* R7αβ *swåar* 589 umlautende Formen *swęr* 6 *swêr* G1234 (auch 5), dgl. neben *slån* und *slåan stên* G134, neben *jån* und *jåan jên* G134.

åmt RG247β hat in 5689 hellen Vokal *åmt*, früher *ånə* in 59, jetzt noch *et ånəs* 9.

Zu å ist zu bemerken, dass sein Lautwert schwankt, nicht von Ort zu Ort oder von Wort zu Wort, sondern im Munde einer und derselben Person und in einem und demselben Worte.

Beim Diphthong lassen sich lokale Verschiedenheiten feststellen: der zweite Teil ist am deutlichsten als *a* zu hören in 8, weniger in 9 und ganz flüchtig in 5.

Ueber den Einfluss von folgendem intervokalischem *j* oder *g* siehe § 46.

§ 8. Der Umlaut von *â* ist *ę* und *ęa* mit gleicher lokaler Verteilung wie bei *à*; bezüglich des zweiten Teiles des Diphthonges gilt dasselbe wie von *âa*.

In 2 Wörtern > *ê*: *šêrə*, *kêzə*.

§ 9. ê. a) Ursprüngliches ê > *ê, ai, î* und *ie: mêdə* (Miete) RG1237αβ *maidə* 4 *midə* 6 *miedə* 589, *brêf* R7αβ (2 hd. *brif) braif* G134 *brîf* 6 *brief* 589.

b) Auf ai zurückgehend > *ê* R256789αβ, > *ai* G134: *bên bain, dêl dail, flêš flaiš, hêlə hailə, hêt hait (hais* 4), *nê nai, štên štain, šwêt* (2 *šwês* und *šwais) šwais, dêx daix, vêk vaik, brêt brait, šêf šaif, mêzə* (Meise) *maizə. hêrə* 5 *hęrə* 9, in RG7αβ nur noch in *hęrndênst,* sonst hd. *harə.* Zu *lêdər* zeigen G134 nicht Umlaut, sonder die abweichende Form *letər.* Ueberall ê in *zêpə, lêm, êvix, êrə, lêrə, zê, venêr, lêrəkə (larxə* 25679 *larkə* 8). Leitzkau heisst in 589 *lietšə* sonst *lêtšə,* danach wäre hd. ein *ie* zu erwarten.

§ 10. Der Umlaut ist *ai: baidə, blaikə, rainə, lainn, špaikə.* — *ai* zeigt sich auch durchgehends in *aikə, vaitə* R5689 *vaitn* 7β *vaitsən* G1234α, *taikən* R56789αβ *tsaixən* G1234.

Anm. Von *zaizə* zeigen G134 hd. Form *zenzə.*

§ 11. î > *i: dristə, dik, kritə* RG134 *kridə* 256789x; *višə* RG1 234αβ aber *višə* 56789; ferner *vit* Rβ u. s. w., aber *vis* G134 (ist die Länge hier alt oder nur Annäherungsprodukt an das Hd.?).

§ 12. ô. a) Auf älteres *au* zurückgehend > *ô* R27αβ, > *au* G134, *û* > 6, *ûa* > 589. *ûa* zeigt ähnliche Abstufungen wie *âŋ,* nur ist hier 9 der Ort, der den zweiten Teil des Diphthongs am flüchtigsten erklingen lässt. Beispiele:

blôt (Blut), *blômə, bôk, brôdər* [G *brûdər*], *dôn, fôt* (nur gebräuchlich in der Wendung *tə fôtə jân,* in 3 auch hier hd. *tə fûsə), rôpm, môs, šô* [auch in 6 manchmal *šûə* Singular], *šôlə, štôl, dôk, tô, hôstn, flôkən, kôkən, hôt, kô. kôlə* zeigt in 5 Umlaut: *kielə,* ebenso *šwielə,* das ausserdem in 2 gegen die Regel *û* zeigt: *šwûlə; šnôr* zeigt *û* in G26; *rôll* (Ruder) R7αβ, *raull* G14 *rûll* 235; *jrôvə* (steil abfallendes Ufer) Rαβ *jrûvə* G1245679 (8 *jruft); krôx* (Gasthof, heute überall ausgestorben, in G12 ganz unbekannt) R56789αβ *krûx* 4, *plôx* R256 78αβ *plaux* G134. — *knôp* R57αβ zeigt linkselbisch Kürze (hd.) *knop* G234. *jənôx* nur in R59, sonst *jənux* G24678xβ *nuyk* 1. *hôn* R2x *haun* G134, ganz abweichend *hinə* 56789, *hôn* und *hinə* β.

b) Auf älteres ô zurückgehend nur > *ô: bôm, brôt, dôt, hôx, lôs, nôt* (Not), *rôt, pôtə, drôm, šmôkən, rôr, lôf* (Laub), *lôn, ôk, rôk, unôdə* (ungern), *bônə, jrôt, dôf, tôm, blôt* (bloss). *ôstn* nur noch selten in Rx, sonst überall hd. *ostn;* statt *kôp kôf* 5 *kauf* 4 *(kaufman* 3), neben *jlômm* in G meist *jlaumm,* das völlig herrscht in 13.

c) anderen Ursprungs. *zô* rechtselbisch und in 3, es herrsch auch schon in G, *zau* noch ausschliesslich in 14. Von *špôn* R *špûən* 59 zeigt sich linkselbisch nur hd. Form *špân* G 14. *frô, štrô, rô.*

§ 13. Der Umlaut von *ô* hat ganz die entsprechende Entwickelung genommen, a) > *ê* R27αβ, > *ai* G134, > *i* 6, *ie* 589: *jrên,*
bêtn (heilen), *hênn* (hüten), *mêdə* (müde), *zêtə, vêln, brênn* (brüten, in
4 dafür nur *zitn* und *ûtbriyən), fêln, špekən, bêkər, rêvə.* Hd. Einfluss
veranlasst *î rîrn* 2; stärker ist er in *kêln,* wo Rα meist, 24 ausschliesslich *î* haben. Von Buche zeigen plattdeutsche Form Rα *bêkə,*
1 *baikə,* 6 *likə,* die anderen *bûxə; frê* zeigt rechtselbisch nur *ê. fôt*
in der Zusammensetzung „Fussende" (des Bettes) bald mit, bald
ohne Umlaut:
fêtenə Rαβ *fôtenə* 7 *faitenə* 134 *fîtenə* 6 *fûətenə* 5 [4 meist *fusenə*].
b) überall > *ê: blêdə, dêpə* [Taufe], *drêmm, hêrn, rêkərn, šênə,*
bêmə,·kêpm, nêdix, štêmm (stäuben).

§ 14. *û* > *ü: brût, lüdə* (hd. *laut* G4, meist auch in 5α), *ülə,*
šnütə, fûstə [in G4 ohne *ə*].

§ 15. Umlaut zu *ü* > *î: dîmliŋk, hîzər. bîle,* ohne Umlaut *lûlə*
G1234.

Diphthonge.

§ 16. **au** vor folgendem w resp. u > *au: dauən, drauən* [in G
meist hd. *drôən*].

§ 17. Der Umlaut zu diesem *au* ist *ai: hai; štraiən* 5689, ohne
Umlaut RG234αβ, beides in 7.

§ 18. In 5689 vor folgendem Vokal statt *û* und *î* meist Diphthonge *au* und *ai: šûən* (scheuen) — *šauən* 568, *trûən* — *trauən,*
frûə — *frauə, bûən* — *bauən, klûən* — *klauən* und *klaiən* 6 *klaien* 5
klâiən 8, *zû* (*ejəl*) — *zau* (*ijəl*), *zîən* — *zaiən, šnîən* — *šnaiən, krîən*
— *kraiən* [nur in 5], *nîet* — *naiət* 5 *nait* 689, *brî* — *brai* 5689,
šrîən — *šraiən* 568, *štîən* — *štaiən* [nur in 569], *swîən* — *swaiən*
[nur in 5], *fiərâmt* — *faiərâmt,* die Endung —*îə* lautet in 5689
stets —*aiə.*

§ 19. **io.** Es ist ebenso entwickelt wie (urspr.) *ê* und Umlaut
von *ô* (urspr. au) > *ê* R27αβ, > *ai* G134, > *i* 6, > *ie* 589. Beispiele:
dêp, bênn (bieten), *rêm* (Riemen). — *štęldêf* ist seltene alte Form für
štęldip in R; *štęldêp* 9, sonst nur *štęldip* G123467α (in 58β unbekannt).
Hd. Form ist meist durchgedrungen in *dinn* RG267αβ; das alte steckt
noch in *hęrndênst* R7αβ, *dainn* 134 (selten noch in G), *dienn* 589.
forlêrn u. *frêrn* zeigen *î* in G12345689. *fêrt* (Viertelscheffel) RG123
47αβ (hier haben sich die linkselbischen Orte also der mittleren Gruppe
angeschlossen) *firt* 5689. *klêmm* und *jrêmm* zeigen nur *ê. bênə* RG
12347αβ (dessen *ê* auf Dehnung beruht) zeigt in der nördlichen Gruppe
dieselbe Entwicklung: *linə* 6 *bienə* 589. Ueberall heisst es *bîr.*

§ 20. **iu** > *i: lidə, distər, tix, kizə-(fręts)* (daneben in G *kizęta,*
in 9 *kizęətə,* besonders häufig in 5 *kizęatə); spri* erscheint (umlautend)
in 5689 als *šprai,* beide Formen in 7 (vgl. § 18).

Unbetonte Vokale.

Auslautendes *ə* ist linkselbisch in einigen Wörtern geschwunden:
dun G134 sonst *dunə,* desgl. *foršt* (Dachfirst), *diər* (teuer) G rechts-

elbisch mit *ə*, *fûst* G45 *fûstə* R56789αβ, *rust* (Rost im Ofen) G, rechts-elbisch *rustə* hd. *laut* G45α statt *lûdə*; nur im äussersten Norden noch *ə* in *ɛɛavə* 8 *ɛɛvə* 6, *kåanə* 5, *dårəvex* 9, *ôrə* 568 sonst *ôr*. In 2 Wörtern kehrt sich das Verhältnis um: *dråkə* 123 sonst *dråk*, in G45 nur hd. *draxə*; *ɛån* 9, sonst mit *ə* (Sohn).

Betreffs des Lautwertes dieses auslautenden Vokales ist zu be-merken, dass er sich besonders in 6 und 8 *a* nähert.

Konsonanten.

§ 22. **w.** a) Im An- und Inlaut > *v*.

b) Nach anlautendem *k*, *š* u. *ts* > *w*: *kwęln, šwart, tšwêjə*.

c) Im Anlaut vor r teils abgefallen: *rîtn, rîmm*, teils > *f*: *ûtfriɣən, frailn* [in 56789β dafür *knevəln*]. Neben *f* auch *b* u. *v*: *fratə*, in 9 jetzt *bratsə*, in 4 *vårtskə; fraɣə(l)* R *fraɣəl* 2 *fraɣə* 57αβ *vraɣə* 8 *braɣə* 69 [in den anderen Orten *draiər* 13 *drêjər* 4, auch *drejər* 2].

d) Geschwunden im Inlaut nach u: *hauən, friə frauə, bûən bauən, duuən, jrûln, klîən, nîət* [R7β, *nît* G23α *nîəs* 4 *naiət* 5 *nait* 689]; *klauə*; in *blau, jrau, dau, jənau (jənauə* 5689) in Angleichung an die obliquen Kasus auch im Auslaut.

e) dgl. im Auslaut: *jęl, jår, męr* [der Kürze halber führe ich nicht überall die nur vokalisch abweichenden Formen an, z. B. *mêr* G etc. *męar* 58], *brî*.

f) Vor t > *f*: *arftə* [in 4 nur noch in *arftənɛêf*, sonst *arvəsən*], *kręft* (R)589αβ aber *kręvəs* G14 *kręps* R237.

g) In einem Worte anlautend > *p*: *pędəvinə* R579αβ aber *vêdəvinə* G13, beides in 2, *vêdəviɣə* 4.

§ 23. **j.** a) Im Anlaut > *j*: *juɣk*.

b) Intervokalisches j, gleichviel ob ursprünglich oder erst später (besonders aus g nach palatalen Vokalen) entstanden, ist erhalten > *j* in RG12347αβ soweit es nicht G134 Diphthongierung des vorher-gehenden Vokals bewirkt hat, stets geschwunden in 5689: *nęjər* RG 12347αβ *nęər* 589, *hêjər* R u.s.w. *hêər* 568, *halvęjə* R etc. *haləvę* 689 (5 u. 6 jetzt auch *haləvęjə*), *flejəl* RG7 *flęl* 5689; *kręjə* RG27αβ *krêjə* 4 *kraiə* 13 *krå* (Plural *krân*) 56 *krę* 89, *ɛęjən* RG27αβ *ɛêjən* 4 *ɛaiən* 13 *ɛęn* 5689, ebenso *klejən* [in G meist *kratsən*, in 59 meist *klauən*], *nęjən, męjən*. Merkwürdig ist *ɛaiər* R12356789αβ, *ɛęjər* G *ɛêjər* 4 [auch in Mühlberg a/Elbe *ɛêjər*]. *špêjəl* R27αβ *špail* G134 *špêl* 569, *têjəl[dak]* R7αβ *têl* 5689, *tswêjə* R27αβ *tswaiə* G134 *tswêə* 5689, *krêjər* R(†) *krêər* 59, *blêjən* R27αβ *blaiən* G134 *blêən* 6 *blên* 589, ebenso *kêjə, plêjən, brêjə* [*brîə* 2], *bədrêjən, lêjən, flêjə. rejəl* R27αβ *rêjəl* 4 *rail* G1 *raiəl* 3 *ręl* 5689, *flejəl* (meist nur Windmühlenflügel) R7αβ *flijəl* G12 34 *flail* G *flęl* 5689 [3 auch *flitjə*, 14 auch *flitjə* oder *raudə*], *dejəl* R7αβ *dêjəl* 234 *dîjəl* G *dęl* 5689, *bejəl* R27αβ *bêjəl* 4 *bîjəl* G13 *bęl* 5689, *tejəl* R(†) *tail* 1(†) *tômtęl* 5689 sonst *tsîjəl. têjən* (Zehen) R27 αβ *tôn* (Plural *tênə*) G14 *tsênə* 3 *têə* 6 *tê* 589. *ɛix vaijərn* RGG *vaiərn* 5. *ɛęjəl, kęjəl* R56 sind Lehnwörter.

· *ɛęjən* R25678αβ *ɛaiən* G1349.

Nach î ist j überall geschwunden: *śtiən* RG13478xβ *śtaiən* 56 *aśtiən* 568 [in 2 nur *klatərn*, in 9 *kletərn*], *kriən* RG12346789xβ *kruiən* 5, *śriən* R etc. *śraiən* 568, *swiən* R etc. *swaiən* 5; *miə* Rxβ [*mikə* G23456789, in 1 *jnitn*], *rîən* R28xβ *riə* 569 [*rikən* G12346], *briə* R56789xβ [*brikə* G1234].

c) Nach kurzem Vokal der Stammsilbe bleibt j in unbetonter Silbe nach i erhalten *lilijə, penijə,* aber *piniən* peinigen.

d) Im Auslaut > *x nex* RG2568x *naix* 3 *nêx* 4.

§ 24. **r > r.** Es wird mit der Vorderzunge in der Gegend des harten Gaumens gebildet. Im Anlaut und noch mehr im Auslaut wird es schwach artikuliert. Unter den Ortschaften zeichnet sich 9 durch schärfere Artikulation aus; den Bewohnern von x wird in R nachgesagt, sie schnarrten und man nennt deshalb scherzhaft den rasselnden Kettendampfer einen „Elbenauer"; mir ist das nicht aufgefallen, auch giebt man zu, es sei früher stärker gewesen.

a) Ausgefallen ist r vor d, dem ein r folgt: *vedər* (in 489 unbekannt), *fodərn, odər;* ferner in 2 mit *śtart* zusammengesetzten Wörtern: *vipśtat* Rxβ *vipśtart* 256789 *vipśterts* G(†) *vipśtert* 4(†) [*akərman* G134], *katənśtat* R25789xβ *katənśtart* 6 *katsənśtert(s)* G [*karnkrűt* 1 *kannkrűt* 34 auch *tannkrűt* 3 und *katsəntságəl* 4]. Das Simplex zeigt stets r: *śtart(s)* R56789xβ *śterts* G1234.

b) Umstellung des r hat stattgefunden in *fratə* s. § 22c, *krixə krixhof* 589 (jetzt überall †), *krisə* 4(†); *karbatśən* G34 rechtselbisch *krabatśən.*

c) *r > l: balbîrn, rôll* s. § 12.

d) *r > d: edər* R6789xβ *édər* G4 [*erər* 25 *érər* G13] und*ś wedər* R13β [*swordər* Rx *swęrdər* 6 *swęa(r)dər* 589 *swêrər* G234].

§ 25. **l.** a) Vor der Endung *ər* nach kurzem Vokal > *ll: millər* RG1234x *mellər* 56789, *kellər, tellər.*

b) dgl. unter Assimilation eines folgenden d: *ellər.*

c) dgl. wenn d mit der Endung *el* assimiliert ist: *rîll, rôll, bîll, râll.*

d) Geschwunden in *vekə, vist, zost.*

e) *ziməlirn* [über etwas nachdenken] 1, sonst *zuminîrn; śnell* 9 (†), sonst *śletl; kuməlt* 5689, sonst *kumət.*

§ 26. **m.** a) Die Endung *ən* assimiliert mit vorausgehendem m oder b zu *mm: nemm.*

b) Im Auslaut unbetonter Endsilben nur erhalten in *fűm* RG14 7x*ʒ fâam* 589, aber *fânn* G23 *ən tswęrnsfinn* 6 [aber auch in 6 *infemm*].

§ 27. **n.** *nn* entwickelt sich

a) vor der Endung *ər* aus n u. nd, doch wird in beiden Fällen namentlich im Norden auch *nd* gesprochen: *dinnər, dunnər, śennər, klennər, hinnər* (Hühner), *hinnər* (hinter), *kinnər.*

b) im Auslaut, indem sich vorhergehende stimmhafte alveolare Laute damit assimilieren: *finn* (finden), *lânn* (laden).

c) Im Auslaut nach stimmlosen Lippenlauten > *m: löpm.*

d) Im Norden ist die alte Endung *ə* statt nhd. *ən* noch ver-

hältnismässig häufig: *rogə* R (selten) *rovə* 5689 sonst *rogən* u. *rokən*, *vaitə* R5689 sonst *vaitn* u. *vaitsən*, *meshåkə* 9 *håkən* R, *špådə* 9 (Plural *špånn*) *špånn* (Pl. *špånns*) R78, *tivə* 5 sonst *tumm* u. *timm*, *riə* 569 sonst *riən* u. *rikən*, *karpə* 569 *karpm* R, *šledə* 89 sonst *šlenn*, *kñokə* 8 *kñkə* 6 *kôkən* R *kaukən* G, *brådə* 569 *brånn* R, *knakə* [freilich femininum] 569 sonst *knaxən* u. *knaxəl* 68.

e) G zeigt allein ein n in *hakənklotš*, sonst *hakəklotš*.

§ 28. p. In einem Worte mp > m: *kramə* R56789αβ *krampə* G1234; überall *top*, *hamf* oder *hanəf*, *hemfərliŋk* nur in 7 *hempərliŋk*; bez. *flastər* s. § 38c.

§ 29. b. a) Intervokalisch erscheint auch Geminata als *v*: *hevə*, *rivə*, *krivə*.

b) *arbait* hat b wegen des Nebentones erhalten, umsomehr *ballîrn*, wo die Silbe den Hauptton trägt.

c) Intervokalisch ganz geschwunden in *binəkñeḷ* s. § 38b.

d) Statt *léf* heisst es meist hd. *lip*: *léf* Rαβ *lif* 6 *liəf* 589 *lip* RG12347αβ [auch 7 noch Komparativ *lévər*]. Mitteldeutsches p in *pindl*, *rustputə* R; beruht es auch in *pasîrn* R = bossieren, Steine behauen, darauf? *bikən* RG234679αβ *pikən* 58 (auch vereinzelt *bikən*) wird von den fast erbrüteten Eiern gesagt, die schon die Stelle zeigen, an denen der Vogel durchbrechen will.

§ 30. t. Unorganisch in *most* R25789αβ *môs* 134 *(mox* G69), *niət* s. § 22d. Hier sind die hd. Eindringlinge besonders zahlreich namentlich linkselbisch. Ich nenne folgende:

hartsə, *hitsə*, *nets*, *tswern*.

katə 5789(α)β *katsə* RG123467α s. *katənštut* § 24a, *šlart* s. § 24a, *holt* R56789β *hols* RG1234α (in α aber noch *heltn* u. *helsərn*), *fortern* 678β sonst mit *ts*, *ûttern* (Subst.) R56789β sonst *ts*, *pletboltn* (R)578 9β sonst *ts*, *tejəlduk* R7αβ *téldak* 5689 sonst *tsijəl*, *taps inə jritə* R89α das einfache Wort überall *jritsə*, *vaitə* s. § 10, *timərman* nur noch in 68, *tejəl* R(†) *tail* 1(†) *teḷ* (56) überall *tsijəl*. *tuikən* s. § 10, *šwét* — *šwais* G12349 s. § 9 aber überall *šwitsən*, Zahn, Zehen, Nuss zeigen noch überall *t* (doch 3 *tsênə* Zehen u. 4 meist *nus*), ebenso *tit* (nur 4 *sit*, *šlextə* *sîtn*) und *niət* (in 4 *niəs*) s. § 22d, *voltə* 7β sonst mit *s*, *jôtə* R sonst *josə* u. *renə*, *vit* — *ris* G134 *vais* 2, *kreft* s. § 22f, *barft* R56789αβ [*barftix* RG1234αβ] *barvəst* 569 [*barvəstix* 4], *ånft* 59 auch hier schon wie sonst *ôvəst*, *jrôlfådər* meist mit *s*, nur mit *s* in G1234 68αβ; *veltərn* R57αβ *veldərn* 1 *velsən* 4689. Neben *mônšin* resp. *månšin* überall *mônt*.

t nicht wie östlich von Magdeburg geschwunden in *distl*.

§ 31. d. a) Bildungen mit dem Suffix *də* resp. *tə*: *leydə* [4 *leyə*, G meist *leyə*], *brédə* [in G auch *braidə*, 3 nur *braitə*, 89 *bredə*], *héxtə* [*hextə* 23, *héə* 569, G auch *héxtə*], *léxtə*, *nextə* [*neə* 589], *diktə* [*dikə* 4], *déptə* R237αβ *daiptə* G *diptə* 6 *diərptə* 589 *daipə* 4, *vuxtə* [nur *velə* 8]; ähnlich *nåktix* RG237αβ *naktix* 4 [*nokš* 56789].

b) Intervokalisches d ist stark reduziert: die Zungenspitze nähert sich der gewöhnlichen Artikulationsstelle, schnellt aber wieder zurück,

ehe sie sie ganz erreicht hat, so dass nur eine kurze Hemmung, aber kein völliges Unterbrechen des Luftstromes stattfindet; etwas schärfer scheint die Artikulation in 8 zu sein. Darauf beruht wohl, dass in R und 1 gelegentlich besonders bei Kindern ein l erscheint: *fålər, belə*.

Vollständig ist *l* durchgedrungen in *šiln*, aber *šidəjavəl* R3468β [*šiləjavəl* G57 *šiljåvəl* 2 *šiljåvəl* α *šinəjavəl* 9].

c) Hd. *t* ist mehrfach zur Herrschaft gelangt: *dritə* 46 *bitə* 456, *fålər* 256.

d) Intervok. d ist zu *r* geworden: *harə* (hatte) überall, *parə parn* 7β.

e) In den inlautenden Verbindungen md, nd, rd, ld schwindet d: *fremə, enə, ęrə, olə*, nur vor folgendem l bleibt es: *mandl*.

f) Ueber *kinnər* und *kindər* s. § 27a.

g) Auslautendes aus d entstandenes *t* tritt in den Inlaut in *hart* — *hartər, bunt* — *buntə* (Plural in RG23478αβ *bunt* in 569 *binə* in 8), *tit* — *titn*.

h) Ueberall *nåtl; kritə* nur in RG134, sonst *d; oləs dərt* nur noch Rβ (in beiden fast †), sonst *tir*.

§ 32. s. Im Anlaut a) vor Vokalen > *z*,
b) vor l m n p t v > *š*.

Im Inlaut c) zwischen stimmhaften Lauten > *z*, ausgenommen nach r und wenn es auf Geminata zurückgeht (*misən, husən, besən* 8 sonst *bezən* R5679αβ und *lęzən* G1234),

d) nach r > *š: bårš, doršt;* in 2 Wörtern > *ž: faržə* Verse, *haržə* R25679αβ *hèržə* G134.

§ 33. g. a) Im Anlaut, sowie im Inlaut nach palatalen Vokalen und Liquiden > *j.* Ueber den Schwund dieses *j* s. § 23b.

b) Im Inlaut nach gutturalen Vokalen > *g*, geschwunden in 5689: *frågən* R etc. *från* 5689, ebenso *vågən — vån* [Plurale *vågəns — vånə*], *mågət — måt, dågə — då, žågən — žån, ögə — ö*.

Dieses *g* ist kein eigentlicher Verschlusslaut; es findet ähnlich wie beim intervokalischen d nur eine Bewegung der Zunge zur Artikulation eines Verschlusslautes statt, die aber nicht vollendet wird. Diese Artikulation scheint am geringsten zu sein in G nach å (betreffs des Vokals s. § 46) und in Rβ nach o: *fogəl, rogə* klingen fast wie *foəl roə* oder *fovəl, rovə* [deutlicher *fogəl* 27α, *fögəl* G1346 *fål* 589]; wirkliches *v* zeigen 5689 in *rovə* und *rovəblumə* [*rogə* und *rogən* R *rogən* 37αβ *rokən* G124], ferner Rαβ in einigen andern Wörtern: *dågə* und *dåvə* R, *mågət* und *måvət* R, *frågən* und *fråvən* R, *ögə* und *övə* Rαβ, *drågən* und *dråvən* R.

dögən zeigt *g* auch in 569.

Ueberall ist g geschwunden im Plural *mędə* RG56789αβ (nur *męksns* 134).

c) Geminata nach gutturalem Vokal > *x: taxə, baxər, knaxən* RG2347αβ [*en knaxəlbrôt* 68, *enə ręlknakə* 569].

d) Im Auslaut > *x*.

e) Auslautendes (aus ng entstandenes) *yk* tritt in 2 Wörtern in den Inlaut: *laykɔr* und *juykɔr* [in 8 nur *layɔr* und *juyɔr*].

f) Ueberall heisst es *rҽyɔn* Regen, regnen.

g) Ein mitteld. Eindringling ist *kafɔn*.

§ 34. **k.** Von den zahlreichen hd. Eindringlingen seien genannt: *fax* nur noch in R selten *fak*, *draxɔ* G45 *drăkɔ* 123 *drăk* RG789αβ, *aixhorn* 34 *aikhornɔkɔn* 1 *aikᷓts* RG256789αβ, *larxɔ* *lérɔkɔ* s. § 9, *flŭxɔn* G sonst mit k, *hăvixt* RG1234α *hăk* (R)7β *hăk* 5689, *ᷓtix* 34 *ᷓtixfléᷓ* 26 *ᷓtҽk* R578αβ.

§ 35. **h.** a) In einem Worte ist h vor s überall geschwunden: *hesɔ*; andere schwanken zwischen *ks* und *s*: *oksɔ* RG12347αβ *osɔ* 6789, *flaks* RGαβ *flas* 56789, *vaksɔn* RG12347αβ *vasɔn* 5689; nur *ks* zeigen *aksɔ*, *fuks*, *daks*, vgl. Bremer, Zur Geographie deutscher Mundarten, S. 39 ff.

b) in *alɔhôpɔ* schwindet h in R gelegentlich, in 2 u. 3 meist; dagegen tritt ein *h* hinzu in *haxɔl* RG234α [*axɔl* 56789β] und *halŭnɔ* R(†)G(†) [jetzt überall ohne *h*, in 13 auch ohne Schluss ɔ].

Vokaldehnungen in offener Silbe.

§ 36. In offener Silbe sind alle kurzen Vokale gedehnt worden, ausser wenn eine Endung auf l, r, m folgte: *hănɔ*, *lăkɔ* niedrige (Wald-)Wiese, *mҽtn*, *ᷓtҽkɔn*, *bôdɔ* [68 *bôtɔ*], *jôpɔ*, *lŭkɔ*.

Bei der Dehnung werden jedoch mehrfach verschiedene Vokale entwickelt:

a) linkselbisch *ê* sonst *ҽ* resp. *ҽa*: *hêvɔ* G123 *hҽvɔ* Rα (*hevɔ* 4589), *pᷓpɔr* G134 *pҽpɔr* R25679β, *nêtɔ* G134 [Singular ebenfalls gedehnt *nôt*, auch in G] *nҽtɔ* [Sg. u. Pl. ausser in G] R256789αβ, *zᷓll* G134 sonst *zҽll*, *dᷓrɔ* — *dҽrɔ*, *bᷓrɔ* — *bҽrɔ*, *ᷓtᷓl* — *ᷓtҽl*, *ᷓpᷓln* — *ᷓpҽln* [*ᷓpᷓln* G], *zᷓf* G14 — *zҽf* s. § 21, *mᷓr* G — *mҽr* R, *ŭtsᷓrn* G1234 sonst *ҽ*, *vêjɔ* 4 *vҽjɔ* R *vҽɔ* 5, *nêjɔlɔkɔn* 134 *nejɔlɔkɔ* R7αβ *nҽlɔkɔ* 5 *nᷓlɔkɔ* G268; *êzɔl* erstreckt sich unter hd. Einfluss weiter, *çazɔl* nur in 589, ähnlich verhält sich das Wort *tsaxᷓs* R267α [mit Ton auf der 2. Silbe, in G mit Ton auf der ersten] *tsaxҽas* 589 [eine aus Eier Milch Semmel bestehende im Backofen gebackene Speise]. Ueberall *tҽnɔ* [Sg. u. Pl. mit Ausnahme von G12349, wo der Sg. *tăn* lautet].

b) linkselbisch *ô*, rechtselbisch *ă* resp. *ăa*: *knôkɔn* G134 *knăkɔn* R256789αβ, *ŭtpôln* G1234β *ŭtpăln* R5678α.

c) *hăln* RG. *hôln* 67β (mit Umlaut *lҽkɔn* RG23579αβ *lêkɔn* 68).

d) umgekehrt im Norden *ă* und *ăa* für *ô*: *bôlɔ* R6β *băalɔ* 589 *ôvɔst* — *ăaft* s. § 30, *dôr[vҽx* u. *vҽx*] R6 *dăar(ɔ)vҽx* 59, *zônɔ* R *zăan(ɔ)* 59, *hôzɔ* R *hăazɔ* 89, *rônn* R *văann* 589, *ŭtrônn* R *ŭtrăann* 589 *ŭtrănn* 6, *kôvɔr* R *kăavɔr* 5 vergl. §§ 49. 51; derselbe Wechsel mit Umlaut in *hôkɔr(vᷓf)* G134, *hêkɔr* R26α, *hҽkɔr* 56789β.

§ 37. Ueber Dehnung des Vokals a in einsilbigen Substantiven in G134 s. § 1. *lᷓt* (Augenlied) G134 *ᷓpᷓl* 134 vgl. § 44c. *vҽx* ist nach den obliquen Kasus gedehnt, doch *vҽx* (Substantiv!) in 569. *kăn* hat wie *zҽf* ursp. vokal. Auslaut gehabt. *spansɔr* 36789, *spănsɔr* G45.

Die einsilbigen Adjcktive gleichen stets sämtl. Kasus einander an: *lâm, tâm, kâl, jęl, šmal* R12567α *šmâl* G13, *jram* R25678αβ *jrâm* G4, *nat* R25678α *nât* G13, *klam* R25678αβ *klôm* G134, *hol un bol, jrof, vol.*

Dehnung ist nicht eingetreten in *melə, jenə, feln* Fohlen, *ledix, prodijən, honix, kolə, filə* [*fil* 3]; bei *ledix* und *honix* scheint die Endung von Einfluss zu sein, es heisst auch *venix.*

§ 38. Die Regel, dass vor einer Endung auf I r m die Dehnung nicht eintreten soll, ist mannigfach durchbrochen. a) So dehnen die einsilbigen Substantive, deren Plural auf *ər* ausgeht, davor fast sämtlich ihren Vokal und diese Dehnung geht in G134 auch auf den Sg. über. Nur der Norden hält vielfach an der Kürze fest: *rędər, dękər* R [R u. 1 haben auch *dękə* (†), sonst nur *dekə*] *dekər* G78β sonst *dexər, fętər* R(†)G137 *fetər* 589 meist *fesər, fekər* nur noch selten in R sonst *fexər, blędər* R7β *bletər* 68, *jlęzər, jręvər* R267, *brędər* G134 (vereinzelt in 2) *bretər* R26789αβ [*bret* Plural 5, *bręt* Sg. 14]; vgl. dazu *vędər* RG7β (jetzt auch in 5) *vetər* (5)68.

b) Kürze haben bewahrt: *fadər* (Gevatter), *hazəl* resp. *hezəl, fedər* [in 2 ę], *flidər, ledər, fledermûs, evər, evəl* [2 î], *ekər, vedər* (wieder), *hovəl* [*u* 89, ô 2; als Handwerkszeug meist *û*], *bonn, modər, stokəln, botər; knevəl* [in 5 u. 9 neben *knevəl* an der Kette ein *binəknęl* zum Garbenbinden], *levər* [*lęavər* 89], *jevəl* [*jęəvəl* 9, î 2], *števəl* [meist î α, nur î 25689β], *šletl, šetl, ketl* [*kęatl* 8].

c) Schwanken zeigen: *hamə̣ln — hęmə̣ln* s. § 1 [aber überall *hamə̣l*], neben *havər* kommt überall schon *hâvər* selbst *hâfər* vor *havər* nicht mehr in 2α, *javəl* R13469 *jâvəl* 2αβ *jâvəl* 58, *hamər* R2456789αβ *hâmər* RG13α, *kamər* R245689αβ *kâmər* (R)G137(α), *plastər* (Strassen- u. Heilpflaster) 14 *plastər* (Strassenpfl.) (G)89 *plastər* (Heilpfl.) 6 *flastər* (Strassen- u. Heilpfl.) 23 *flastər* (Strassenpfl.) RG567αβ *plâstər* (Heilpfl.) RG5789αβ, *kôvər* resp. *kâavər — kovar* u. *kôvər* 46, *fidər* R56 *faidər* G4.

d) Dehnung ist eingetreten: *fâdər* resp. *fâtər, nęvəl, zęjəl, kęjəl, pępər, zęll, ęzəl, zâll* [selten und nur in der Verbindung *tər* oder *unnər zâll jân*] R7β, sonst hd. *zatl;* ferner wo intervokalisches j oder g geschwunden ist.

Vokaldehnung vor r+Alveolar.

§ 39. Auch vor r+Alveolar sind die kurzen Vokale gedehnt worden, doch nicht so konsequent: *jârn* (R)G3 *jârtn* R246789αβ, *kârtə* (*kartə* 3), *mârtə, bârə, jęrn, štęrn* [Stern], *ęrə, ęrn* (Ernte), *ęrnst* (der Name meist *arnst*), *tswęrn, pęrt, hęrt, fęržə, štęrn* (Stirn, vielfach hd. *šturn*). *dęrn* R1347αβ *dirn* 5689 (in G u. 2 ungebräuchlich), *vęrə* [nur in *jûdə vęrə jęmm*, in 4 u. 6 auch hier nur *vortə*], *dôrn, bôrt, fôrts* [in G24 unbekannt, in 1 selten], *antvôrn* (*antvortn* 68), *špôr* [mndd. *sporn*] R14αβ *špûr* G235689, *hofpôrtə* R569, *nôrnn* Rβ (sonst *nornn*).

Kürze zeigen: *hart, šwart, kort* [*kurtš* G *korlš* 134], *šortə* [*šartə* 4], *vortl* [*vortšəl* G12346], *hortə, voršt, doršt, borštə, born, korn, horn.*

Vokalverkürzung.

§ 40. a) Jeder lange (gleichviel ob dem Ursprung nach oder durch Dehnung) Vokal wird vor folgendem Vokal zur Halblänge verkürzt; Kürzung erfährt in diesem Falle auch der erste Teil der Diphthonge.

b) Vor mehrfacher Konsonanz tritt beim Verb häufig Kürze (resp. Dehnung nicht) ein s. starke Verben u. §§ 57, 58. Andere Fälle sind *vaxtə, dixtə, zaxtə; hextə* 3.

c) Unter Einfluss eines r der Endung tritt Kürze ein: *ŝtükən — ŝtukərn, ŝnûmm — ŝnupərn, dûvə — devərt* R579αβ *dovərt* G234 *devərik* 5689, *jrŏt — jretər, klain — klennər* resp. *klendər* [*klainər* G], *ŝénə — ŝenər, ŝwår — ŝwedər* s. § 24ᵈ.

Vokalveränderungen vor r und l Verbindungen.

§ 41. Vor r + Nichtalveolar, oft auch vor r + Alveolar haben die Vokale e, i, u Veränderungen nach a hin erlitten, e > *a*, i über *e > a* über *u > o*, u > *o*. Zu *o* ist zu bemerken, dass sein Lautwert oft im selben Worte bei derselben Person schwankt; im allgemeinen lässt sich sagen, dass linkselbisch *o*, im Norden *u* sich festzusetzen scheint. Beispiele: *barx, darp, hartsə, harvəst, farkən, ŝparliŋk, fartix, jarŝtə, karf, ŝtart(s)* (*ŝtęrts* in G1234), *arpl, varvəl* [*vurvəl* 4], *kwarl, barkə* [*burkə* 23 *birkə* G], *hartə* [auch *hortə* 2], *ŝarliŋk* RG56789β (*ŝirliŋk* 1234α), (Dach) *forŝt(ə)* RG1234678αβ *furŝtə* 59, *ŝorm* RG237αβ *ŝurm* 5689, *anŝorn* RGβ *anŝurn* 568 (meist *umŝurn* u. *upŝurn* 5689), *korŝə* Rαβ *u* G56789, *korxə* RG2347αβ *u* 5689, *vorklix* RG2β *u* 56789x, *orn* R *u* G5689αβ, *urnibus* 5, *vorpm* RG237α *u* 469 *varpm* 4, *ŝortə — ŝartə* 4, *vort* (Wirt) R *vurt* 8, *borx, dorə, botərŝtorl* RG12347α *u* 5689; s. auch § 39.

§ 42. Vor l + Alverlar ist a zu *o* geworden: *holn, kolt, zolt, folə, voltə* 7β *volsə* R3 sonst *valsə, holftər* (mit Umlaut *helftər* 8); aber *balə* [*bålə* G134].

Entlabialisierung.

§ 43. Auf dem ganzen Gebiete ist Entlabialisierung eingetreten, also Umlaut von o > *e*, Umlaut von ô > *é*, Umlaut von u > *i*, Umlaut von û > *i*, s. §§ 2, 6, 13, 15.

Uebergänge zwischen i und e, o und u.

§ 44. a) Statt älterem e erscheint *i* in *ŝtimə, uphitsən*; in anderen Wörtern zeigt der Norden *e*, die anderen *i*: *hemə* 59 *hemdə* 68 sonst *himə*, bez. *ŝwiln kwiln jiln ŝiln* s. Verb, *briyən* nur in 8 *breyən*; *i* u. *e* in folgenden Wörtern beruhen auf Umlaut: *kelə* 5689 sonst *kilə, zelvər* 68 *zilvəst* RG2347αβ, *helpm* 5689 sonst *hilpm, ęrtifəln* R (jetzt meist *kartufəln* u. *kartofəln*) 7αβ *kartofəln* G23 *kartofəln* 4 *ęrtéfəln* 5689, *millər* RG1234x *mellər* 56789 überall *melə, tifəln* R7 *tefəln* 59 (in 5 jetzt *tifəln*).

b) In offener Silbe ist, wie schon mnd., i zu e geworden: *bęrə*,

zęll, zęf, vetn, nedər, vedər, renə, števəl, šlenn [in 8 *šledə,* 9 *šledər*];
təfrĕnn G134 sonst *təfrinn* (jetzt auch in G).

c) Andere Fälle: *kaməlɔ, vekə, mes, hen, šwemm, šelp* (*šilp* 34),
bet (*bis* G1234), *smet* (*i* 24), *em* (*ĕn* G134), *špel* [*špĕl* 134 *špil* 6], *ęr*
ĕr, tswęrn, [*ôgən]let* [*lĕt* G134 *lit* 2], *veykən* RG79αβ *viykən* 234568,
met 56789 sonst *mit, šnet* 5 *šnit* R6.

§ 45. o > u: *dul, vulkə, rust, dunə, furt, hukə, rustə* (Ofenrost);
mul 4 sonst *mol, huvəl* 89 sonst *hovəl.*

u > o: *zomər, fogəl, botər, komm* vgl. Verb, *dógən, vónn, zónə,*
fórə (Furche); *knupə* nur in G134 sonst *knopə, op* G1234 sonst *up.*
Umgelautet: *evəl, evər, šletl, šetl, feln* Fohlen, *dęrə, męjən, nętə, bęrn, keməl.*

Vokalveränderungen unter Einfluss eines folgenden intervokalischen j oder g.

§ 46. j und g haben vielfach bestimmend auf die Entwicklung
des vorhergehenden betonten Vokals eingewirkt:

a wird linkselbisch und in der nördlichen Gruppe nicht zu å
gedehnt, sondern zu einem wesentlich helleren Laute, der namentlich
in 589 als â zu bezeichnen ist oder fast noch darüber hinausgeht,
in 6 klingt er etwas dumpfer, dann folgt etwa 1 und schliesslich G34.

Auch o ist in einem Worte in 589 zu â geworden: *fâl* Plural
fglə, oder ist der Sg. Neubildung nach dem Plural?

e vor j + əl ist in 5689 unter Ausfall des j zu ę gedehnt
worden, in G134 ist teils *ai* teils *ĕ* entwickelt, R27αβ bewahren e.

â ist umgelautet zu ę in RG27αβ 5689 in den letzten 4 unter
Schwund des j, zu ĕ in 4, mit j diphthongiert zu *ai* in 1 u. 3.

ĕ hat in G134 mit j zusammen den Diphthong *ai* entwickelt.

ô ist umgelautet zu *ĕ* und dieses wie das vorige entwickelt;
nur in *ógə* ist *ó* geblieben.

Beispiele siehe §§ 23 u. 33.

Flexionslehre.

In der Flexionslehre habe ich mich auf einige Pronomina und
das Verb beschränkt.

§ 47. **Pronomina.** *mai dai* 5 (jetzt meist *mi di*), *mi di* 689
sonst *mik* u *dik.* Ueberall heisst es schon *zix. vi* R2789αβ *vai* 1456(9)
vir 3. *hę* R(5)789(x)β *hai* (3)4 *ęr* G1235x. *ĕn* G134 sonst *em. zĕ*
R *zai* 14 *zi* 36 *zie* 8. *ĕr* G134 sonst *ęr. dĕ* R67αβ *dai* G134 *di* 6
die 589.

Starke Verben.

§ 48. **I. Klasse.** *bitn, bĕt, əbetn* RG12367αβ *jəbĕtn* 4 [in 4 hat
das Particip überall *jə* statt *ə*!] *əbęatn* 589, ebenso *ritn, šitn, šmitn,*
jripm, knipm [schwache Nebenformen *əknipt* 68], *šninn, šrinn, rinn,*
linn, štrinn, drimm, blimm, šrimm, rimm; šlian (*hę šlixt,* 8 *hę šliəl*)
šlaiən 569 (*hę štait), štĕx, əšlęjən əšlĕjən* G134 *əšlçən* 9 *eštian* 568 (in

3 ist das Verb unbekannt, dafür *klatərn*, auch in 5, 6, 9 meist *kletərn*); *kriən* (*hę kriχt*, 6 *hę krit*, 8 *hę kriət*) *kraiən* 5, *krɛ̂χ* (Nebenform *kriχtə* 7β), *əkrêjən* G134 *əkriχt* in allen; *śriən śruiən* 568 (*hę śrait*), *śrɛ̂χ*, *əśrejən əśrêjən* G134 *əśręən* 569 *əχrait* 8; *świən śwaiən* 5, *śwɛ̂χ*, *əśwejən* *ĕ* G134, *əśwęən* 69 (58?); *kikən* (*kikst* 568β, die andern *i*), *kêk* (*kiktə* Nebenform in R7χβ *kiktə* in 5689), *əkikt əkęakən* 9 (u. Nebenform in 8); *vizən, vɛ̂s* RG123469χ *vistə* R6789χ, *əvɛ̂zən* G134 *əvęzən* 9 *əvist* R24 56789χβ; *pipm* hat im Particip starke Nebenform *əpęapm* 8, ebenso *śtrikən* u. *vikən*.

§ 49. II. Klasse. *jɛtn jaitn* G134 *jitn* 6 *jietn* 589, *jôt, əjötn* RG123467χβ *əjâtn* 589; ebenso *śɛtn* (6 *śisən* aber *əśôtn*), *fərdrɛtn, bĕnn; bədrêjən bədraiən* G134 *bədrɛ̂n* 5689 (*hę bədrĕt*), *bədrôgən bədrôən* 69 *bədrĕt* 89 [8 auch *bədrôgən*] 5?; *lêjən laiən lɛ̂n, əlôgən əlôən* 6 *əlĕn* 89 *əlĕt* 9 (8 auch *əlôgən*) 5?; *flêjən flaiən flɛ̂n, əflôgən, əflôən* 69 *əflĕn* 89 *əflĕt* 9 *əfliχt* 8 5?; *bêjən bĕn* 5689, *əbôgən* (auch 8) *əbĕt* 89 56? [dazu schwaches Verb *bejən* R27χβ *bêjən* 34 *bęn* 569 *bęln* 89]; *forlɛrn i* G12345689, *forlörn forlâarn* 589, ebenso *frɛrn; ślɛtn ślitn* 5689 (*ślit*) *əślôtn âa* 589; ebenso *krüpm, züpm* [aber *krupt* und *zupt* in 5689]; *śümm* (*śifst* 134 *śifst* u. *śüvəst* RG *śüvəst* 256789χβ), *əśômm əśüvət* 8 (in 9 Nebenform); ebenso *śrümm* [Particip *əśrâamm* 59 *əśrüvət* 8], *śnümm* [Particip *əśnüvət* 5689]; *rükən* [*rukt* 56789, *rikt* u. *rükt* G, sonst *rükt*], *rôk* RG234589β *rüktə* RG237χβ, *ruktə* 9, *ərôkən* G4χ *ərâkən* 589 *ərükt* RG237χβ *ərukt* 569; *züən* [*ziχt* 34 sonst *züət*], *zôχ* G459 *züətə* RG25789χβ, *əzôgən* G1345χ *əzûət* R25789χβ.

brükən geht schwach [*brukst* 56789β s. § 58], ferner *klĕmm, ślĕmm, kauən* [*hę kaut* 5689 sonst *kauət*].

§ 50. III. Klasse. *śwemm świmm* G234, *śwump, əśwumm əśwemt* 8; *jəvinn jəvunt jəvunn*, ebenso *śpinn, źiχ bəzinn, rinn, binn, finn, vinn, forświnn, śinn, jinn; śrinn* R123789χβ [schwach in R8 und meist α, stark in 23] *śrijən* G4569 [*śrijət* G4 *śrijt* 569, schwach in G, stark in 4569]; *driŋkən, druŋk ədruŋkən*, ebenso *ziŋkən, śtiŋkən; ziŋən* [*ziŋt* 5689 sonst *ziŋət*] *zuŋk əzuŋən*, ebenso *śpriŋən, driŋən, kliŋən, tswiŋən* [2, 3 u. α auch *tswiŋətə*], *friŋən* [in 7β stark u. schwach, 3 schwaches Particip, 9 starkes und schwaches Particip], *jəliŋən, źiχ ütbədiŋən* [6 ohne *üt*, in 5 u. 9 dafür *ütmâkən*, aber *əduŋən* 5]; *świln śweln* [*śwelt*] 5689 *śwul əśwuln*, ebenso *kwiln, jiln, śiln* [in 9 *ütśimpm* Particip *ütəśimpt* u. *ütəśumpm*, in 5 meist *tsaŋkən*], *hilpm, źiχ forśrekən; viŋkən* 2345689 *veŋkən* RG7χβ ist schwach [aber in 3 *əvuŋkən*, ferner 5689 *hę veŋkt, hę hęt əveŋkt*]; *śturmm, śtorf u* 45689, *əśtormm; fordarmm, fordorf* R2β *u* 46 daneben und überall sonst *fordarvətə, fordormm; vęrn (vort) varn (vart)* 56789β, *vorə, əvorn; śmęlsən* RG78β *śmęltn* 59 *śmilsən* G1 (in R schwach), *śmuls* G13468 *śmult* 59, *əśmulsən* G123468 *əśmultn* 59 (in den nicht angeführten Orten war Sicheres bei diesem Verb nicht zu ermitteln).

flęχtn (starkes Particip 15, stark und schwaches Particip 9), *melkən, jlimm, dręśən* sind schwach; *bəfęln* s. § 51.

§ 51. IV. Klasse. *brękən bręakən* (*brekt* 56789 *brekt* und *brikt* β sonst *brikt*), *brôk, əbrôkən* åa 589; ebenso *šprękən* [β nur *šprekt*, auch in den beiden folgenden nur *e*), *šłękən, drępm; vęjən vējən* 4 *vęn* (*vęt*) 5689, *əvôgən* (8 auch intransitiv) *əvęt* 589; *šęrn šērn* G1234 (von den Schafen meist *šninn*. 4589) *əšôrn əšåarn* 59 *əšęrt* (u. *əšôrn!*) 8; ebenso *bəšwęrn* (*bəšwåarn* 8); *jęrn, əjôrn əjåarn* 9 *əjęrt* 5789β; *štęln, əštôln əštåaln* 589; ebenso *bəfęln; jəbôrn; nęmm* (*nemt* 5689 sonst *nimt*), *nåm nåm* 5689, *ənomm ənåamm* 589; ebenso *komm kåamm* 589 [*kcmt* 589 *komt* 6 sonst *kimt*]; *bęrn bērn* G13 [in 4 nicht gebräuchlich) ist schwach.

§ 52. **V. Klasse.** *frętn fręatn* (*fret* 5689 sonst *frit*), *fråt fråt* 5689, *əfrętn əfręatn*; ebenso *zitn* [überall natürlich *zit*]; *mętn* [*mit* G4 *met* 5689 sonst *męt*], *mętə* (Nebenform *måt* 69), *əmętn* (*əmęt* 7β Nebenform); *tręnn* wie *frętn; jęmm jēmm* G134 (*jeft* 56789 *jeft* und *jift* β sonst *jift*), *jåf jåf, əjęmm əjēmm* G134; *liən, låx lîx, əlejən elęn* 5689; *ziən zaiən* G134 *ziən* 5689, *zåx zîx, əzên əzain əziən; jəšen* [*jəšēt* 9 *jəšit* 8 56? sonst *jəšixt*], *jəšåx â, jəšen; ętn* (*et* 5689 sonst *it*) *åt åt, əjetn*; ebenso *forjetn* [*forjetə* R234783β, Nebenform in G69]; *vår vår* 5689 *əvest; binn* (bitten), *båt båt bidətə* R8, *əbidət jəbitət* 4 [Nebenform *əbęnn* 3β]; *lęzən* [*lęst* 68 59? sonst *list*], *lås* (?) *lîs* 69 *lęstə* R59, *əlęst* R2678xβ *əlęzət* G13 *jəlęzən* 4. *vęmm, flejən, bəvejən, knęnn* schwach.

§ 53. **VI. Klasse.** *šłån šłåan* (*šletst* G1234, *šletst* u. *šlaist* Rx, *šlaist* 56789β), *šłôx* R268β *šłaux* G134 *šłûx* G9, *əšłån; štån štēn* G134 (*štēt* G134, sonst *štait*), *štunt, əštån əštén* G134; *fårn* (*fårt*) *firn* (*firt*) 689 5?, *fôr* R268xβ *fûr* G139 *faur* 14 *fårtə* R, *əfårn* RG234789xβ *əfôrn* 6 *əfårt* RG1β *əfirt* 8; *drågən* [*drext* u. *drågət*] *drån* [*drål*] 5689, *drôx* R2689xβ *û* G3 *au* 14, *ədrågət ədråt* 5689 *jədrågən* 4 (Nebenform *ədrågən* 7x); *frågən från, frôx* R268x *û* G39 *au* 14, *əfrågət əfråt; vaksən* (*vakst* R7xβ *vckst* G1234) *vasən* 5689 (*vast*), *vuks vus* 69 *vastə* 8 5?, *əvuksən əvasən* 68 59?; *hęmm, hôf* RG1346 *û* 9 *hęvətə* R268x, *əhômm* RG12346789xβ *əhęvət* R34678xβ.

jråmm, lånn, måln, bakən, vašən, laxən, våkən [*vaxən* 68] sind schwach.

§ 54. **VII. Klasse.** *faln* (*felt* G1234 sonst *falt*), *fål ai* G134 *ô* 68 *û* 9 5?, *əfaln; låtn* [*lot* 8 569? sonst *let*], *lēt ai* G134, *əlåtn*; ebenso *šlåpm, lôpm; rôpm au* G134 *û* 689 5? (*rupt* 689 5? sonst *rept*), *rēp raip, ərôpm au û* [auch *ərupt* 8]; *holn* [*holst* 689 5? sonst *helst*], *hēl ai* G134 *ô* 6 *û* 9 *holtə* 8 5?, *əholn; feyən* (*feyət*) *fayən* 6789β 5? (*fayt* 689), schwach (aber Nebenformen *fęyk* R *fuyk* 89x *efuyən* 8); ebenso *hcyən* (Nebenformen *hęyk* R *huyk* 89 *hiyk* 9 *əhuyən* intransitiv 8); *jån* (*jait*) *jēn* (*jēl*) G134, *juyk* RG123468xβ *jiyk* R246789x, *əjån əjēn; hētn* (*hitst*) *haitn* (*huitst*) G134 *hitn* 6 *hîetn* 589, *hitə* R689 *haitə* G134 *hētə* 2 *hēt* x, *əhētn ai i ie; štētn, štotə* RG1 *štot* 2347x *štôt* 689, *əštotn* R7x *əštôln* G256 *əštētn* 589 *əštot* G134.

špann, brånn, zęjən, drejen, šainn, hauən, flôkən, blåzən [*blåzət* G134, sonst *blåst*], *rånn, šrônn* sind schwach.

§ 55. **dôn** (*dait*) *daun* (*dait*) G134 *dûn* (*dût*) 5689, *dåt dåt* 5689, *ədån*.

Präteritapräsentia.

§ 56. *veln véln* 8 (*vet vél* 5689), *vustə, əvust.*
kinn kenn G1234x (*kan*), *kuntə, əkunt.*
darmm (*darvəst* R456789xβ *darfst* 2), *dorftə* R *u* 78, *ədorft* R5
67β *u* G89x.
zoln, zoltə, əzolt.
mejən méjən G134 *men* 5689, Optativ *mextə* G12456(x) *mixtə*
R789xβ, Particip selten *əmuxt* 789β, Präteritum kaum vorkommend.
mutn mitn 8 569?, *mustə, əmust.*
viln voln G1234x, *voltə, əvolt.*

Schwache Verben.

§ 57. Schwache Verben mit Vokalveränderung im Präteritum
und Particip.
briyən [*briyt* 5689 sonst *briyət*], *broxtə braxtə* 56789 β?, *əbroxt
əbraxt.*
zékən (*zikt*) *zaikən* (*zaikt* u. *zikt* G *zaikt* 3) G134 *zikən* 6 *ziekən*
589, *zoxtə zuxtə* 6789β 5? *zauktə* 4, *əzoxt əzuxt jəzaukt* 4.
képm (*kefst* RG2347x *kepst* 5689 *köft* 3), *koftə, əkoft.*
hemm [Infinitiv in 1 *han*, gelegentlich auch in 4], *harə* [*hadə*], *əhat.*
§ 58. Kürze zeigt der Stammvokal in der 2. u. 3. Pers. Präsens,
sowie im Präteritum und Particip auch bei einigen anderen Verben
auf dem ganzen Gebiet:
renn rénn G1234, *he ret, retə, əret; linn* läuten *ət lidət* RG12x
ət lit R3469x, *litə* R6, *əlit* R9x *əlidət* x; *bədinn* bedeuten *bədidət* R3469
bədit R2;
bei anderen nur im nördlichen Teile:
råpm 569, *he ropt, roptə, əropt; måkən, he mokt, moktə, əmokt*
5678β 9?; *et het nə jansə vilə vort* 6 (es hat ziemlich lange gedauert);
ûtrånn 68 *ûtərot* 5689; *blüənn* 58, *ethetəblut* 5689; *brükən, brukt* 56789β.
Der Imperativ heisst *rop, mok*; vgl. dazu *kik, šlit* 58, *šlox* 69, *štet
man vedər up* 689, *frax* 69, *lot* 68β, *jox* 689 (geh); ferner *nåktix nokš* 31ª.
§ 59. 2 Verben, deren Stamm vokalisch auslautet, nehmen im
Imperativ Singular konsonantischen Auslaut *strauən hauən: štrauf* Rxβ
štraux G4 *štraix* 679 *štrauə* RG2 *štraiə* 5, *haux* (ursp. Stammauslaut
w) R45679 *hauf* xβ *hauə* 2; vgl. *dux* R25689x *daux* G4; ausgegangen
ist diese Erscheinung von Formen wie *zix* RG235689xβ.
§ 60. Bei vokalisch auslautendem Stamm fällt in der nördlichen
Gruppe das *ə* vor den Endungen *st* und *t* aus: *ət daut* 6, *he het mi
ədraut* 8, *he kaut* 5689; in den andern Orten heisst es *dauət, ədrauət,
kauət*; ebenso nach stammauslautendem *y* s. starkes Verb § 50.

Zahlen.

§ 61. Die Zahlen sind sämtlich überall hd. beeinflusst: *éns
ains* G14, *tswéjə tswaiə* G134 *tswęjə* 5689, *draiə, firə, fimvə, zeksə,
zimm, axtə, nainə, tsęnə* u. s. w.

Schlussübersicht.

3	1	4	G	R	2	α	β	7	6	8	9	5	
.	.	.	.	.	.	.	.	.	.	8	9	5	åa } = à § 7.
3	1	4	G	R	2	α	β	7	6	.	.	.	å
.	.	.	.	.	.	.	.	.	.	8	9	5	ęa } = Umlaut von à § 8.
3	1	4	G	R	2	α	β	7	6	.	.	.	ę
.	.	.	.	.	.	.	.	.	.	8	9	5	ie
.	.	.	.	.	.	.	.	.	6	.	.	.	î } = ê (è), Umlaut von ô (au), = io §§ 9, 13, 19.
.	.	.	.	R	2	α	β	7	.	.	.	.	ê
3	1	4	G	.	.	.	.	.	.	.	.	.	ai
3	1	4	G	.	.	.	.	.	.	.	.	.	ai } = ê (ai) § 9.
.	.	.	.	R	2	α	β	7	6	8	9	5	ê
.	.	.	.	.	.	.	.	.	.	8	9	5	ůa
.	.	.	.	.	.	.	.	.	6	.	.	.	û } = ô (au) § 12.
.	.	.	.	R	2	α	β	7	.	.	.	.	ô
3	1	4	G	.	.	.	.	.	.	.	.	.	au
.	.	.	.	.	.	.	.	.	6	8	9	5	au u. ai } vor Vokalen § 18.
3	1	4	G	R	2	α	β	7	.	.	.	.	û u. î
.	.	.	.	.	.	.	.	.	6	8	9	5	Schwund des intervokal. j u. g in allen Fällen
3	1	4	G	.	.	.	.	.	.	.	.	.	" Diphthongierung " " " nach i u. bei §§ 23 u. § 33.
.	.	.	.	R	2	α	β	7	.	.	.	.	Schwund des intervokal. j u. g nur nach i
.	.	.	.	.	.	.	.	.	.	8	9	5	åa } ô
3	1	4	G	R	2	α	β	7	6	.	.	.	ê } Dehnungsprodukte in offener Silbe
.	.	.	.	R	2	α	β	7	6	.	.	.	ę } § 36.
.	.	.	.	.	.	.	.	.	6	8	9	5	ęa }
3	1	4	G	.	.	.	.	.	.	6	8	9	5	â } = a vor intervokal. g § 46.
.	.	.	.	R	2	α	β	7	.	.	.	.	å
3	1	4	G	.	.	.	.	.	.	6	8	9	5	ę u. ai } = e vor j + әl § 46.
.	.	.	.	R	2	α	β	7	.	.	.	.	e
.	.	.	G	R	2	α	β	7	6	8	9	5	ę } = à vor intervokal. j § 46.
.	.	4	.	.	.	.	.	.	.	.	.	.	ê
3	1	.	.	.	.	.	.	.	.	.	.	.	ai
3	1	4	G	.	.	.	.	.	.	.	.	.	ai } = ê u. ô vor intervokal. j § 46.
.	.	.	.	R	2	α	β	7	6	8	9	5	ê
(3)	(1)	4	(G)	R	2	α	β	7	6	8	9	(5)	hai } hę } § 47.
.	.	.	.	.	.	.	.	.	.	.	.	5	mai, dai }
.	.	.	.	.	.	.	.	.	6	8	9	.	mi, di } } § 47.
3	1	4	G	R	2	α	β	7	.	.	.	.	mik, dik }

Die vorstehende Uebersicht über die wichtigsten lautgesetzlichen Abweichungen der Mundarten von einander ergiebt folgendes Resultat: Die Mundarten bilden 3 grössere Gruppen, von denen die eine die 4 linkselbischen Orte, die andere die 3 auf der Insel und die 2 an der alten Elbe gelegenen, die dritte die anderen 4 rechtselbisch gelegenen oder die nördlichen umfasst. Von der linkselbischen trennen sich in einem Punkte G und 4, G, um sich der Inselgruppe anzuschliessen; von der nördlichen Gruppe trennt sich in einem Punkte 5 ab, in zahlreichen Punkten aber 6, das sich in mehreren davon der Inselgruppe anschliesst; die letztere stimmt in allen wesentlichen Punkten in sich überein.

Das wesentlichste Unterscheidungsmerkmal besteht in Folgendem: Linkselbisch finden sich nur fallende Diphthonge d. h. solche, die von a ausgehen, in der nördlichen Gruppe (895) nur steigende, d. h. solche die zum a hingehen (mit einer Ausnahme, § 18), die mittlere Gruppe ist arm an Diphthongen und weist nur fallende auf. Auch 6 weist (ausser den in § 18 erwähnten) keine Diphthonge auf; trotzdem gehört es zur nördlichen Gruppe, da seine den Diphthongen derselben entsprechenden einfachen Laute aufs engste mit denselben verwandt sind; seine einfachen Laute sind offenbar von der Diphthongisierung noch nicht ergriffen worden und werden es bei dem entgegenwirkenden Einfluss der Schriftsprache auch wohl nicht mehr werden. Auf diesem Unterschiede der Diphthonge beruht es, dass namentlich die linkselbischen Mundarten behäbig breit erklingen, die nördlichen dagegen eigentümlich unruhig und hastig.

Zahlreiche Einzelerscheinungen würden das obige Bild in seinen einzelnen Zügen noch schärfer hervortreten lassen; doch fehlt es naturgemäss nicht an anderen, die dieselben verwischen und verschieben, so schliesst sich β und merkwürdiger Weise noch mehr 7 der nördlichen Gruppe mehrfach an, während wiederum G mit R, mit dem es zusammengepfarrt ist, noch mancherlei gemein hat. Auf Einzelheiten eingehen, hiesse aber die Arbeit wiederholen. Dass die beiden auf dem rechten Elbufer gelegenen Orte β und 7 sich so eng der Inselgruppe anschliessen, dafür giebt es geographische wie historische Gründe. Durch Wald und Sandhügel sowie durch die Ehlesümpfe sind sie von der nördlichen Gruppe (5, 8, 9) geschieden; 6 ist noch heute anhaltinisch; Aecker und Laubwald, der früher als Weide besonders in Betracht kam, waren für sie nur auf der Elbinsel zu finden; sodann haben sie politisch stets in enger Beziehung zur Insel gestanden, vgl. Winter, Magdeburg. Geschichtsblätter X, 97 ff.

Anhang.

Im folgenden sind eine Reihe von Wörtern zusammengestellt, die ich entweder im Danneil nicht oder in abweichender Bedeutung oder Form gefunden oder die mir sonst bemerkenswert schienen.

aiən (streicheln) kennen alle Orte, *aikən* nur RG23α.

An den Getreidegarben heisst das eine Ende überall *årenə*, das andere *štortenə* in G123 und vereinzelt in R, *štartnenə* in 4, *boltenə* in R56789αβ.

banix ist ein Steigerungswort, das gern mit *jröt* verbunden wird.

baŋkə überall mit *ə*, höchstens in der Schule einmal *baŋk*.

barštəkrüt [eine giftige Sumpfpflanze] RGαβ, *barštəjras* 569.

In 134 *beln* die Hunde, in R256789αβ *blafən* sie, in G beides (auch in 6 *beln* für ein kurzes Anschlagen).

blɛkən heisst sowohl jemandem die Zunge zeigen als auch laut schreien.

blisə veraltet in RG46α, jetzt *blitə* RG2345689αβ, in β alt *blétə*.

Der *bolsəkåtər* schreckt Kinder in R56789αβ, in 1 und 4 ist es der *muməkåtər*, in 3 der *muməlkåtər*.

boltenə s. *årenə*.

bömɛtṣən RG1, selten in 2, Schiffe an Tauen stromaufwärts ziehen (auch in Mühlberg a. Elbe); zwischen R und G ist eine für die Segelschiffahrt besonders ungünstige Stelle. In 3 u. 4 versteht man unter *bömɛtṣər* die Flösser.

borṣtə Bürste 34569 *burṣtə* Sprung, Riss 34569, in RG278αβ lautet beides *borṣtə*.

bråkən alles vor sich niedertretend einherstürmen, in 4 dafür *bråksən*; *zon ollər bråkən* wild durcheinandergewachsenes Kraut (nicht in 489).

brumzəl s. *dåẕikə*.

bullərdistl s. *kullərdistəl*.

bulṣ sind die Kühe, wenn sie nach dem Bullen verlangen.

Die grosse den Pferden nachstellende Fliege heisst *dåẕikə* RG2 57αβ, *dåẕə* 5689, *brumzəl* 134.

drildistl s. *kullərdistəl*.

duvəltix nimmt man einen Faden und blühen besonders die Blumen in RG12345αβ [in R auch *dúəltix*], *duvəlt* in 678β.

dål giebt es nur in RG23αβ, nicht in 1456789.

fijöln pflückt man in RG(14)7αβ, *failəxən* in 124, *failəxən* in 68, *filəkən* [*enə filəkə*] in 589; in R bedeutet *filəkən* Lack.

fléjə resp. *flé* bezeichnet in R256789αβ sowohl Fliege wie Floh; will man den Unterschied deutlich machen, so heisst es *hipfléjə* und *florfléjə* R, *hipfléə* und *purfléə* 6, *hipəfléə* und *purfléə* 8, *hipflé* und *purflé* 9; in α und 5 giebt es nur den Zusatz *hip*; in 3 und 4 bezeichnet *fléjə* Floh, *flaiə* Fliege.

Der die Beeren tragende Flieder heisst *flidər* (deutlicher *vaisər teflidər* 89, *kaitṣkənhollər* 4); die Zierpflanze ist *torkṣər flidər* R(G)β *ṣpanṣər fl.* 6789 *ṣpånṣər fl.* 5 *hellər* G123 [in G auch mit dem Zusatz *ṣpånṣər*, in 3 *ṣpanṣər*], *ṣpånṣər hollər* 4, in α auch einfach *flidər*.

föṣ ist etwas, was leicht zerreisst, z. B. ein Strick.

frostərketl (*frustərkçall* 8) zeigt in R manchmal, in 4 meist *i*.

fuxtix (*foxtix* 6) sagt man von jemandem, der zornig ist.

Die Goldammer heisst *jɛljast* RGαβ (in R auch *jɛljas*), *jrenzərliɲk* 1, *jenzərliɲk* 3, *jrensliɲk* 4, *jrinsliɲk* 56, *jrisliɲk* 9, *jrinzəliɲk* 8, *jɛlər hempərliɲk* 7.

jɛttix hat die Bedeutung „ziemlich gross, kräftig", häufig: *ən jɛllixər ṣtok* oder *knipəl*.

Hunde, die etwas zu fressen haben wollen oder von der Kette los wollen, *jipərn*, daneben auch *jinzəln*, in G4 aber *vinzəln*.

håm s. *nets.*

hẹjər (= Kies) giebt es nur in R7αβ, z. T. auch in G; sonst heisst es *kits* G14 *kis* 59 *kis* 23; diese Orte verstehen unter *hẹjər* eine Sandinsel oder -Bank in oder an der Elbe.

hellər, hollər s. *flidər.*

rôdər hinrik s. *zûrə lampə.*

hipflẹjə s. *flẹjə.*

Die Hornisse heisst *hornikə* R27αβ *hornikəl* G *hornnikəl* 8 *hornskə* G134.

hortə ist das gegen die Leiter gelegte Seitenbrett des Wagens, sowie das Flechtwerk zum Dörren des Obstes im Backofen.

Bezeichnungen der kleineren und grösseren Heuhaufen (die ganz grossen heissen *dimm*, Plural *dimms*): *hukə* und *hûp* [Plural *hipə*] R5 6789αβ, *hûpm* G, *vinthûpm* und *hûpm* 13, *vinthûpm* und *jrôtəhûpm* 4; die entsprechenden Verben sind *inhukən* und *in hipə zetn* R etc., *inhukən* 1, *inhûpm* und *in hûpm zetn* 34.

Das Brot, Fleisch etc. isst man *iliyə*, wenn man nichts dazu hat.

itšən RGα *itškən* 123569 heissen die Muscheltiere, die Muscheln selbst *itšåln* R7αβ, *itšənšåln* G8, *itškənšåln* 12359 *išåln* 6.

kaitškən G4 *kẹtškən* R seltene Bezeichnung für die Fliedertrauben, anderwärts unbekannt.

Die Hühner *kåkəln* RG23456α *kûkəln* 8, machen *kakədâts* RG23 467αβ *kakədâts* 4589, sie *kakərn* RG234568αβ, in 4 auch *jakərn;* das jüngste Kind ist ein *kåkəlnest* RG23467αβ *kûkəlnest* 8 *kåkənest* 59.

kaphånə RG1345689 volksmässige Umformung von Kapaun.

karš hat in RG234678αβ eine ganz eingeschränkte Bedeutung und kommt nur in Redensarten vor wie *dat is mik dox ən betzən tô karš* = das geht mir über die Hutschnur; in 5 ist *karš* auch ein Essen, das ein wenig zu sauer, salzig, scharf ist.

Wer den Husten hat, muss *kexən* R25678αβ *krxsən* G134; der Hund, dem etwas im Halse stecken geblieben ist, muss *kẹksən.*

kits s. *hẹjar.*

klakə s. *krakə.*

knif altes Messer, davon *knifəln* ungeschickt schneiden.

knisəl (Knöchel am Fuss) R25679αβ *knixəl* G34 *knexəl* G4.

kôkəln (mit Feuer spielen) RG23479α *kûkəln* β *kûəkəln* 5 *kuykəln* 8.

koləšwart R579αβ *kolnšwart* G234 *kollšwart* 69.

konn 5689, sonst *holtbẹrn.*

korn z. B. Weizenkorn, Plural *korn* R589αβ, *kornər* G23467.

korə z. B. *plummkorə* (fem.) R7αβ (Plural *korn*) *kẹrə* (Pl. *kẹrn*) G, *kare* (*karn*) 68, *karn* 59, *kẹrn* 134, *korn* 2.

karn (*hols* resp. *holt*) R256789αβ *kẹrnhols* G134.

kôtə der Teil des Pferdebeines unmittelbar über dem Huf R234α; kommt hauptsächlich nur in Verbindungen vor, die ein Vertreten bezeichnen: *dat pẹrt het evərekôtt* R234α *ət pẹrt jait inə kôtə* 9 *et is evərkôt əšôtn* 6, *et het evər kôt ətrẹnn* 5.

kôvərlatainš 5 und *kûtərvenš* 9 ist das, was man nicht recht verstehen kann, *half daitš half rakər* 5 eine Mischmaschspsache.

krakə R345679αβ (in 6 auch *krikə*) bezeichnet ein schlechtes Pferd und wird daher gern als Schimpfwort gebraucht; *klukə* von den Kühen R345679αβ.

krăln = Perlen.

krętə s. *padə*.

Der hd. als Kohldistel bezeichnete Distel heisst *kullərdistl* R257αβ *rēdistl* G *trulldistl* 13 *trulərdistl* 4 *drildistl* 6 *bullərdistl* 8.

Sauerampfer heisst *zûrə lampə* R25678αβ *zûrampə* (auf der 2. Silbe betont) G134; teilweise dasselbe bezeichnet *rădər hinrik* R25678αβ *hinrikštęlə* R *hinrikštēlə* 134.

Die Katzen (auch Kinder) *lauən* in RG2345α, nur *mauən* 68.

lorkə s. *padə*.

Die meisten Birnen müssen *męr* werden, ehe sie essbar sind, einige Arten, wie Holzbirnen, Gänseköpfe, dagegen *moš*, so in R567β; in 8 u. 9 tritt noch *mədək* hinzu, in 6 *murvə*, in α *mól*, in G *vaik*, *murvə* und *roš*; in 2 giebt es *męr* und *mól*, in 3 *vaik murvə mól*, in 1 *murvə mól moš roš*, in 4 *męr* und *roš*.

mets R59αβ *metsər* R59α *mesər* RG2346.

motə nahm man früher in die *tundərbiksə* in 569, *motn holt* oder *mošəs holt* 8, anderwärts *fil holt*.

muməkătər s. *bolsəkătər*.

mul s. *šprok*.

Statt *nets* (grosses Fischnetz) wird meist *järn* gebraucht; kleinere heissen *hăm*, so *šûf(h)ăm* RG2345 (meist *fišhăm*) 67αβ; in 4 giebt es auch einen *kratshăm*; noch kleiner und anders gestaltet ist der *spillkorf* RG1348α *spillkipə* β.

nûln RG145679αβ *nustəln* RG12345679α bezeichnen ein langsames Arbeiten (auch *rumknûln* 23), dgl. *nuzəln* 8; *nuzəln* RG12345679αβ ist undeutlich sprechen, dazu *nazəlir* 8; *nęln* langsam sprechen.

Die gewöhnlichste Froschbezeichnung ist *padə* R35689, meist nur im Plural *pann* G123, davon Singular *panə* 4α; häufig zusammengesetzt *kûlpann*; *parə* 7β. Die das helle Geschrei erheben sind *rēlijə* R134 *rēləkəns* αβ *rilakən* 6 *rieləkə* 589, dumpf klingt das Geschrei der *pûpann* R2α *pûparn* β *kûlpann* G3 *uykən* 4 *padeksən* 678. Ackerfrösche heissen *lorkə* R7αβ *lurkə* 5689 *krętə* R5689αβ *ritkrętə* 3.

palmm werden auch im Volksmunde die Weidenkätzchen genannt R57.

pamə besteht noch in 56, vereinzelt in 9, es wird verdrängt durch *štulə*, das in 5 schon vorherrscht.

Pfaffenhütchen, die Frucht des *spillôm*, ist *påpmklēdə* (überall Ton auf *ē*) R, *påpmklētə* β, *påpmklētn* 59, *påpmklētxən* 68, *påpmšēzəkən* α, *påpmklē* 7.

parlaukən (auf der 2. Silbe betont) giebt es nur rechtselbisch R25678αβ, auch *parluykən* β; *rejənmänn* G134.

Ebenso *pismirn* R2456789αβ, in 5 mit dem Ton auf *mirn*, das auch allein gebräuchlich ist; *pismẽrn* und *pishemzən* (auf der 2. Silbe betont) G, *pishemzən* (auf der 1. Silbe betont) 34.

praxərn und *prampirn* (Ton auf *i*) thun Kinder, wenn sie etwas gern haben wollen, auch *praykəln*, letzteres nicht in 89, in 9 dafür *prikəln*.

prumsən mit Mühe etwas in ein Behältnis hineinstopfen.

purflė siehe *flėjə*.

pûtʒl s. *zû̃ejəl*.

rėliyə s. *padə*.

roš s. *mẹr*.

zû̃ejəl (Stacheligel) R27αβ *zñijəl* 34 *zauijəl* G *zauʒl* 58; *blótijəl* β *blûtijəl* G *pûtʒlə* 5 *pûtʒl* 8.

Die grosse Schleppharke zum Zusammenbringen der Heu- und Getreidereste heisst *zûstarvə* R234α *šlêfharkə* 568 *huyərharkə* 5678β.

šidə nennt man in G das Stroh, wenn es von Mäusen zerfressen ist (in Rα nicht).

Nüsse aus der grünen Schale machen, heisst *ûtšlûən* R2347αβ *ûtšlûsən* 568.

šnomm schlafen (auch in Mühlberg a. Elbe), *šnovəkop* einer der gern schläft.

špillkorf s. *nɛts*.

šprok nennt man die am Ufer beim Zurückweichen des Hochwassers liegen bleibenden Holzteilchen, auch den Holzschutt im Holzstall in R56α, in G89 nur letzteres; das erstere, sowie sonstige Holzabfälle, in G *šut;* statt *šprok mul* in 34.

štortenə s. *ãrenə*.

šti Garbenhaufen von 20 Stück, nur Gerste oder Hafer, *in* 578β unbekannt, in 6 selten.

tãpl = Pappel nur in R, sonst *papl;* in 4 soll es die alte Bezeichnung gewesen sein.

trulldistl s. *kullərdistl*.

vórns (irgendwo) Rαβ *vûrns* G12347 *vûrnst* 5689.

vidə die Weide als Pflanze; die abgeschnittenen Zweige, die zum Einbinden von Holzbunden dienen, heissen *vẹdə* R2578 *vêdə* G134.

DÜSSELDORF. **G. Krause.**

Der Berliner Totentanz.

Gegenüber dem Lutherdenkmale auf dem Neuen Markte in Berlin sieht man die Turmfront der Marienkirche breit und massig aufragen. Tritt man durch das grosse Portal, welches zu ebener Erde die Turmmauer gerade in der Mitte durchbricht, so gelangt man in eine Vorhalle der Kirche und gewahrt in mehr als Menschenhöhe über dem Fussboden, gleich hinter der Thür am Pfeiler linker Hand beginnend, ein Wandgemälde, das sich, nahezu zwei Meter breit, in einer Länge von mehr als 22 Metern[1]) friesartig um die Pfeiler und Zwischenmauern bis zu der Wand hinzieht, welche jetzt die Turmhalle von dem Langhause der Kirche trennt. Wir sehen den alten Totentanz von Berlin, schlichte, handwerksmässige Contourmalerei, trotzdem in kunst- und litteraturgeschichtlicher Beziehung von Bedeutung. Von den nicht mehr sehr zahlreichen alten Totentänzen Deutschlands, die noch im Originalbilde selbst erhalten sind, ist der der Berliner Marienkirche der älteste, und die niederdeutschen Verse, welche unter den Figuren des Bildes sich befinden, sind die älteste berlinische Dichtung, die bekannt ist.[2])

Wann und von wem der Berliner Totentanz hergestellt ist, darüber fehlt jede urkundliche Nachricht; vor d. J. 1721 findet man ihn nicht einmal erwähnt, weder in Urkunden noch bei Chronisten, und man ist auf Schlüsse aus ihm selbst, aus seinen sprachlichen oder malerischen Eigentümlichkeiten, zur Bestimmung seines Alters angewiesen. Die Baugeschichte[3]) des Turmes, in dessen Halle er sich befindet, ergiebt nur, was ohnehin Niemand annehmen würde, dass der Totentanz nicht vor dem 15. Jahrhundert gemalt sein kann. Denn 1418 war der Turm der 1380 niedergebrannten Kirche noch im Bau und noch 1490 wird zu Beisteuern zu dem Turm, der neu — nova turris — bei dieser Gelegenheit genannt wird, aufgefordert. Die dem Schiff der Kirche vorgelagerte Turmhalle muss freilich viel früher als Glockenstuhl und Oberdach vollendet und ausgebaut worden sein, denn bereits 1469 überweist Kurfürst Friedrich dem von ihm neugegründeten Domstifte die Einkünfte des *under dem torne* belegenen Altars des heiligen Sigismund. Die Erwähnung des Altars in der Turmhalle — architektonische Gründe lassen sogar noch auf die

---

[1]) Die genauen Masse waren nach Prüfers Angabe (v. J. 1882) 22,476 Meter Länge und 1,988 Meter Höhe.

[2]) Die im Berliner Stadtbuche enthaltenen Reime sind aus anderen Quellen entlehnt.

[3]) R. Borrmann, Die Bau- und Kunstdenkmäler von Berlin. Berlin 1893. 4⁰. S. 205 ff. — W. Lübke, Sp. 6 ff.

ehemalige Existenz eines zweiten Altars schliessen — erweist zugleich, dass die Halle im Mittelalter als Kapelle benutzt wurde.

Der Berliner Totentanz ist weder vollständig noch unverletzt erhalten, ein recht beträchtlicher Teil ist vielmehr im Laufe der Jahrhunderte zerstört worden. Und merkwürdiger Weise verdankt, was von ihm noch übrig ist, seine Erhaltung gerade der Absicht einer früheren Zeit, ihn zu tilgen, indem man ihn — wahrscheinlich im 17. Jahrhundert — mit Kalktünche überstrich. Noch 1729 wusste man von ihm. In diesem Jahre schrieb nämlich der Prediger des Heiligen Geist-Hospitals Schmidt in seiner Beschreibung der Marienkirche: 'Nun wollten wir uns zur Thür, so die Glocken-Thür genannt wird, hinverfügen und zur linken Hand, wenn man zur Thür hineinkommt an der Kirchenmauer inwendig den Todtentanz ansehen. Allein dieser ist bei Renovirung der Kirchen mit Kalk überstrichen und also, wenn ihn nicht jemand mit seinen Figuren und alten Verschen abgeschrieben unter die res deperditas zu zählen.' Die durch neuen Ueberstrich stetig verstärkte Kalkschicht, die das alte Gemälde bedeckte, schützte es vor vollständigem Erblassen. Als im J. 1860 entdeckt wurde, dass bemalter Stuck unter dem Kalke sich befinde, gelang es diesen vorsichtig zu entfernen und das alte Gemälde, wenn auch verblasst, dem Tageslichte zurückzugeben. Der bekannte Kunsthistoriker Wilhelm Lübke unterzog sich der Aufgabe das umfangreiche Gemälde sorgfältig zu untersuchen, den vielfach undeutlich gewordenen Text durchzuzeichnen und, von Massmann unterstützt, seine Lesung zu versuchen. Diese Arbeit, die im *Winter* 1860/61 ausgeführt werden musste, nennt Lübke die anstrengendste, die er je unternommen habe.[1] Viele Wochen hindurch musste er jeden Morgen Stunden lang in der bittersten Winterkälte arbeiten. Der Frost war so grimmig, dass im Augenblick sich dünne Eiskrusten auf der Wand bildeten, wenn er mit einem Schwamme heisses Wasser über die Inschriften goss. Die Schwierigkeiten, die er zu überwinden hatte, lassen es begreiflich erscheinen, wenn bei diesem ersten Versuche einer Lesung mancherlei Fehlerhaftes unterlief, und seiner Zähigkeit in der Entzifferung des Textes wird man um so mehr Dank wissen, als manche Stellen eben nur bei der ersten Blosslegung durch Anfeuchtung deutlich wurden, um dann später wieder unlesbar zu werden. Die Ergebnisse seiner Untersuchungen und einen Abdruck des Textes, dem er eine Abbildung der Figuren in verkleinertem Massstabe beifügte, liess er bereits 1861 in einem besonderen Werke erscheinen.[2]

Das durch eine glückliche Fügung in Berlin, das an fremden Altertümern reich, an eigenen so arm ist, entdeckte Denkmal aus

---

[1] W. Lübke, Lebenserinnerungen. Berlin 1891. S. 344 f.
[2] Der Totentanz in der Marienkirche zu Berlin. Bild und Text, hrsg. von W. Lübke. Mit 4 Tafeln Abbildungen. Berlin 1861. Fol.

dem Mittelalter war man bestrebt durch geeignete Vorkehrungen vor
dem Untergange zu retten. Die Behörde bewilligte die Mittel, durch
Auffrischung und Uebermalung von Künstlerhand die alten Figuren
und Buchstaben in neuer Farbenfrische wieder hervortreten zu lassen
und durch behutsame Ergänzungen einige zerstörte Teile in den Figuren
wieder zu ersetzen. Von dem so erneuerten und z. T. ergänzten
Totentanze fertigte mit Hilfe von Durchzeichnungen, die vom Originale
selber Strich für Strich genommen wurden, der Berliner Architekt
Th. Prüfer ein Facsimile an, das er in photographischer Verkleinerung
zweimal — 1876 einfarbig in grösserem Massstabe[1]), 1883 farbig aber
in viel kleinerer Wiedergabe — vervielfältigen und als Beigabe zu
einem Abdrucke und einer recht fehlerhaften neuhochdeutschen Uebersetzung des Textes erscheinen liess.[2])

Diese Facsimiles geben ein recht gutes und fast durchweg zuverlässiges Abbild des Totentanzes in seinem jetzigen Zustande. Dass
sie ihm nicht mehr vollständig entsprechen, hat seinen Grund in Vor-
gängen bei der kürzlich erfolgten durchgreifenden Erneuerung des
ganzen Kirchenbaues. Bei dieser Gelegenheit wurde durch eine Wand,
welche zwischen Turmhalle und Kirchenschiff errichtet ist, ein kleiner
Teil des Totentanzes (vgl. zu Vers 339) verbaut, ferner die Figur des
Narren richtiger als bei der ersten Erneurung ergänzt und wahrscheinlich das ganze Bildwerk noch einmal wenn nicht übermalt, so
doch überfirnisst.

Bei diesen Erneuerungen hat die Hand des Malers die alten
Schriftzüge, sogen. gotische Mönchsfractur, nicht allein soweit sie erhalten waren mit Farbe neu überzogen, er hat offenbar verblichene
Teile einzelner Buchstaben, nicht immer das richtige erratend, zu ergänzen gesucht. Leicht und glatt lassen sich heute die Buchstaben
lesen, und die deutliche farbenfrische Schrift lässt die Schwierigkeiten
nicht mehr ahnen, welche bei der Lesung des stellenweis fast verblichenen Textes bei seiner Entdeckung zu überwinden waren.

Trotz des grossen Verdienstes, welches man Lübcke und Prüfer
um die Lesung der niederdeutschen Verse gerechterweise zuerkennen
muss, kann nicht verkannt werden, dass die von ihnen gebotenen
Textabdrücke selbst mässigen Ansprüchen nicht genügen. Die Kenntnis
des Mittelniederdeutschen, die vor dem Erscheinen der Wörterbücher
Lübbens ohnehin in ausreichendem Masse nicht einmal von Fachleuten
erlangt werden konnte, mangelte ihnen derartig, dass ihre Abdrücke

---

[1]) Prüfer, Der Totentanz in der Marienkirche zu Berlin. Mit 6 photolith.
Tafeln, Berlin 1876, enthalten in den Vermischten Schriften etc. hrsg. von dem
Verein für die Geschichte Berlins. Bd. 1. Berlin 1888. Fol.
[2]) Th. Prüfer, Der Todtentanz in der Marienkirche zu Berlin und Geschichte
und Idee der Todtentanzbilder überhaupt. Mit 4 Blatt farbiger Lithographien.
Berlin 1883. 4 (besonderer Abdruck aus dem Archiv für kirchliche Baukunst,
hrsg. von Prüfer, Jahrg. 6, Berlin 1882, S. 1 ff.)

voll grober Verlesungen, ihre Deutungen und Uebersetzungen voll
arger Missverständnisse sind. Auf einige hat bereits s. Z. Lübben[1])
hingewiesen. Wenn im Laufe nun vieler Jahre von philologischer
Seite Nichts geschehen ist, die Fehler dieser Texte auszumerzen, und
selbst die conjecturfreudigsten Kritiker die oft leicht und sicher zu
heilenden Entstellungen unberührt liessen, so findet das seine Erklärung nur in dem Umstande, dass die bisher gedruckten Texte
wegen der Art ihrer Veröffentlichung und ihrer Beigaben meist nur
in Kunstzwecken dienenden Bibliotheken zugänglich waren. Einerseits,
um diesem Mangel abzuhelfen, anderseits zur Ergänzung meiner
früheren Arbeiten über die Totentänze[2]), unternehme ich den Versuch,
diesen Text ebensowohl wie den ihm verwandten Lübecker v. J. 1520
in diesem Jahrbuche allgemein zugänglich und nutzbar zu machen.

*Verhältnis des Berliner Totentanzes zu seinem Vor-
bilde.* Ehe ich auf die Kritik des Textes selbst eingehe, seien mir
einige Ausführungen gestattet, welche geeignet erscheinen, das Verhältnis des Berliner Totentanzes zu den übrigen Totentänzen des
Mittelalters klarer zu stellen, als es bisher geschehen ist. Ich kann
dabei von dem sicheren Ergebnisse meiner früheren Untersuchung
ausgehen, dass von allen Totentanztexten der Lübecker v. J. 1463
der altertümlichste ist und durch die Art seiner Entstehung aus einem
niederländischen Texte jede Beeinflussung durch irgend einen deutschen
Totentanz ausgeschlossen erscheint. Es folgt hieraus mit Sicherheit,
was sonst nur Wahrscheinlichkeit beanspruchen könnte, dass *jede*
nicht zufällige Uebereinstimmung zwischen dem alten Lübecker und
irgend einem andern deutschen Texte Abhängigkeit dieses Textes
von dem Lübecker beweist. Es braucht also in solchen Fällen nicht
erst die Möglichkeit des umgekehrten Verhältnisses erwogen zu werden.

Der Berliner Text enthält eine solche wörtliche Uebereinstimmung,
V. 171 f. heisst es in ihm

> *Pawes erdesche vader . . .*
> *Gy hebben in der stede gades ghestan*

während man im Lübecker[3]) Texte V. 22 ff. liest:

> *Al hevestu in godes stede staen*
> *Een erdesch vader, ere unde werdicheit untfaen*
> *Van al der werlt . . .*

Hier sind also Wendungen, die der Lübecker Totentanz bot, in den
Berliner übergegangen. Ist nun die betreffende Stelle aus dem Lübecker

---

[1]) Nd. Jahrbuch 3, 178. Die von Lübben angezogenen Stellen hat dann
R. Sprenger ebd. 4, 105 ff. von neuem behandelt und zu bessern versucht.
[2]) W. Seelmann, Die Totentänze des Mittelalters. (Besonderer Abdruck
aus dem Niederdeutschen Jahrbuche XVII). Norden u. Leipzig 1893.
[3]) Nd. Jahrbuch 17 S. 70 ff.

Totentanze unmittelbar oder mittelbar übernommen? Diese Frage lässt sich dank einer andern Stelle beantworten, welche sich in dem Berliner und einem andern Lübecker Totentanze, dem 1520 gedruckten,[1]) in fast wörtlicher Uebereinstimmung findet. Es ist nämlich, wie bereits von Lübke bemerkt ist,

Berliner Totentanz V. 11—14

[Bytterlyken s]terve[n] ys dy [er]ste sanck
[De ande]r alzo dy klokkenklanck,
[De drudde va]n frunden syn vorgeten
[Al]tydes dat svlle gy weten!

= Lübecker Totentanz v. J. 1520 V. 401—404

Bytterlyken sterven is de erste sanck
De ander is der klocken klanck
De drydde is: in korter stunden
Werstu vorgetten van dynen frunden.

Unter der später als zutreffend sich ergebenden Voraussetzung, dass der Verfasser des Berliner Textes nur einen ältern Totentanz gekannt und als Vorbild benutzt hat, erweisen die beiden eben dargelegten Uebereinstimmungen, dass weder der Lübecker Totentanz von 1463 noch der von 1520 als Quelle benutzt sein kann, denn keiner bietet beide Stellen zugleich. Es muss also ein Totentanz die Quelle des Berliner Dichters gewesen sein, der einerseits selbst eine Nachahmung des alten Lübecker Totentanzes war, anderseits das Vorbild für den aus ihm entlehnenden Berliner und dem gleichfalls ihn benutzenden jüngern Lübecker Totentanz gewesen ist.

Das eben ermittelte Verwandtschaftsverhältnis ermöglicht bereits einige sichere Schlüsse auf die Beschaffenheit und den Inhalt des nicht mehr vorhandenen unbekannten Vorbildes, dessen Nachbildung oder Nachahmung der Berliner Totentanz ist. Jener Totentanz muss nämlich alles das geboten haben, was das Berliner Denkmal Uebereinstimmendes einerseits mit dem alten Lübecker, anderseits mit dem jüngern Lübecker Totentanze enthält.

Auf den ersten Blick schon gewahrt man die typische Gleichartigkeit des gemalten Reigens und der in demselben auftretenden Todesgestalten im Berliner und Lübecker Totentanze von 1463. Diesen Typus des Reigens muss aus dem alten Lübecker Gemälde der unbekannte Totentanz übernommen und seiner Berliner Nachbildung übermittelt haben.

Die bemerkenswerteste Uebereinstimmung zwischen dem Berliner und dem jüngern Lübecker Totentanze ist dagegen die sich vom ältern Lübecker Totentanze wesentlich unterscheidende Form des Zwiegesprächs zwischen dem Tode und den menschlichen Ständen. Im alten Lübecker Totentanze fordert der Tod in je einem Verse die einzelnen Stände

---

[1]) Nd. Jahrbuch 17 S. 34 ff. 41 f. 47.

zum Tanze auf, diese antworten in je acht Versen und erhalten dann vom Tode eine Erwiderung in je sieben Versen. Im Berliner und in dem jüngern Lübecker Totentanze ist die Form des Zwiegesprächs dagegen wesentlich vereinfacht. Der Tod redet die Einzelnen in je sechs Versen an und diese antworten in ebensoviel Versen. Diese vereinfachte Art des Zwiegespräches muss also auch das gemeinsame Vorbild schon geboten haben.

Die beiden wörtlichen Uebereinstimmungen, von welchen die Untersuchung ausging, werden diese noch in anderer Beziehung fördern. Es muss auffällig erscheinen, wenn der Verfasser des Berliner Textes überhaupt wörtliche Entlehnungen[1]) sich erlaubt hat, dass diese einzig und allein an jenen beiden Stellen begegnen, welche sich in den Versen des predigenden Franziskaners und des Papstes finden. Eine Erklärung dieser Thatsache wird sich ergeben, wenn man die Reihenfolge der Figuren in den verschiedenen Totentänzen vergleicht.

I	II	III
Lübeck 1463	Lübeck 1520	Berlin
Prediger auf der Kanzel und Tod an Alle	Prolog und Tod an Alle	Franciscaner auf der Kanzel (*s. I*)
1. Papst	1. Papst	1. Küster (*s. I, 18*)
2. Kaiser	2. Cardinal	2. Capellan? (*s. I, 16*)
3. Kaiserin	3. Bischof	3. Official (*s. II, 15*)
4. Cardinal	4. Kaiser	4. Augustiner
5. König	5. Kaiserin	5. Dominikaner
6. Bischof	6. König	6. Pfarrherr (*s. II, 12*)
7. Herzog	7. Herzog	7. Kartäuser (*s. I, 10. II, 16*)
8. Abt	8. Abt	8. Arzt (*s. I, 14*)
9. Ritter	9. Kreuzherr	9. Mönch (*s. II, 13*)
10. Kartäuser	10. Arzt	10. Domherr (*s. I, 12. II, 11*)
11. Edelmann	11. Domherr	11. Abt (*s. I, 8. II, 8*)
12. Domherr	12. Pfarrherr	12. Bischof (*s. I, 6. II, 3*)
13. Bürgermeister	13. Mönch	13. Cardinal (*s. I, 4. II, 2*)
14. Arzt	14. Ritter	14. Papst (*s. I, 1. II, 1*)
—		Christus am Kreuze
15. Wucherer	15. Official	15. Kaiser (*s. I, 2. II, 4*)
16. Capellan	16. Klausner	16. Kaiserin (*s. I, 3. II, 5*)
17. Kaufmann	17. Bürgermeister	17. König (*s. I, 5. II, 6*)
18. Küster	18. Nonne	18. Herzog (*s. I, 7. II, 7*)
19. Handwerker	19. Kaufmann	19. Ritter (*s. I, 11. II, 14*)
20. Klausner	20. Junker	20. Wucherer (*s. I, 15*)
21. Bauer	21. Jungfrau	21. Bürgermeister (*I, 13. II, 17*)
22. Jüngling	22. Bürger	22. Junker (*s. II, 20*)
23. Jungfrau	23. Begim	23. Kaufmann (*s. I, 17. II, 19*)
24. Kind	24. Narr	24. Handwerker (*s. I, 19. II, 25*)
—	25. Handwerker	25. Bauer (*s. I, 21. II, 27*)
	26. Student	26. Schankwirtin
	27. Bauer	27. Narr (*s. II, 24*)
	28. Reiter	28. Kind? (*s. I, 24. II, 30*)
	29. Geselle	—
	30. Kind	—

[1]) Ausserdem finden sich nur einige Anklänge, vgl. die Anmerkungen auf S. 106. Sie beweisen immerhin, dass der Dichter manche Reminiscenzen verwerten konnte.

Wie die vorstehende Uebersicht zeigt, finden sich jene wörtlichen Entlehnungen des Berliner Totentanzes an sehr weit in ihm auseinanderliegenden Orten, da der predigende Franciskaner zu Anfang, der Papst an vierzehnter Stelle steht. In dem Vorbilde, dem jene Entlehnungen entnommen sind, hat dagegen der Prediger (vgl. I) gleichfalls zu Anfang seine Stelle gehabt und der Papst (vgl. I, 1. II, 1) dicht neben ihm. Die entlehnten Verse fanden sich also in dem Vorbilde des Berliner Malers zu Anfang desselben n e b e n einander. Aus der ursprünglichen Stellung zu Anfang kann sich nun die durch den Berliner Maler erfolgte wörtliche Entlehnung in zweierlei Weise erklären lassen. Entweder ist sie durch sein Gedächtnis, das leicht begreiflich gerade den Anfang des Textes festhielt, vermittelt, oder er hat den Anfang seines Vorbildes einfach copirt und den übrigen Teil des Totentanzes nach selbständigem Entwurfe ausgeführt. Wir würden in diesem Falle anzunehmen haben, dass man sich in Berlin eine Copie der ersten Gruppen des Totentanzes verschafft und dem Maler den Auftrag gegeben hat, nach diesem Muster einen Totentanz auszuführen. An eine Copie des ganzen als Vorbild dienenden Totentanzes als Muster für den Berliner Maler wird man bei seiner Ausdehnung schwerlich zu denken haben. Die Copie eines Teiles konnte genügen, weil die fehlenden Tanzgruppen wegen ihrer typischen Gleichartigkeit unschwer zu entwerfen waren.[1])

Zwei Einzelheiten im Berliner Totentanze ermöglichen den Beweis, dass der Maler den Anfang seines Vorbildes nicht zu einem eigenen Entwurf umgeändert, sondern nach einer Copie gedankenlos wiederholt hat.

Erstens. · Der Tod sagt (Vers 15 ff.) zum Küster, weil dieser auf Erden ein Vorbeter gewesen sei, so solle er jetzt mit ihm den übrigen vortanzen. Aehnlich redet der Tod aber auch zum Papste (V. 173 f.). Weil dieser Gottes Statthalter auf Erden gewesen sei, so solle er v o r allen andern tanzen. Diese beiden Anreden stehen im Widerspruch mit einander. Die Worte des Todes passen auf den Küster, der im Berliner Gemälde an der ersten Stelle steht, sie passen aber nicht auf den Papst an vierzehnter Stelle. Der Maler oder Dichter muss den Wortlaut seinem Vorbilde, in welchem der Papst den Anfang des Reigens machte, gedankenlos entlehnt haben.

Zweitens. Der den Prolog sprechende Prediger auf der Kanzel ist im Berliner Gemälde als Franziskaner (vgl. Zeile 1) bezeichnet. Nun hat es freilich auch in Berlin Franziskaner gegeben, aber ihnen gehörte das graue Kloster, dessen altertümliche Kirche noch heute erhalten ist, nicht aber die Marienkirche, welche mit St. Nicolai Stadtkirche war. Mag nun auch gelegentlich vorgekommen sein, dass einer ihres Ordens in St. Marien die Kanzel bestiegen hat, — ein

---

[1]) Eine rohe zwei Gruppen bietende Skizze unbekannter Herkunft, die vermutlich zur Herstellung eines monumentalen Totentanzes angefertigt ist, bietet ein Pergamentblatt der Königlichen Bibliothek in Berlin. Vgl. Nd. Jahrbuch 11 S. 126 f.

solcher Fall ist übrigens nicht bezeugt —, so kann das nur eine
Ausnahme gewesen sein, denn nach Ausweis der Urkunden ist in
beiden Stadtkirchen der Predigt- und Altardienst von Priestern und
Caplanen besorgt worden. Man wird deshalb auch bezüglich des
predigenden Franziskanerbruders vermuten dürfen, dass er aus dem
Vorbilde des Berliner Totentanzes copirt ist. Für diese Annahme
spricht noch ein Umstand. Der Franziskaner und die Kanzel, auf
der er steht, weisen im Faltenwurf des Gewandes wie in der Orna-
mentik der Brüstung mehr Detaildurchführung, als in den übrigen
Teilen des Totentanzes begegnet, und zugleich besseres Ebenmass
der Verhältnisse auf. Diese Verschiedenheit der künstlerischen Ausführung wird begreiflich, wenn man das gutgelungene Stück als Copie
aus einem Totentanze ansieht, dessen Künstler dem Maler des Berliner Bildes an Kunstgeschick überlegen war.

Das Vorbild. Wo wird man das heute nicht mehr vorhandene
Vorbild, von dem der Berliner Totentanz teils Copie teils Nachahmung
ist, zu suchen oder zu vermuten haben? Wahrscheinlich doch in
einer Stadt, die sowohl mit Lübeck als auch mit Berlin sei es kirchliche, sei es commercielle Beziehungen im Mittelalter unterhalten hat.
Es muss eine Stadt sein, deren Totentanz an Alter dem Lübecker
von 1463 nicht viel nachstand, da der ihn wiederum benutzende
jüngere in Lübeck 1520 abgedruckte Totentanz nachweislich bereits
vor d. J. 1489[1]) verfasst ist. Schliesslich muss die Kirche oder der
Convent, in dem dieser Totentanz gemalt war, sich im Besitze der
Franziskaner befunden haben.

Die ehemalige Existenz eines grossen Totentanzes, der diesen
Voraussetzungen in jeder Beziehung zu entsprechen scheint, lässt sich
in der That nachweisen und ihn werden wir als das Vorbild des
Berliner Malers mit grösster Wahrscheinlichkeit ansehen dürfen: es
ist der Totentanz, der sich früher in der St. Maria Magdalenenkirche
zu Hamburg befunden hat. Er wird zwar nur in Urkunden des
16. und 17. Jahrhunderts genannt, muss aber beträchtlich älter als
die erste Erwähnung v. J. 1551 sein, da hierbei auf eine ältere *tho
der monnicken tylen* ausgestellte Urkunde Bezug genommen wird,
worin dem Amte der Leinweber ein Platz zu einem Gestühle einge-
räumt sei *achter in duscer karken an dem steinen pyler vor dem doden-
dansse.* Daraus dass mindestens acht Gräber in einer Reihe vor ihm
lagen und jedes 5—6 Fuss breit war, kann man schliessen, dass er
die Westseite des Mittelschiffes der Kirche geschmückt und eine Länge
von mehr als 40 Fuss gehabt hat.[2]) Andere Nachrichten, aus denen
sich Näheres über ihn ergäbe, haben sich leider nicht erhalten. Die
Kirche selbst, die einen wahren Schatz schöner Gemälde in sich ge-
borgen haben soll, ist 1807 abgebrochen.

---

[1]) Nd. Jahrbuch 17 S. 34 ff.
[2]) Zeitschrift des Vereins für hamburgische Geschichte. Bd. 5 (1866) S. 592.

Es ist vorhin darauf hingewiesen worden, dass man das Vorbild
des Berliner Totentanzes in einer Stadt zu suchen habe, welche im
Mittelalter sowohl zu Lübeck als zu Berlin Beziehungen gehabt habe.
Die enge Verbindung Hamburgs und Lübecks braucht nicht erst dar-
gethan zu werden. Aber auch die Berliner haben mit Hamburg,
wohin sie ihr Getreide verschifften, schon seit dem 13. Jahrhundert
(nach Fidicins Worten) 'in enger Beziehung gestanden'[1]. Ganz besonders fällt aber ins Gewicht, dass die Hamburger St. Maria Magdalenenkirche Klosterkirche der Franziskaner war, der Kanzelredner
des Totentanzes also in der Tracht dieses Ordens schicklicherweise
gemalt sein konnte.

Die Anordnung des Berliner Totentanzes. Eine Vergleichung mit den übrigen Totentänzen — man braucht nur die oben
S. 86 gegebene Uebersicht anzusehen — erweist bezüglich der Reihenfolge und Anordnung der in den Todesreigen aufgenommenen menschlichen Stände für das Berliner Denkmal eine Besonderheit, die sich
sonst nirgend wieder findet und die somit wahrscheinlich auf der
selbständigen Erfindung seines künstlerischen Urhebers beruht. Während
in den übrigen Totentänzen Papst und Kaiser den Reigen beginnen
und die übrigen Stände nach Massgabe ihrer Würde folgen, macht
in Berlin der Küster den Anfang und ihm folgen von links nach rechts
zunächst nach aufsteigendem Range — wenn auch ohne peinlich genaue Durchführung dieses Grundsatzes — die geistlichen Würden-
träger, deren letzter der Papst ist. Darauf folgt, durch ein Crucifix
getrennt, der Kaiser mit der Kaiserin und nach ihnen in absteigendem
Rangverhältnisse König, Herzog, Ritter usw. bis zum Narren und
Kinde hinunter. Diese Anordnung enthob den Urheber der Notwendigkeit zu entscheiden, ob dem geistlichen oder weltlichen Schwerte,
dem Papste oder dem Kaiser, die erste Stelle gebühre. Aber nicht
diese Erwägung war die Ursache der eigenartigen Anordnung, sondern
ein besonderer Umstand, dem er Rechnung tragen musste. Die linke
Abteilung der Turmhalle, in welcher sich der Totentanz findet, war
früher von dem Kirchenschiffe durch keine Mauer geschieden, sie bot
also dem Maler für sein Werk ausser weit vorragenden Pfeilern nur
zwei Wandseiten, eine westliche und eine nördliche. Beide Wandseiten würden im rechten Winkel zusammenstossen, wenn nicht die
Innenseite desselben durch einen Eckpfeiler ausgefüllt wäre, der eine
ebene Seitenfläche von 96 Centimeter Breite darbietet. Nun wissen
wir, wie bereits S. 81 mitgeteilt ist, dass im Mittelalter ein, vielleicht
zwei Altäre in der Turmhalle aufgestellt waren. Wenn einer dieser
Altäre der linkseitigen Halle zugehörte, so muss er entweder vor der
Mitte einer der beiden Seitenwände oder gerade vor dem Eckpfeiler
seinen Platz gehabt haben. Seine Stellung an einer der Seitenwände,
welche jetzt den Totentanz tragen, vertrug sich nicht mit diesem.

---

[1] E. Fidicin, Beiträge zur Geschichte der Stadt Berlin. Th. 3 (1837) S. 39 f.

Der Altar muss, wenn er nicht bereits schon ursprünglich vor den Eckpfeiler gestellt war, unbedingt vor diesen gerückt worden sein, um die Seitenwände für den Totentanz verwendbar zu machen. Immerhin bedingte die Stellung des Altars vor dem Eckpfeiler an diesem eine Unterbrechung des Totenreigens, um Raum für ein Altarbild zu gewinnen. Der Maler des Totentanzes fand den Ausweg, dass er am Eckpfeiler über dem Altare Christus am Kreuze mit Maria und Johannes zur Seite derartig malte, dass das durch besondere Linien eingerahmte und hervorgehobene Bild zugleich als Altargemälde dienen und doch als Teil des Totentanzes aufgefasst ·werden sollte. Die bloss äusserliche Einfügung des Crucifixes in den Totentanz genügte allein hierzu nicht, dieser musste so gegliedert werden, dass die Einreihung des Crucifixes und seine bedeutungsvolle Stellung im Totentanze auch aus inneren Gründen sich rechtfertigte. Der Maler oder der ihn beratende Kleriker zeigte sich dieser Aufgabe gewachsen und löste sie in sinnigster Weise. Er schied die geistlichen und weltlichen Stände, jene links, diese rechts vom Crucifix derartig anordnend, dass der sterbende Christus zwischen Papst und Kaiser gestellt zur vornehmsten Figur des Totenreigens und zum geistigen Mittel- und Hauptstücke des Gesammtbildes wurde. Auch der Gottessohn ist als Teilnehmer am Todesreigen dargestellt

Vor juw mut ik dragen van scharpen darne enen krantz,
Kamet al met my an den dodendantz!

aber ihn hat nicht der Tod, dessen Figur darum neben ihm fehlen darf, zum Tanze in das Grab aufgefordert, er ist freiwillig für die Menschheit gestorben:

Seet wu ik vor juw leet den bittren doet!

Maler und Dichter. Der Berliner Totentanz ist unmittelbar auf den Wandstuck gemalt, der Maler muss das Bildwerk mithin an Ort und Stelle, also in Berlin, geschaffen haben. Diese Thatsache bedingt jedoch durchaus nicht, dass der Künstler gerade ein Berliner gewesen sein müsse. Mag es auch nahe genug liegen, an einen Berliner Meister zu denken, so wird doch die Möglichkeit nicht geläugnet werden dürfen, dass der Maler erst von ausserhalb zur Herstellung des Gemäldes berufen worden sein kann. Wichtiger ist die Frage nach der Herkunft des Verfassers des dem Todesreigen beigefügten mittelniederdeutschen Textes. Nur wenn der Dichter in Berlin gelebt hat, haben seine Verse den Anspruch, das älteste poetische Sprachdenkmal der Stadt Berlin zu sein.

Die Entscheidung der Frage, ob die niederdeutschen Verse des Totentanzes von einem Einwohner der Stadt Berlin verfasst sein können, lässt sich nur aus einer Untersuchung der Sprachformen des alten Textes gewinnen. Diese Untersuchung wird zugleich auch darüber entscheiden, ob der Maler, der jene Verse unter den Todesreigen gesetzt hat, aus Berlin gebürtig und ob er vielleicht mit dem Dichter identisch gewesen sein kann.

Im Allgemeinen treten uns in den niederdeutschen Versen dieselben Sprachformen entgegen, welche man in den märkischen und
berlinischen Urkunden aus den vier letzten Jahrzehnten des fünfzehnten und dem Anfang des sechzehnten Jahrhunderts findet. Bezüglich einer für die Bestimmung der Mundart bedeutsamen Sprach-
erscheinung lässt sich jedoch ein Unterschied feststellen.

Die berlinischen Urkunden jener Jahrzehnte bieten für gemein-
niederdeutsches langes e in gewissen Fällen langes i oder ie, statt *beer*
'Bier' *denst* 'Dienst' *sen* 'sehen' *scref* 'schrieb' *lef* 'lieb' ist also in
ihnen *bir, bier* oder *byr, dinst, sin, scrif, lif* etc. geschrieben.

Der Maler des Totentanzes hat nun ein und das andermal im
Texte ein *e* oder *ei* gemalt, wo der Dichter ursprünglich ein *i* nach-
weisbar gesprochen oder geschrieben hatte.

So liest man V. 333

> *Och gruwelike doet, bystu rede hyr?*
> *Nym den doren! ick gha vnde tappe ber.*

Die beiden Verse sollen mit einander reimen, die Wortformen
hyr 'hier' und *ber* 'Bier' ergeben jedoch keinen Reim, sondern man
muss, um diesen herzustellen, für *ber* die in den Berliner Urkunden
oft erscheinende Form *byr* einsetzen. Der Maler hat offenbar nur
deshalb, weil ihm in diesem Worte das *i* nicht geläufig war, die
ausserhalb der Mark verbreitete und auch ihm gewohnte Form *ber*
eingesetzt, während er das Reimwort *hyr* ungeändert liess, weil es
in dieser Form auch ausserhalb der Mark Geltung hatte und die
Form *hêr* ihm unbekannt war.

Andere Aenderungen dieser Art sind V. 312 *ruseleret* anstatt
ruseliret im Reime zu *ghevyret* und V. 349 *scheyr* anstatt *schir* im
Reime zu *partyer.*

Wenn diese das märkisch-berlinische *i* aufweisenden Reime dafür
sprechen, dass der Dichter des Textes aus der Mark stammte, also
wahrscheinlich ein Berliner Kleriker war, so erweist anderseits der
Anstoss, den der Maler an dem märkischen *i* nahm, dass er auf keinen
Fall aus Berlin gebürtig war. Es würde vielleicht gut zu der Annahme
eines Hamburger Vorbildes für das Berliner Gemälde stimmen, wenn
man auch den Maler als Hamburger aus irgend welchen sprachlichen
Einzelheiten erklären könnte. Es findet sich jedoch nicht das geringste
Anzeichen dafür, vielmehr macht die Thatsache, dass abgesehen vom
î für ê die Mundarten des Dichters und Malers im Wesentlichen mit
einander übereinstimmen, es durchaus wahrscheinlich, dass der Maler
aus einer der Mark benachbarten Stadt nach Berlin gekommen war.

Einen Ueberblick über die mundartlichen Eigentümlichkeiten[1])
des Textes gewährt folgende Zusammenstellung, in welcher der Lautstand desselben mit dem gemeinmittelniederdeutschen verglichen ist.

---

[1]) Ueber die Mundart Berlins und der Mark Brandenburg im Mittelalter
handelt B. Graupe, De dialecto marchica quaestiuncula duae. Diss. inaug.
Berlin 1879. Besonderheiten desselben verzeichnet kurz Tümpel Nd. Jahrb. 20, 81.

a vor *ld* wird o: *old* 316; bewahrt ist es in *haldet* 199.

e in unbetonter Silbe wird i: *beidin* 'warten' 289; *beselin* 'gesessen' 47; *scheydin* 'scheiden' 278. 290. (Sonst ist stets *e* geschrieben, vgl. *voryelen* 13; *welen* 14; *beyden* 25; *scheyden* 26; *gheven* 41 usw.)

e in unbetonter Silbe wird o: *borichten* 288 (sonst stets *be-* vgl. v. 72. 75.)

ê wird i oder ie: 1) im Artikel *dy* nomin. sing. 1. 11. 12. 20 u. ö., *die* 256. 280; *dy* acc. sg. fem. 107. 198. 329; *dy* nom. accus. plur. 56. 295; ferner in *sie* 276. (*e* findet sich nur in *de* 18. 83. 128, vgl. *he* 98.). — 2) *lyf*, *lire* 'lieb' 200. 285; *liete* 'liesset' 233; *sie* 'ich sehe' 108; *siet* 'sebet' 172; *appellyren* 43. 48; *hoviren* 44. 283. Ueber *ber* 334, *ruselerei* 312 und *scheyr* 349 ist bereits auf Seite 91 gesprochen. (Sonst findet sich *e* noch in *leve* 'lieb' 57. 70; *rorveren* 63. 295; *seet* 'sehet' 55. 90. 104.)

i wird ie: *die* 'dir' 261; *tied* 280; *viene* 330; *hier* 293. (Sonst ist stets *i* gesetzt.)

o wird durch Tondehnung zu a: z. B. *gade*, *gades* 84. 102. 134. 173. 276. 288 u. ö.; *kamet* 15; *bevalen* 75; *gebaren* 241. 296. 304; *apenbar* 300; *gewanen* 236; *sparen* 'Sporen' 295. (*o* ist jedoch geblieben: *komen* 57. 119. 287; *erkoren* 61; *vorloren* 62; *howiren* 283.)

or wird ar: *darne* 'dem Dorne' 187.

ô wird û: z. B. *thu* 'zu' 83. 102. 113. 124. 197. 199; *gud* 'gut' 21. 23. 51 u. ö.; *mut*, *muten* 44. 60. 68. 94. 116. 130 u. ö.; *bruder* 1; *stul* 2; *buk* 19. 40; *rupe* 'rufe' 98; *vorsuken* 114; *dumhere* 123; *dut* 'thut' 211; *genuch* 245; *wuker*, *wukerer* 267. 274; *krugersche* 327. (*o* ist geschrieben: *tho* 61. 323; *alto* 64; *altomalen* 190; *gode* 'gut' 287; *hode* 'Hut' 159; *kroghe* 'Krug' 312; *ko* 'Kuh' 324; *rope* 'rufe' 349.)

Einzelne Wortformen: *van* 'von' 1. 48. 103. 255; (uie *von*). — *wol* 'wohl' 86. 104. 107. 126. 258. 303. 332; *wal* 77. 197. — *edder* 'oder' 60. 200. 292. — *met* 'mit' 7. 17. 24. 44. 66. 71. 85. 92. 200. 219. 243. 276 u. ö.; *mit* 68. 147. 282. 314. — *gy sint* 'ihr seid' 276. — *muchte* 'mochte, möchte' 24. 26. 42. 84. 287; *mogen* 112. 276. — *scholen* 'sollen' 18. 138. 275; *sulle gy* 14; *sal* 25. 75; *solde* 107. — *ed* 'es' 200. 326. — *em* 'ihm' 48.

Orthographisches: *vorgewesenn* 259; *nha* 289; *nhu* 246. 270. 273. 284; *dhu* 277. 289; *mhan* 273; *rhalscheyt* 330.

Vergleicht man die nd. Originalurkunden, welche Fidicin in seinen 'Beiträgen zur Geschichte der Stadt Berlin, Th. 2' hat abdrucken lassen, so ergiebt sich ziemliche Uebereinstimmung der in ihnen begegnenden Formen mit denen des Totentanzes. Es kann im Allgemeinen auf die von Graupe verzeichneten Belege verwiesen werden, doch seien einige Einzelheiten aus den Urkunden d. J. 1450 bis 1498 (Fidicin II, S. 223—303) hier zusammengestellt.

di, die. Der Artikel lautet stets *di* oder *die*, einmal jedoch s. 259 *de* (Druckfehler?).

si. he. Es heisst immer *sy* 'sie', z. B. s. 227. 228. 229. 250, und immer *he* 'er', vgl. s. 229. 231. 271. 274. 277. 300. (Dagegen lässt sich aus ältern Urkunden *hi* belegen.)

em. ore. Es heisst stets *em*, *eme*, *en* neben *ore*, *ores*, *orem*, *oren*. Nicht ein einziges Mal *om*, *on* oder *er*, *eres*, *erem*, *eren*. — *em* als Dativ plur. 'ihnen' begegnet s. 224. 228, als Accus. sg. 'ihn' s. 270. (Die Urkunde s. 238 kommt als magdeburgisch nicht in Betracht.)

sich. Das im Totentanz nicht belegte Reflexiv lautet gewöhnlich *sich* vgl. s. 225. 242. 253. 254. 256. 257. 296. 297; nur vereinzelt begegnet *sik* s. 259. 275. 278. Es ist hierzu zu bemerken, dass noch heute in der nd. Mundart eines Teils der Mark das Reflexiv *sich*, nicht *sik* lautet.

met, mede 'mit' oft; *mil* nur s. 250. 252. 257.

wol begegnet mehrfach, nie *wal.*

Orthographisches. Die jüngsten von Consonanthäufungen ziemlich freien Urkunden sind Nr. 181 und 182 aus d. J. 1487. Anderseits beginnen schon früh damit überlastete Schreibungen, besonders mit *nn* im Aus- und Inlaut, vgl. Nr. 156 (1461): *vnnsenn, horenn, nemml, sodann, rekenn* u. a.; Nr. 164 (1467) *vnnsen, horenn, leszen, nha, nhamen, mheren, anhe* 'ohne' u. a.

Alter. Das Entstehungsjahr des Berliner Totentanzes ist unbekannt, und nicht einmal das Jahrzehnt seiner Herstellung lässt sich sicher ermitteln. Aus seiner Abhängigkeit von dem alten Lübecker Totentanz folgt, dass er eine Anzahl Jahre nach 1463 gemalt ist. Dass das vor dem letzten Jahrzehnt des fünfzehnten Jahrhunderts geschehen ist, wird durch die Orthographie des Textes wahrscheinlich, welche von den Auswüchsen der späteren Zeit noch ziemlich frei ist.

Die Ueberlieferung des Textes. Bei der Herstellung des nachfolgenden Textes sind benutzt worden

L Lübkes Abdruck,

P Prüfers Facsimile und Abdruck,

T das Totentanzgemälde selbst in dem Zustande, in welchem es sich i. J. 1896 befindet.

Lübkes Abdruck ist trotz vieler offenbarer Verlesungen wichtig, weil Lübke den Totentanz noch vor seiner Uebermalung untersuchen und, indem er die noch nicht überfirniste Wandfläche anfeuchtete, manches erkennen konnte, was heute unlesbar geworden ist.

Prüfers nach 1860 angefertigtes Facsimile giebt ein fast durchweg zuverlässiges Bild des Originals in dem Zustande nach seiner ersten und vor seiner zweiten Uebermalung. Da die zweite Uebermalung vom J. 1893 den Text, soweit er noch erhalten ist, ungeändert gelassen hat, so ist das Facsimile zwar als Beweis für diese Thatsache und als bequemes Hilfsmittel schätzbar, unentbehrlich für die Textkritik ist es aber nur hinsichtlich der wenigen Verse (vgl. V. 339 bis 350), welche bei der Wiederherstellung der Kirche in den Jahren 1892/93 zerstört sind.

Der Totentanz selbst würde in seinen erhaltenen Teilen allein für den Textabdruck berücksichtigt zu werden brauchen, wenn die Uebermalung allenthalben eine zweifellose, zuverlässige Wiedergabe der alten Schriftreste böte. Das ist nur im Allgemeinen, aber nicht ausnahmslos der Fall. Der Maler hat freilich die alten mehr oder weniger verblassten Buchstaben in neu aufgetragener Farbe meist treu nachzuziehen versucht, oft genug aber auch undeutlich gewordene oder nur stückweis erhaltene Buchstaben nach eigenem Ermessen ergänzt.

Für die Kritik des Textes ist von Belang zu wissen, ob der Maler bei seinen Ergänzungsversuchen rein mechanisch verfahren ist. Es scheint das meist, aber nicht überall geschehen zu sein. An einigen Stellen hat der Maler nämlich augenscheinlich Lübkes Abdruck benutzt, denn er hat offenbar Verlesungen desselben übernommen, z. B. 190 *berekt,* 284 *vnde,* 288 *thur,* 303 *banstes,* 327 *Drugersche,* 345 *knoken.* Im Allgemeinen freilich hat der Maler bei seinen

Ergänzungen sich nur durch die erhaltenen Schriftreste und das Be-
streben, vollständige und deutliche Buchstaben herzustellen, bestimmen
lassen, ohne den Sinn der Worte zu verstehen oder sich um diesen
auch nur zu kümmern. Nur so erklären sich Wortformen und Sinn-
losigkeiten wie V. 94 *our* für *ock*, 158 *vormchen* für *vormeren*, 320
wede für *mede*, 323 *lho* für *tho* usw. Auch die deutliche Scheidung
der Buchstabenformen für *c* und *t*, *n* und *u*, welche in mittelalter-
licher Schrift gern vernachlässigt wird, ist wahrscheinlich aus demselben
Streben des Malers nach deutlichen, unzweideutigen Buchstabenformen
hervorgegangen. Nur *r* und *e* war er nicht bestrebt auseinanderzu-
halten, so dass z. B. *sterven* als *streven* oder *strrven* gelesen werden kann.

Die zweite Bemalung des Bildes scheint den Text unberührt
gelassen zu haben. Dagegen muss in den Figuren gebessert worden
sein. Der Narr, der von Lübke als Koch erklärt wurde, muss nach
Ausweis von Prüfers Facsimile mit beiden Füssen früher in seiner
(von Lübke für einen Kochkessel gehaltenen) Bunge oder Pauke gestanden haben.

Den Irrtum Lübkes und die dadurch veranlasste falsche Restau-
ration der Figur wies später Prüfer nach, und offenbar ist dieser
Nachweis die Anregung gewesen, dass der Narr heute hinter seiner
Bunge steht.

Trotz seiner Uebermalung bietet das Totentanzbild selbst immer
noch die wichtigste Handhabe für die Herstellung des Textes, meist
müssen die alten Buchstaben noch deutlich erkennbar gewesen sein.
Es spricht jedenfalls für den Wert des gemalten Textes, dass ich an
mehreren von Lübke und Prüfer falsch wiedergegebenen Stellen *das
Richtige* aus ihm selbst ablesen konnte. Und wenn auch manches
bei der Uebermalung falsch hergestellt ist, so verraten sich diese
Stellen dank der Unwissenheit des Malers meist durch Sinn- oder
Sprachwidrigkeiten.

In mancher Beziehung wird die Kritik den heute auf dem Gemälde
befindlichen Text wie eine fehlerhafte Abschrift eines verlorenen Originals ansehen und behandeln dürfen. Insofern wahrt jedoch das
Bild auch in seinem heutigen Zustande volle authentische Gewähr,
als bei der Beurteilung von Besserungen und Ergänzungen der äussere
Umfang, also Wortlänge und Buchstabenzahl, in Frage kommt.

Die von dem Gemälde in der Marienkirche heute gebotenen
Lesungen sind überall unter dem gedruckten Texte angemerkt, wo
in diesem davon abgewichen ist. Die Lesungen und Verlesungen
Lübkes und Prüfers sämmtlich gleichfalls anzumerken, schien zwecklos,
und nur eine Auswahl ist aufgenommen. Doch wird man stets angegeben finden, wo sie Einzelnes haben lesen können, was heute nicht
mehr zu lesen ist.

Die versuchten Ergänzungen, die nur den Zweck haben, die
Lückenhaftigkeit der Ueberlieferung weniger hervortreten zu lassen,
sind durch **eckige Klammern**, die unausgefüllt gebliebenen Lücken
durch Punkte bezeichnet.

Franciscaner auf der Kanzel.

[Hyr ste]et dy bruder van funte Francifcus orden
[uppe] eyneme predickftul vnde feeth:

[Leven wold]e gy funder grot[e not,]
[Nn mute gi lide]n den bitteren doet.
5 . . . . den konde an liuen
. . . . t fyner . . .
. . . . vnde met . . .
. . . . litche . . . .
. . . . redy   . . .
10 . . . . den pypen wike
[Bytterlyken f]terve[n] ys dy [er]fte fanck,
[De ande]r alzo dy klokkenklanck.
[De drudde van] frunden fyn vorgeten
[Al]tydes, dat fvlle gy weten!

Tod zum Klister.

15 Her kofter van der kercken kamet h[er]!
Gy fynt hyr gewefe[n] alze eyn vo[r]beder,
Ik wil vor an den dantz met jw fpring[hen,]
Dat jw de flotelle alle fcholen klyng[hen.]
Legget dat tidebuck fnel uth jwer hant!
20 Ik bin dy dot, ik neme nymandes pant.

Klister.

Och gude dot, frifte my doch noch eyn iar,
Wente myn leuent ys noch gar nuklar!
Hadde ik wol [eer] vel gudes ghedan,
So muchte ik nu frolicken met dy gaen.
25 Och we, fal ik nu nicht [lenger] beyden,
Dat lydent Jhefu muchte my fcheyden!

---

5. an liuen *ohne dass ein Buchstabe dazwischen zu fehlen scheint.* T.
11. erfte] . . fde T. — *Vom* n *in* sanck *ist nur ein Rest lesbar, der einem*
r *ähnlich ist.* T.
12. . . . r] r *oder* t T.
13. fyn] lve *oder* we T.; we L.
14. . . tydes] *von* t *und* y *ist nur der obere einem* m *ähnliche Teil noch*
erkennbar T.; fvlle] fvde T.; . . . gudes dat wurde gy weten L.
15. her] *jetzt verlöscht in* T.; h . . L.
16. vorbeder] *jetzt verlöscht in* T.; . . . der L.; ,vorbeder *war bei An-*
feuchtung der Wand noch ganz deutlich zu lesen.' P.
20. fo T.; ik neme . . . gades pant L.
21. gude L] gode T.
26. fcheyden L., *heute verblichen* T.

Tod zum Capellan.

(v. 27—30 nicht erhalten.)

. . . . [g]betyde beden
. . . . de treden

Capellan.

. . . . n ghebauen
. . . . Ianen
35 . . . . dodde wnder gban
. . . . beftan
. . . . gheuen
. . . . leuen

Tod zum Official.

Gy kluke wyfe man, her official,
40 Iw tidebnk ys yo dat decretal.
Got hadde jw vele wilkor gheuen.
Muchte gy nu hir ewichliken leuen?
Wat helpet, dat gy vele appellyeren?
Gy mnthen met my im dantz hauiren.

Official.

45 Och dot, ik hebbe dat wol eer gelefen,
Dat dynes richtes nymant kan ghenefen.
Dy richter is fo hoch befetin een man,
Dat van em nymant wol appellyren kan.
Wat helpet, dat ik vele blafe den wynt?
50 Sunder help my nu, Jhefu, Marienn kynt!

Tod zum Augustiner.

Her auguft[i]uer, gheftlyke gude man,
Volget my ok na vnde fchedet dar van!
Dy beghiftinge ys jw nicht ghegheuen,
Dat gy hyr konen ewichliken leuen.
55 Dar vmme feet, wu ik jw vor kan reigen!
Dy gheftliken fteruen alfo de leygen.

Augustiner.

Och leue dot, wu komeftu fo drade!
Beide doch fo lange beth dat ik dy lade!

35. wnder] wuder *T.*
40. yo] yn *T*
41. wilkor] wilker *T.*
43. appellyeren] appellyren L.
44. im] an *T.* — hauiren] baniren *T.*
47. een *Lübben*] nen *T.*
48. dat] dar *T.*
50. Marienn] Mariam *T.*
55. vme *T.*

Sunder du bift eyn feltzen wunderlike kumpan,
60 Ik wil edder ik wil nicht, ik muth mede dy gan;
Dar fyn alle menfchen tho vterkoren.
Help Jhefu, dat ik nicht werde vorloren!

Tod zum Prediger (Dominikaner).

Her predeker, gy fchult jw nicht vorveren
Vnde nicht alto fere teghen my weren.
65 Ik byn dy doet, jwe alder hoghefte raet,
Dantzet nu met my vnde weft nich quat!
Vele fcarmone hebbe gy van my gedan,
Gy muthen ok mith my an den dantz ghan.

Prediger.

Och, gude doet, geff my doch noch lengher frift,
70 Wen du myn alder leuefte kumpan bist!
Och, my duncket, ik kan met dy nicht wynnen.
Och, wat fal ik arme man nu begynnen?
Snelliken fteruen is eyn grot vngheual.
Help my, Jhefu, vnde den geistliken al!

Tod zum Pfarrer.

75 Her kerkhere, jw is vele bevalen,
Ik byn dy doet, ik wyl jw nu ok halen.
Iw was yo vter maten walgelungen,
Wen gy dat requiem hadden ghefunghen.
Hevet dat nu ok van jwert wegen an[e],
80 Ik wyl jw vortreden, also ik wan[e]!

Pfarrer.

Och alweldyge god, wat is dat leuent,
Sint deme dat vns allen is ghegeuen,
Wen de doed kummet, fnelliken thu fteruen?
Ach muchte ik gades hulde my weruen,
85 So wolde ik vroliken met dy syngen.
Help nu, Jhefu, fo mag my wol ghelingen!

Tod zum Kartäuser.

Her kartuser unde geyftlike vader,
De monken muthen ftreven alle gader
Der regellen unde [dem] g[efette] volgen na.
90 Siet, wu fuverliken dat ik jw vorga!
Vorlatet jwes klofters bequemycheit
Vnde dantzet nu meth my in frolicheit!

_____

61. Dar _P._] dat _T._
80. wane] man _T. P._; wan _L._
88. monken] menken _T._; mensken _L._; — streven] strrven _T._; sterven _L. P._
89. gesette _verblichen T.,_ als g[ese]tz[e] _gelesen von Prüfer._
90. Siet] stet _T._
91. bequemycheit _T._] bequemyckeit _L. P., doch ist vom_ h _der dasselbe vom_
k _unterscheidende Haken noch nicht vollständig verlöscht in_ T.
92. frolickeit _T._

Kartäuser.

Och gude doet, fteruen ys een ghemene recht,
Ock mut fteruen bede here un[de] knecht,
95 Geystlik, werlik, ok monke [algelyk],
R[yk, arm,] man, frowen, jwe[lyk].
Wat helpet my denne dat [ik wedderrede]?
Ik rupe tho Jhefu, dat he [mi berede].

Tod zum Arzt.

Her doctor, meyster in der arftzedye,
100 Ik hebbe jw rede gheefchet wol dryge,
Noch meyne gy leyder lenger to leuen
Vnde willen jw nicht thu gade geuen.
Legget wech dat glasz unde fcheidet darvan
Vnde feet, wu wol ik iw vordantzen kan!

Arzt.

105 Och almechtige god, gef du my nu rath,
Wente dat water is utermaten quat!
Ik folde wol np dy abbeteken ghan,
[Wente ick] fie den dot harde vor my ftan;
[Dar jegen] waffet keyn krut in den garden.
110 [Her Jhe]fu, woldeftu myner warden!

Tod zum Mönch.

Her monick, ik wil jw gar ko[rt] wat feggen,
Den blawen budel moghet gy van jw leggen
Vnde ok dar thu dat bereideken wyth.
Vorfuket nu, wu wol jw dat dantzen fyt,
115 Dat gy vaken hebben gedan myt eren!
Volget na! gy muthen den tal vormeren.

Mönch.

Och gode ghefelle, tafte my nicht an,
Wente ik byn ein begeven geystlik man.
Ik wufte gar wol, dat du woldeft komen,
120 Doch konde ik de[r tyd nicht ramen],
Wente nymant wet, [wanneer he mut scheyden].
Help nu Jhefu, wor ik my nu [bere]y[de].

93. een] ed *T.*
94. Ock] our *T.;* owe *L. P.*
102. willen] wulen *T.*
106. water] wat' *der er bedeutende Haken ist noch halb sichtbar. T.;* wat *P.*
109. waffet] waffer *T. L. P.*
110. warden] warten *T.*
118. geystlick *P.*] geystlich *T.;* geystlike *L.*
120. der] de *T.;* der *L. P.*
122. my nu *L.*] my n . *T.*

Tod zum Domherren.

Her dumhere, grot van hogem ſtade,
Thu den dantze der doden ik jw lade,
125 Dar gy io niht vele heb[b]en na gedacht,
De wyle dat gy weren by der wolmacht.
Legghet myt hulde neder dat byreydeken rot,
Volghet my ſneliken na! ik byn de dot.

Domherr.

Och du hemellische konigk der eren,
130 Nu is dy tyd, dat ik muth ſteruen leren.
Hedde ik dat gheleret in jungheren jaren,
[Hedde ik wol] ſtervendes ghed[acht to varen].
[Mut ik nu] ſteruen in de[r joget,]
[So helpe my] gades krafft vn[de doget!]

Tod zum Abt.

135 [Here abb]et rike . . . .
Iwen moniken were . . . .
Owers jw ſal . . . . ol . . . .
Gy ſcholen jw . . . .
[Haldet] jw ok ber[eyt] . . . .
140 Springet vp vn[de] . . . .

Abt.

[O]ch gude d[oet]
(v. 142—146 nicht erhalten.)

Tod zum Bischof.

Her biſcop myt juwer koſtliken krone,
[Dantzet] my na! got wyl jw nu wol lonen.
. . . . ghy hebben ghedan
150 . . . . hebbe gy gheſtan
. . . . hadde ghe . . en
. . . .

Bischof.

[Och] . . . .
. . . .
155 . . . . ow . . . . uſt weren
. . . . nicht vormeren
. . . . olde lan . . .
. . . . all . . . . . .

125. dar L.| dat *P. T.*
132. ghede *T.;* ghedesd . . . *P.*
139. *nur jw ok ist noch lesbar T.,* [Haldet] Jw ok ber[eyt] *L.*
148. wyl] vyl *T.*
151. hadde gheb. den *L.*
155. ow *T.*] komet L.
156. vormeren L. *P.*] vormehen *T.*
158. all L.] *nicht mehr erkennbar T.*

7*

Tod zum Kardinal.

Her kardenal mit deme roden hode,
160 Gy muten met alße ik my [vormo]de.
Der gewelt kunde gy gar wol [vorstan], ·
Dar vor muthe gy nu [met my gan].
Beydet nicht lange, ſunder [komet mede],
Ik wyl [jw nu] leren des dan[tzes trede].

Kardinal.

(v. 165—170 nicht erhalten.)

Tod zum Papst.

Pawes, erdeſche vader, volget my na
Vnd ſyet, wu ſchone ik jw nv vor gha!
Gy hebben in der ſtede gades geſtan,
Dar vmme ſchole gy vor an den dantz g[han].
175 [Trede]t nu an vnde ſynget gheringe,
[Vnde] maket neene vortogheringe!

Papst.

[Och] . . . bar . . . .
. . . . ne . . . .
. . dot byn ik . . . .
180 . . . . . . ik des dodes . . . .
. . . .
[Help] nu Jhesu . . . .

Christus am Kreuze.

[Gi c]risten[menschen, arme un]de rike,
J[unge unde olde algelike],
185 [Vor jw] ik gestorven byn!
Gy mvthen alle [ok des dodes ſyn].
[Vor ju] mut ik draghe[n] van ſcharpen darne enen krantz,
[Kamet] al met my an den dodendantz!
[Ok] gy geystliken cristen, grot vnde klene,
190 [Mit rechtem ernste ik jw altomalen] mene,
Set wu ik vor jw leth den bittren doet!
Gy muten alle steruen, dat is not.
An den dodendantz [jw] beredet,
Gy muthen ok dantzen [mede!]

---

160. met] yett *T.* — de . . *zu Ende der Zeile las noch L., heute ist es nicht mehr erkennbar.*
164. *Nur die beiden ersten Worte* Ik wyl *sind noch lesbar in T. P.;* Ik wyl [Iw nv] leren des dan[tzes . . . *L. (siehe bei v. 305.)*
167. *L. las noch als Anfangsbuchstaben* Ik, *P.* Jo.
168. *P. las noch zu Anfang ein* M.
176. neene *undeutlich T.*
179. dot byn ik *L.*] . . . yn ik *T. P.*
182. nu Jhesu *L.*] *fehlt jetzt T.*
190. mene *undeutlich T.*
191. bittren] bettren *T.*
193. beredet] bereket *T. L. P.*

Tod zum Kaiser.

195 Her keyfer ftolt, edel unde mechtichlik,
    Vp erden hebbe gy ghehad dat hemmelrik,
    Eyn gud walftalt wiff, dar thu perde fchone,
    Nv legghet neder fnellik[en] dy guldene krone,
    Haldet jw thu den dodendantze bereyt!
200 Gy muthen met, ed fy iw lyff edder leyd.

Kaiser.

    Och Jhesu Crifte, barmhertige got,
    Ik muth fterven des dodes, ed ys neyn fpoth,
    Unde gan an deffen dantz der druffheit,
    Vorlaten alle [der we]rlde [herlicheit].
205 Her dencken . . . .
    Unde help . . . .

Tod zur Kaiserin.

    Keyferin[ne], hoghe frowe gebaren,
    Ik hebbe iw funderliken vterkaren,
    Gy muthen tho des dodes dantze yo mede,
210 Synt gy gerne dragen [de ny]gen klede.
    Gevet ende unde duth [my de hant],
    Gy muthen fnel met my yu eyn ander la[nt].

Kaiserin.

    O we my arme wiff . . . .
    Dat ik gelevet hebbe . . . .
215 Ik mach andere . . . .
    Nemet . . . . . . gy . . . .
    . . . . wv grv . . . .
    . . . .

Tod zum Könige.

    Her konig med iwen gulden stucke,
220 In deffer werlt hebbe gy gehath grot gelucke,
    Alle menfken finth nha jwen willen wefen,
    [An den dod] dachte gy nicht eyne uese[n].
            rikeß was mengerleye
    . . . .

197. walstalt *Sprenger*] wal ftaet *T.*
199. Haldet *P.*] Baldet *T.*
200. lyff *L.*] lhif *T.*; lblf *P.*
201. Och Jhesu] O bithe *T.*; O githe *P.*; . . . owe *L.*
202. neyn *L.*] neyft *T. P.*
205. Her *T. L.*] Ver *P.*
210. klede] *fehlt jetzt T.*
215. Ik *L.*] *fehlt jetzt T.*
216. Nemet *L.*] . . . et *jetzt T.*
217. gro o*der* gru *T.*
219. jwen *T.*] men *L. P.*
221. jwen *L.*] jwern *T. P.*

König.

(v. 225—230 nicht erhalten.)

Tod zum Herzoge.

231 Her hertoch mechtich, duchtig tho velde,
    [Den ar]men ye vordruckede gy med gewelde
    [Unde d]en riken liethe gy bethemen.
    Ik wil iw ock by deme liue nemen,
235 Ik lade jw fnel an den doden dantz,
    [D]es gy [sult] noch [wol] gewanen gantz.

Herzog.

Och barm[hertige] . . . .

. . . .

Wat heipet . . . . des . . . .
240 . . . . groter druffheit

. . . . wol gebaren

. . . .

Tod zum Ritter.

Her ritter med juweme kreweťe ftolt,
Hir hebbe gy gedragen dat rode golt,
245 Hebbe gy iwer ere hir genuch gedhan,
    So moge gy nhu froliken mede my ghan.
    Legget dat fcarpe fwert van iwer fiden,
    Gi muthe[n] med my an den dodendantz gliden!

Ritter.

Och wat fchal ik arm . . . . . en
250 Wente nyman[t . . . .
    (v. 251—254 nicht erhalten.)

Tod zum Bürgermeister.

255 Her borgermeister van grotheme ftade,
    Gy fint die upperfte in deme rade,
    Dat gemeine befte ftunt in jwer gewalt,
    Dar thu dat recht der armen wol dufentfalt.
    Hebbe gy den allen wol vorgewesenn,
260 So moge gy deffes dantzes genefen.

Bürgermeister.

Och gude doeth, ick kan die nicht entwiken,
Du haleft den armen vnde den riken.
Wen fe hebben gelevet wol dufent jar,
So muthen fie noch volgen diner fchar.
265 Nimant is diner gewalt anich [gewef]en.
    O Crifte Jhefu, help my nu dat [ick genefe]!

232. men ye] men gen T. — gewelde] gewalde T.
234. liue] line T.
235. lade jw *fehlt jetzt T.*; laden jw L.
236. Des] . er T.

Tod zum Wucherer.

Her wukerer med jwen blawen facke,
Vor geld were gy van gudeme fnacke,
Gy deden den armen ein fchok vor twe,
270 Dar vmme muthe gy nhu liden groth we.
Legget van juwer fiden den fwedeler,
Gy muthen al mede in dath olde her!

Wucherer.

Ach war fchal ik arme mhan nhu [bliven],
Sint ik wuker nicht meyr ma[ch driv]en?
275 Mine kindere fcholen dath wed[der gew]en,
So mogen fie med gade ewich lewen.
Des helpe my ok Jhefus, dhu ewige goth,
Wente van erden to scheydin is neyn spoth.

Tod zum Junker.

Her juncker med jwen haweke fyn,
280 Gy wolden alle tied die schoneste syn.
Mennigen hebbe gy gebracht tho valle,
Vppe den doeth dachte gy nicht mid alle;
Wedewerken, howiren was jwe art.
Volget nhu desseme dantze mede der fart!

Junker.

285 Och liue doeth, beide noch eyne stunde!
Ik wolde gerne lewen wen ik konde.
Alzo muchte ik myne sunde bichten
Vnde my med gades licham borichten.
Sunder dhu wilt dar leider nicht nha beidin.
290 O Criste, laeth my van dy nummer scheidin!

Tod zum Kaufmann.

Her kopman, wat gy ghvmmen nu hastych synt!
Gy sparet noch reghenweder edder wynt,
De market ys doch seker hier all gedan
Gy muthen enquantzwys met my dantzen gan.
295 Vorueret jw nicht, legget af dy sparen!
Wente sterven is jw ok an ghebaren.

---

270. Dar] Dor *T.*
273. Och war schal ik arme "nhu [biiuen] mhan" L. 'Der Schreiber hat
sich hier verschrieben und hat dies durch die Häckchen " angedeutet' L.
275. wedder] wed . . . *L.; fehlt jetzt in T.*
278. Wente van erden to scheydin is neyn spoeth L.; *Jetzt ist nur noch*
Wente *deutlich lesbar T.*
282. mid alle *Lübben*] mid alls *T.*
284. volget] volset — mede] vnde *T.*
289. dhu] dhit *T.*
293. allgedan *T.;* affgedan L. P.
295. Vorueret] Vorwret *T.*

Kaufmann.

Och gode doet, wo kome gy my dus hastich an!
Wol dat ik byn ghewesen eyn ffyn kopman,
Doch is myne rekenschop noch gar unclar;
300 Dat klaghe ik dy Criste al apenbar.
Wuitu se nu clar maken, des hefst du macht,
Ik hebb[e] seker nicht vele up dy dacht.

Tod zum Handwerker.

Her amptman ghut, van duytzen wol ghebaren,
Gy synt wesen eyn w[erk]man wol vorvarn,
305 Dar kunde gy vore . . . dy behende lyden.
Gy muthen bet an den dodendantz glyden,
Sprynghet up, ik wil jw vore synghen!
Synt gy wesen ghut, so mach jw ghelynghen.

Handwerker.

Och mechtyghe got, wat is myne kunst,
310 Synt ik hebbe ghekreghen gades vngunst?
Den hilghen dach hebbe ik nicht ghevyret,
Sunder in deme kroghe rvfeleret
Och Criste, woldestu my dat vorgheven,
So muthe ik myt dy nu ewich leuen!

Tod zum Bauer.

315 Kere wedder, bure! du mvſt almede
Vnde dantzen na dyner olden ſede.
Dynes ackers arbeyt is al vorlaren,
Den du baven god haddeſt vterkaren.
Leggbe dal dat pluchſchar unde prekel!
320 Du mvït ſeker mede yn den partekel.

Bauer.

Och ghude doet, ſume de godes doget,
Spare dannen noch myner junghen ioghet
Unde ghef my ghummen dut erſte tho!
Ik gheve dy vorwar eine vette ko.
325 Doch ik ſe wol, du wult dar nicht na vraghen.
[O]ch help, Criſte, ed ghelt my hir den kraghen.

---

wo] wv T.
298. fyn] thur T.
303. duytzen] banstes T.; '[banstes] *ziemlich deutlich*' L.
305. [vore] *bei L., verblichen in T. Die eckigen Klammern Lübkes bedeuten,
dass die Richtigkeit der Lesung unsicher ist.*
305. lyden T., *doch ist vielleicht davor ein Buchstabe oder ein Buchstaben-
paar verblichen.*
314. muthe] muche T. L.
320. mede] wede T.
321. sume de] sumede T.
322. dannen *Sprenger*] bannen T.
323. tho] lho T.

Tod zur Schankwirtin.

Krugersche, gy muthen [ok al mede]!
Valfch tap[p]en, affreken is yo juwe fe[de].
Leggbet dy valfche math ut iuwer hant!
330 Juwe viene vhalfcheyt ys yo bekant.
Iw leyt [is aftuleggen] wol dat blawe bereyt.
Volghet na! gy fynt wol thu dantze ber[e]yt.

Schankwirtin.

Och gruwelike doet, byftu rede hyr?
Nym den doren! ick gha vnde tappe ber.
335 Jodoch [dod beyde!] thu kort werth my dy tyd.
Och were ik deffer valsche[n] mathe quyth!
Dar ik jo muth vore lyden grote pyn.
Help my Chrifte uth deffer noth, mach dat fyn!

Tod zum Narren.

. . . . (ren mit juw[er bungen
340 . . . . (ch dar an gbelungen
. . . . (velde patync[k]en . . .
Vnde (v . . . ok rewen ys myn ho . . .
Were gy ok (noch eyns ghewesen so mal.
Gy muthen al vor(meren nu dessen tal!

Narr.

345 Och wath ga gy (maken, gy vule kockyn?
Latet my doch (noch leven, al mach dat syn!
Ik jw wil mak(en eyn hauerech[t],
Dat mach leyder nicht (heipen my arme[n knecht.
Des rope ik thu dy, Crist(e, help my scheyr,
350 Synt ik byn gewest e(yn vule partyer!

Tod zu Mutter und Kind. (?) ·

(v. 351 ff. sind nicht erhalten.)

---

327. Krugersche] Drugersche *T.;* [D]rugeriche *L.*
328. tappen *Lübben*] taper *T.*
328. affreken *T.;* aftreken *L. P.*
330. yo] jw *T. P.;* io *L.*
332. bereyt] beryt *T.*
333. Och] Sith *T.*
334. ick] in *T.* — gha *Sprenger*] gna *T.* — ber *P.* her *T.*
335. Jo *undeutlich T.;* Ig *P.;* So *L.*
339-350. *Die durch runde Klammern abgesonderten Versteile sind heute nicht mehr vorhanden, aber noch von L. und P. gelesen worden.*
345. kockyn] knocken *L. P.*
349. scheyr *T.*
350. partyer *Lübke*] . . . ytyer *L.;* paytyer *P.*
351 ff. *Die von L. noch gelesenen Buchstaben sind folgende:* v. 351 [G]y . . .;
352. Syn . . .; 353. Gy . . .; 356. Wolgh . . .; 357. [O]ch w . . .; 358. Wente thu . . .; 361. Rupet al Iw . . .; 362. Help . . .

Anmerkungen.

1. 2. Die beiden ersten Zeilen sind bisher nicht als Ueberschrift erkannt, sondern unter der Annahme, dass ein Reimwort verblichen sei, für die Anfangsverse gehalten worden. Die vorgeschlagene Ergänzung *Horet dy bruder* 'Höret den Bruder' ist schon deshalb unmöglich, weil *dy* nicht Accusativ Sing. Masc. sein kann.

1. *steet.* Die späteren Berliner Urkunden bieten nur die Form *steit*, dagegen ist es aus andern märkischen Urkunden belegbar, vgl. Graupe, de dialecto marchica S. 7, Fidicin Beitr. 2, 44.

2. *seeth* aus *seget* 'sagt' zusammengezogen. Andere Belege bei Graupe S. 9. Die späteren Berliner Urkunden bieten dafür stets *secht.* Es ist bemerkenswert, dass gerade die beiden ersten Zeilen, welche zur eigentlichen Dichtung nicht gehören und vielleicht Zuthat des Malers sind, ausgeprägt mundartliche Formen bieten, welche wohl in der Mark, aber nicht in Berlin selbst Geltung gehabt haben.

11—14. Vgl. Lübecker Totentanz v. J. 1420 Vers 401—404. Die Uebereinstimmung beider Stellen hat schon Lübke erkannt. Die Ergänzung Prüfers *[s]terve ys dy I de fank [Twei]t alzo dy klokkenklanck [Von den] frunden we vorgeten III des dat sulde gy weten* und seine Uebersetzung 'Sterben ist der erste Sang, Zweitens also der Glockenklang, Von den Freunden wirst vergessen Drittens, das sollt ihr wissen' seien hier als Beleg seiner Unkenntnis der Sprache angeführt.

19. *tidebuk* bedeutet bekanntlich das nach den kanonischen Tageszeiten geordnete Gebetbuch. Die Möglichkeit einer andern Deutung eröffnet die Anmerkung Prüfers: "*tidebuk* 'Zeitenbuch'. So heisst noch heute in Neu-Vorpommern das Rechnungsbuch, in das der Küster die sogenannten Zeitengelder (temporalia, das Gehalt des Predigers), die er einzuziehen hat, einträgt."

24. Das fröhliche Mitgehen mit dem Tode begegnet auch in dem Zwiegespräch des Pfarrers v. 85, des Kartäusers v. 92 und Ritters v. 246. Im Lübecker Totentanz von 1463 v. 282 heisst es *So mochte ik vrolik mede ghan* beim Kaufmann.

27 ff. Die zugehörige Figur war bei der Aufdeckung des Bildes vollständig zerstört und ist erst bei der Erneuerung nach der kaum zweifelhaften Vermutung Lübkes als Capellan hergestellt worden.

49. 'den wind blasen' ist sprichwörtlicher Ausdruck für zweckloses Handeln vgl. Brant, Narrenschiff cap. 45, 29 f. Wer bett, vnd weiszt nit was er bett, Der bloszt den wint vnd siecht die schet.

70. Der Tod wird der beste Genosse des Predigers genannt, weil dieser durch stete Hindeutung auf ihn eindringlicher auf seine Zuhörer zu wirken sucht, vgl. v. 67.

106—109. Vgl. Lübecker Totentanz von 1520 v. 148. *Dyt water is vorware gantz quath*, ferner v. 151 *Up der appoteken is nicht eyn krud Dat gegen den doet kan wesen gud.*

113. Prüfer merkt an: 'Dass das Baretchen des Mönches dem Texte entgegen gelb resp. braun im Bilde erscheint, könnte auch als einer der vielen Gründe dafür gelten, dass der Text nicht speciell für dieses Bild oder umgekehrt gemacht ist.' Der heutige Widerspruch zwischen Bild und Text dürfte wohl dadurch entstanden sein, dass die früher weisse Farbe sich im Laufe der Jahrhunderte verändert hat oder dass der Restaurator des Bildes die alte Farbe nicht treu wiedergegeben hat. Vgl. zu v. 279.

197. *walstalt* 'wohl gestaltet', nicht *wal gestalt*, ist eingesetzt, weil sich in der Lücke zwischen wal und stalt auch nicht eine Spur als Anzeichen dafür findet, dass etwa hier Buchstaben verblichen sind.

207. Vielleicht sind hier Häckchen, wie sie sich in v. 273 fanden, verblichen und die richtige Wortfolge ist: *Keyserinne, frowe hoghe gebaren.*

219. *gulden stucke* bedeutet mit Gold durchwirktes Gewand, vgl. mnd. Wörterbuch 4, 446.

267. 'Auch hier stimmt der Text nicht zum Bilde, wo die Tasche nicht blau, sondern grau gemalt ist'. Prüfer. Vgl. zu v. 103.

279. Wenn in dem Bilde in seiner heutigen Gestalt der Junker keinen Habicht auf der Hand trägt, so darf man hieraus auf keinen Widerspruch zwischen Bild und Text schliessen. Wie das von Lübke gegebene Facsimile zeigt, war die den Habicht tragende Haud des Junkers zerstört, und der Maler hat ohne Rücksicht auf den Text die Figur ergänzt. Im Lübecker Bilde trägt der Edelmann einen Habicht, doch nimmt der Text darauf nicht Bezug.

291 ff. Vielleicht nur zufällige Anklänge bietet der Lübecker Totentanz von 1463 v. 292 ff. Vgl. besonders v. 290 *Mine rekenscop is nicht clar.*

295. Das Bild zeigt keine Sporen.

303. Statt des sinnlosen *banstes*, das Lübke ziemlich deutlich, aber doch nicht mit voller Sicherheit las, darf hier nur ein Wort eingesetzt werden, welches genau denselben Raum einnimmt und dessen einzelne Buchstaben im verblichenen Zustande mit denen des von Lübke gelesenen Wortes verwechselt werden konnten. Diesen Bedingungen entspricht das durch den Zusammenhang geforderte *dudeschen* in dieser Form nicht, wohl aber in der in den berlinischen Urkunden (vgl. Graupe S. 10) begegnenden mundartlichen Gestalt *duytzen.* Bekanntlich hielten die Aemter oder Gilden im Mittelalter darauf, dass ihre Angehörigen, insbesondere die Meister, deutscher, nicht wendischer Abkunft waren.

312. *ruseleren* hier und Lübecker Totentanz von 1463 v. 371 'in Saus und Braus leben', vgl. mnd. Wörterbuch 6, 249.

313 f. Aehnlich im Lübecker Totentanz von 1463 v. 322 ff. *Nu bidde ik di, leve here, Du mi de sunde wilt vorgheven Unde lade mi in din ewige leven!*

319. *dat pluchschar unde prekel.* Der Artikel *den* fehlt bei dem zweiten Worte trotz des verschiedenen Geschlechtes gemäss des zu Pseudo-Gerhard von Minden 3 v. 1 belegten Sprachgebrauches.

320. *partekel* 'Partei'. Sonst mnd. nicht belegt.

334. *den doren* nämlich den Narren, der nach der Schankwirtin im Todesreigen folgt.

345. *kockyn,* mnd. *cockijn,* frz. *coquin* 'Schelm'.

350. *partyer,* mhd. *partierære, partierre,* frz. *barateur* 'Betrüger'.

357. 358. Mantels ergänzt aus dem Lübecker Totentanze *[O]ch [wat schal ik dit kind vorlaen] Wente thu [danzen en mach ed nicht vorstaen].*

Der Lübecker Totentanz v. J. 1520.

Es sind drei verschiedene Lübecker Totentänze zu unterscheiden. Erstens der von 1463 in der Marienkirche zu Lübeck, dann die in Lübeck 1489 gedruckte und 1496 neu aufgelegte Dichtung mit dem Titel 'Des dodes dantz', drittens ein Gedicht geringeren Umfangs, das in einem Lübecker Drucke aus d. J. 1520 erhalten ist und deshalb als Lübecker Totentanz von 1520 bezeichnet zu werden pflegt. Dieser letztere soll hier im Abdruck mitgeteilt werden.

Sein Verhältnis zu den übrigen Denkmälern seiner Gattung sowie die Zeit seiner Entstehung sind bereits in den vorangegangenen Untersuchungen[1]) klar gestellt worden. Es genügt deshalb hier, die Thatsachen, die sich ergeben haben, kurz zusammenzustellen.

Der sog. Totentanz von 1520 ist in Wirklichkeit viel älter. Er hat nämlich bereits dem Verfasser und dem Drucker des Totentanzes von 1489, welche aus ihm viele Verse entlehnt und seine Holzstöcke benutzt haben, gedruckt vorgelegen. Dieser verschollene erste Druck kann nur um ein oder zwei Jahre früher als 1489 hergestellt gewesen sein. Die Holzschnitte bieten nämlich die Strichlagen des sogen. Lübecker Unbekannten, eines Formenschneiders, der von 1487 bis 1499 thätig und mit dem Drucker Mattheus Brandis identisch gewesen ist. Der Unbekannte hat zwar auch für andere Officinen in und ausserhalb Lübecks Holzstöcke geschnitten, meist bessere als er für seinen eigenen Verlag benutzte, der Totentanzdruck ist jedoch Erzeugnis seiner eigenen Presse gewesen. Andernfalls hätte er die Holzstöcke später nicht selbst wieder benutzen können.

Das Gedicht selbst ist die Nachahmung oder Bearbeitung desselben Totentanzes, vielleicht eines hamburgischen, welcher das Vorbild des Berliner Totentanzes gewesen ist.

---

[1]) Vgl. Nd. Jahrb. 17, S. 34 ff. 41 ff., ferner Jahrb. 21, S. 84. 86 ff. Litteraturnachweise ebd. 17, S. 47.

Sein Verwandtschaftsverhältnis veranschaulicht folgender Stamm-baum:

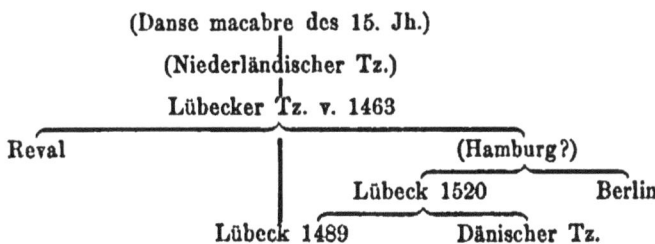

(Danse macabre des 15. Jh.)

(Niederländischer Tz.)

Lübecker Tz. v. 1463

Reval   (Hamburg?)

Lübeck 1520   Berlin

Lübeck 1489   Dänischer Tz.

Eine zum Teil freie Bearbeitung, zum Teil wörtliche Uebersetzung des Lübecker Totentanzes von 1520 liegt in einem nicht ganz voll-ständig erhaltenen dänischen Totentanze vor. Der Einband des einzigen noch erhaltenen Exemplars in der Kgl. Bibliothek in Kopenhagen trägt aufgedruckt die Jahreszahl 1536 und das Namenszeichen Christians VII., der Druck muss also aus diesem oder einem älteren Jahre stammen. Seine von Massmann nachgewiesene Abhängigkeit von dem Lübecker Totentanze von 1520, dessen Holzschnitte auch in ihm sich wiederfinden, ist augenscheinlich. Der Bearbeiter hat jedoch auch Kenntnis von dem Lübecker Totentanze von 1489 gehabt. Der Ver-fasser dieses Totentanzes hat nämlich den Zwiegesprächen des Todes eine Einleitung vorangeschickt, in welcher er ausführt, welcherlei Art der Tod sein kann. Ebenso leitet der Dänische Dichter sein Werk ein, die Nachahmung der Vorlage ist erkenntlich, wenn sie auch noch so frei ist.[1])

> Om firehaande Döde haver jeg læst,
> Som Skriften taler om allermest:
> Gud forböd Adam i Paradis
> "At æde af den Frugt, som jeg dig vis';
> Gjör du derimod, da skalt du dö,
> Og Alle, som födes i Verdens Ö."
> Adam bröd Budet foruden al Nöd,
> Thi kom os over den evige Död;
> Den haver Kristus skilt os ved,
> Givet os Alle den evige Fred.
> Men den naturlige Död kume vi ej vige,
> Hverken Gamle eller Unge, Fattige og Rige,
> Den heilige Skrift raaber med al Flid,
> At her er jo en stakket Tid.
> Derfore lader os for Öjen staa,
> At vi skulle snarlige heden gaa.
>   Den anden Död vil jeg og om tale
> Og eder saa hannem for Öjen male.
> Den Död er, Synden ihjel at slaa

---

[1]) Nach dem Abdruck in modernisirter Rechtschreibung bei E. J. Brandt, Aeldre Danske Digtere. Bd. 1. Kjöbenhavn 1862.

Og altid mod vor Begjæring at staa,
Dertil den gamle Adam at döde
Og med sin Art lægge aldeles öde.
Den Död er Kristne ganske nyttellig,
Om de ville undgaa Djævelsens Svig.

 Den tredie Död er visselige ond,
Thi han fordærver Sjælen i Bund;
Det er, naar Synden maa selv regjere,
Og intet agte om Kristi Lære.
Naar Adam röres med ond Begjæring,
Saa mister Sjælen al sin Næring.
Naar man vil sig ikke med Guds Ord lade styre,
Det maa man kjöbe evindelig dyre,
Thi at naar Sjælen fanger ikke sin rette Föde,
(Jeg men' Guds Ord), da bliver hun öde.
Thi vogte sig hver for denne Död,
Om han vil undgaa Helvedes Nöd,
Og höre Guds Ord og tro derpaa,
Og være fuldkommen og ikke laa.

 Den fjerde Död han er saa slem,
Ingen Ting er saa ubekvem,
Der er ikke nogen anden slig,
Thi han vil vare evindelig.
Thi alle som blive i Synden död,
Og vorde ej hulpne af den Nöd,
Ganger Nogen af i slig Vantro,
Da maa han i Helvede evindelige bo.
Thi raader jeg nu baade Mand og Kvinde,
Som evig Salighed agte at vinde,
At I ikke saa forsömmelige heden gaa,
Men meget mere i Troen staa,
Og eders Levnet derefter skikke,
Saa sker Gud Lov og eder Lykke!
Saa kan den naturlige Död eder ej skade,
Men meget mere gavne og baade.

Ob der dänische Dichter den Lübecker Totentanz von 1463 gleichfalls gekannt hat, ist zu bezweifeln. Die eigentümliche Art, wie er das Zwiegespräch gestaltet, legt freilich diese Vermutung nahe, genügt aber nicht als Beweis. Der Tod redet nämlich zuerst die zum Reigen aufgeforderte Person an, dann antwortet diese und erhält schliesslich noch vom Tode eine kurze Entgegnung. Als Beispiel eins der kürzesten Gespräche:

Döden til Embedsmanden:

Du Embedsmand, gjör nu din Flid,
Af Verden maat du fölge mig i denne Tid.

Havde du end flere Embede lært,
Det helper dig dog intet i denne Færd.

Embedsmanden svarer:

Hjelp nu Gud og Sancte Loye,
Iaar skulde jeg skyde Papegöje,
Döden giver mig ingen Tid,
Han bruger med mig sin störste Flid.
O Gud, giv mig af din Miskund,
Den beder jeg om af Hjertens Grund.

Döden svarer:

Jeg vil nu strax gaa afsted,
Du vorder alt at fölge med.

Der Lübecker Druck von 1520 (16 Bl. kl. 4) ist nur in dem einen Exemplare erhalten, das sich jetzt in der Bodlejanischen Bibliothek in Oxford befindet. Nach einer Abschrift, die Sotzmann bevor der Druck 1849 nach England verkauft war hatte nehmen lassen, ist der Text in Lübkes Berliner Totentanz später mitgeteilt worden.[1] Lübkes Veröffentlichung liegt dem hier gebotenen Abdruck zu Grunde, doch hat Herr Professor Napier in Oxford die grosse Güte gehabt sämmtliche Stellen, deren Richtigkeit fraglich schien, sowie einen Abschnitt zu Anfang und Ende mit dem Original zu vergleichen.

In dem neuen Abdrucke sind die Interpunktion eingefügt und die Abkürzungen aufgelöst, für consonantisches y ist j eingesetzt, u und v sind nach heutiger Geltung geschieden.

Dodendantz.

God vorboth Adam in deme paradyse:
Eth nicht van desser frucht, de ick dy wyse,
Deystu hir entjegen, so mostu sterven,
Nicht du alleyne, men ock al dyne erven.
5 Adam brack dat gheboth ane noth,
Alsus quam an uns de naturlike doth,

---

[1] Die Holzschnitte sind von Massmann, Serapeum 10 S. 306 ff. verzeichnet. Bemerkenswert ist, dass Bl. 6 neben dem Pastor ein Holzschnitt sich befindet, der Christus am Kreuz mit Maria und Johannes darstellt. Vgl. oben S. 90.

Vorbemerkung. Zu Vers 1—70 sind sämmtliche Abweichungen des Textes von dem Originaldrucke verzeichnet. Von Vers 71 ab ist nicht mehr angegeben, wo v für u, u für v und j für y eingesetzt ist. — Ueber Dodendantz eine Krone, darunter drei Totenköpfe. — 3. entjegen — *fteruen* — 4. eruen — 6. vns — 8. yunge. ya — 10. hir yo — 13. yw — 15. yw — 17. yw — 18. yuwer — 20. yw — 21. yŏget — 25. yw — 26. Vnde — 29. leuent — yŏget — 30. vnde — vndŏget — 31. yŏget — 32. Vnde — 34. vp — 39. ouer — 40. vnd — 45. cadinal — 47. staeh vnde werdichcyt (!) — 49. 50. 51. yo — 54. ya — 57. *(Ueberschrift)* tome] tom̄ *hier und an allen übrigen Stellen.* — 60. ghevŏdet vnde wacht — 64. yo — 69. tom̄.

Dem wy nenerleyewys konen entwyken,
Olde, junge, ja de arme myt den ryken.
De hilghe schrift ropt myt allem flyd,
10 Dat hir jo is eyne korte tyd,
Ok hebbe wy des grote vorfarenheyt,
Wo yd alle dage fuste gheyt.
Hir umme latet jw dyt vor ogen staen,
Wente in korter tyd môthe gy dar an.
15 De doet sendet jw neenen breff,
He kumpt slyken recht so eyn deff.

De doet.

In dessen dantz essche ick jw alle,
Wo vele juwer ock is in deme talle,
Komet an! gy môthen doch mede,
20 Altes nicht helpen jw de wedderrede.
Nicht spare ick wer adel efte jôget,
Neen geith, stath, wyszheyt efte dôget.
Weset altomale by tyden bereyt,
Komet alle heer in mynen kreyt!
25 Ick wyl jw up de erden strecken
Unde ernstlik eynen foeth lenger recken.
He sy olth, junck, arm efte ryke,
Ick neme se mede al ghelyke.
Des mynschen levent is in der jôget
30 Vorfullet myt sunden unde veler undôget,
Sus spare ick ok nicht jôget, wo yd gha,
Unde dantze sus vore. Folget alle na!

De Doet spriekt vortan
alsus to deme pawese.
De doet.

Her pawes, dy mene ik, wes hastigen rede,
Du holdest up erden de hoghesten stede,
35 Eyn vicari Cristi, de hogheste prelate,
Dantze du voran nach dyneme state!
Hefstu dit hilge ampt wol vorstaen,
So machstu nu frolik vor den Heren gaen.

De pawes.

God vorbarme dy over my, miserere mei,
40 Maria helpe my und ock de gracia Dei!
Al byn ick to grotem stathe uth vorkoren,
So byn ick doch ghewest vele vorworen
Der kristen wolfart betrachten myt flyth.
Here, wes des andechtich, yd is nu recht tyd!

De dot tome cardinal.

45 Her cardinal, tret her an mynen dantz!
Ick mene dy ernstlyk, heel unde gantz.
Dyn apostelyke staet unde werdicheyt

Wert nu gantz unde heel nedder gheleyt,
Jo hogher stath di God heft ghegeven,
50 Jo grotter rekenschop: dyt merke even!

De cardinal.

Deus meus, God, wes myner jo nu dechtich!
Al byu ick in stathe hoch unde mechtich
Gheholden, de stede der hilgen apostel,
Werd ich geachtet ja ach so kostel,
55 De doet wyl my dyt gantz vorderven.
God gnade my, wente nu moth ick sterven!

De dot tome bisschop.

Her bisschop, du werst nu geföget to der erde.
Eyn bisschop is eyn gheystlik herde.
Hefstu de schape Cristi gheholden in acht,
60 Nicht vorstroyet, men ghehödet unde wacht,
Dar susz alle prelaten synt tho vorplicht:
Bystu so, dantze fort, fruchte nicht!

De bisschop.

Pax Domini unde syne grote barmherticheyt
Mothe my nu jo syn bereyt.
65 Wo eyn recht bisschop schal leven,
Dat heft Paulus tho Thimotheo schreven.
Dat bedencke ik nu in myneme lesten.
O Got, ghetruwe her, de föge ydt tome besten.

De doet to dem keyser.

Her keyser, du werest tho einem heren
70 Utherkoren, de cristenheyt to regeren
Myt dem swerde der rechferdicheyt,
De hilge kerke to holden in eyndrechticheyt,
De vyende der cristen myt flyte to haten:
Isset so gescheen, dat mach dy nu baten.

De keyser.

75 Alle myn staet unde werdicheyt
Wert nu tho handes nedder gheleyt.
Dat maket de aldergresslikeste doet,
Syn both is stark, syne macht is groth.
Wo hog ik sy, ik kant nicht keren.
80 Gnade my, God, eyn here aller heren!

De dot tor keyserynnen.

Ja, keyserynne, dat is dat olde leet,
Se spreken alle: Ick byu noch nicht bereyt,
Beyde jo noch eyne lange tyd.
Neyn, de forstinnen unde frouwen, de nu syd,

---

69. kyeser — 76. tho hantes.

85 Dantzen gerne vele nyer trede.
Holth an, dantze vort up eyn ander stede!

De keyserynne.

Och, wo rechte wunderlyk is my to synne,
Al byn ick eyne ryke eddele keyserynne!
Nicht en kan ik höger in stathe rysen,
90 Ok kan syk neyne groter forstynne bewysen
In alle desser heelen cristenheyt,
To sterven bin ik noch nenerleyewysz bereyt.

De doet tome konninck.

Her konninck, hochgheboren, eddel unde ryk,
Dantze myt, du werst nu myn ghelyk!
95 Dyt behoret dyneme stathe, merke my,
Rechtferdich to wesen, barmhertich dar by:
Isset so van dy unde den dynen ghescheen,
So wert dy God gnedichlyken anseen.

De konnynek.

De doet kumpt to my sunder frage!
100 Ach mochte ick yd setten myt öm an dage,
Hundert jar unde meer scholde yd staen,
Eer my eyn jaword scholde aff gaen.
Al mynes rykes raet, rydders unde manss,
Neen gheyt vor my in dessen dantz.

De doet tome hertogen.

105 Hochgheboren hertoge van eddelem slechte! —
Sus hebben di heten dine ridders unde knechte —
Men ick wil dy anders to spreken:
Holth an, ick wil dyn herte tobreken.
D[e] denne is rede, heft God ghesecht,
110 Wan he ön esschet, selich is de knecht.

De hertoeh.

Dyt hadde ik ernstlich vaken ghewroken,
De my susz hadde toghesproken.
Men nu moth ik hebben paciencie,
Wente my wroget seer myne conciencie,
115 De doet kumpt her seer unghehûr.
Ick moth fort, yd sy lucke effte effentûr!

De doet to dem abbet.

Her abbet, geystlike vader, di mene ik gantz,
Hum hastygen in den dodendantz!
In velen capittelen hefstu gewesen,
120 Dar dines ordens regel wart gelesen:
Hefstu di wol dar na gericht
Myt dynen broderen, so fruchte nicht!

102. Eer he my.

De abbet.

Ach, hadde ik dat gheholden myt flyd
Mit al mynen broderen, de myt my syd,
125 Dat queme my nu to groter bathe;
Och, hadde ick Gode in dessen stathe
Also ghedenet in rechten truwen,
So mochte ik dar nu ewich up buwen.

De doet tom crûtzheren.

Her meyster van dem Dûdeschen orden.
130 Ik wil myt di dagen in korten worden,
Di helpet nicht lenger staet efte ghelt:
Volge my na up eyn ander felt!
Hefstu barmhertich ghewest dynen armen,
So wil sik God diner wedder erbarmen.

De crûtzhere.

135 Seet, wo greselik synt desse word!
Nûwerlde hebbe ik der gheliken hord.
Unse orden strecket syk wente an de Torkye,
Dorch Prutzen, Lyfflant went an de Wallachye,
Dyt alle kumpt my nu weynich to baten.
140 Help my nu, Maria, so werde ik nicht vorlaten.

De dot to dem doctor.

Her doctor, dantze myt, holth an de hand!
Du hefst my nenen boden sand.
God, de hogeste, erste unde de beste,
He helpet erst unde ok in dat leste.
145 Al, de öm denen uth hertens grunt,
Maket he ewich an der selen gesunt.

Doctor in artzedye.

Ach God, hir is gantz klene rath,
Dyt water is vorware gantz quath,
De ferwe is suarth, grôn unde roth,
150 Ick see dar in den bytteren doth.
Up der appoteken is nicht eyn krud,
Dat gegen den doet kan wesen gud.

De doet tom canonik.

Her domhere, proficiat, bona dies!
Wordestu vorgetten, dat were wat nyes!
155 Holth an, dantze mit in den doet!
Dyne prebenden, reute, kleyn unde groet,
Al dat tytlyk is, werstu nu quyd,
Men gude werke belonet God to ewiger tyd.

De canonicus.

Och, dat weth ik wol, sy des bericht,
160 Dat ik to veler geystlicheyt byn vorplicht,

8*

Der ick noch nicht vele heble betenget.
Nu werde ick van deme dode ghedrenget,
Des hadde ick noch gantz kleynen loven.
Nu werde ick berovet aller myner proven.

De dot to dem parner.

165 Her kerkhere, cum licentia, ich kome to dy,
Holt hastyghen an unde folge my.
Dy is bevolen de kerke, Godes tempel,
To geven dynem kaspelfolke gude exempel.
Bystu ein gud herde, eyn recht prelate,
170 So kumpstu recht nu vort to grotem state.

De pastor (parner).

O Criste, du storvest umme my gantz wylligen.
Ick bydde dorch vordenst dyner hilligen,
Umme alle gude werke, de werden ghedan,
See my armen gnedichliken an,
175 Laet dyne hylgen wunden unde bittere doet
My jo nu helpen uth aller noet!

De dot to dem monnike.

Broder monnyck, van wat orden dattu byst,
Dyn orde is gemaket ane argelyst
Van den hilgen vaderen eyn recht reformacien.
180 Wo wol du heffst gheleden etlyke temptacien,
Vor dyn horsam, castigynge unde ander arbeyt
Wert God dy geven de ewygen salicheyt.

De monninck.

O Deus, wo wol queme ick denne to mathe,
Mochte ick komen to so grotem stathe!
185 Myn kleyne arbeyt, waken, lesen unde syngen,
Konde my nynerleyewysz dar henne bringen,
Were Cristus vor my so bitterlyk nicht gestorven,
Dar myt he my dit al heft vorworven.

De doet to dem rydder.

Her rytter, ick do dy hastich to wetten,
190 Treth an, ick wyl dy nicht vorgetten.
Volge my nu in den dodendantz!
Dyn stath, wertlyke ere, heel unde gantz
Nympt nu eyn ende ane alle schympen.
De wegge is nu up went an den tympen.

De rytter.

195 Help ridder sunte Jurgen! my is gantz bange.
Tavende sath ik alto lange.
By deme konnynge, myneme gnedigen heren:
Dath dede ick öm tho groten eren.
Nu vole ick an my den bitteren doet.
200 O God, help my jo nu in desser noet!

De doet to deme official.

Gy geystliken richters, ok du official,
Komet alle heer in dessen gral,
Kurtesaners, ock alle gy, notarius
Hinricus, Johannes, locate unde bacalarius,
205 Vor godes richte môte gy in desser fart.
Dar helpet neyne wassene neze efte flassene barth.

De official.

Ach God, dyt synt seer scharpe word,
De ick nu hir suss hebbe ghehord
Myt al den gesellen, de myt my syd.
210 Hadde wy dat richte vorstan myt flyd,
Mit rechter guden conciencien,
So horde wy nu eyne gnedige sentencien.

De dot tom klusener.

Broder Conrat eft wo du bist geheten,
Desses dantzes laet di nicht vordreten.
215 Bistu otmodich ghewest, ane glitzerye,
So de vaders plegen in der wostenye,
Din willige armod unde ander flid
Wert Got di belonen to ewiger tid.

De klusener.

O Here, dencke myner in desser stunt,
220 De du umme my byst jemmerliken vorwunt,
Erlôse my, so du dedest den hilgen Heliam
Unde den guden konnynck Ezechiam!
Nym my, Here, uth dessem elende,
Myne sele bevele ick in dyne hende!

De dot tom bormester.

225 Her bormester, dat ordel unde alsodane word
Hefstu noch nicht eer ghehord,
Dat dy nu wert thogesecht:
Dantze myt, du most vor Godes recht!
Is nu gerecht dyne conciencie,
230 So werstu horen eyne guedige sentencie.

De borgermester.

Ach God, wo schal ick dyt vorstaen?
De doet tastet my ernstlyk an.
Ick meende, ick scholde noch werden gesparet,
Dat vele saken noch werden gheklaret.
235 De borgers konen my nicht wol entberen.
Id is gud by tyden sterven leren.

212 sētciē.
217 Din] di.

De dot to der nonnen.

Klosternonneken, vorvere dy nicht to sere,
Desses dantzes hefstu grothe ere.
Wente de syk Gode heft ghegeven
240 Unde de wil voren eyn geystlik leven,
De moth syk gantz van der werlde keren
Unde schal by tyden sterven leren.

De klosternonne.

Eya, help Maria, my is ovel to mode!
Schal ik alrede sterven, dat do ik node.
245 Ick hadde ghehopet noch meer to leren,
Wo ick scholde denen Gode, mynem heren,
Deme ik myne sele hebbe vortruwet gantz,
Unde also mochte erlangen der junckfrouwen krantz.

De dot tom kopman.

Kopman, to stervende bystu gantz bedrovet,
250 De werlt heft dy men sere gheovet.
Umme gelt deystu arbeyt unde flyd,
Men Gode to denen hefstu neene tyd.
Nu mostu myt in eyn ander lant,
Wat is nu dath vele ghyrent bewant?

De kopman.

255 Ach yd is jo war, hadde ik myne tyd
Gode ghedenet myt so grotem flyd,
Also ick na gelde hebbe ghyret
Unde weynich hilge dage rechte fyret,
So krege ik wyß ewyghe salicheyt!
260 Dem gelde to denen is al vorlaren arbeyt.

De dot tome juncheren.

Juncker, wo rechte fromde is dy by my,
Unde byn doch nu so na by dy,
Dat schaltu recht also vorstan:
Dyn levent is nu tho deme ende ghan.
265 Hefstu wol ghedenet Gode, dynem heren,
So kumpstu nu tho groten eren.

De juncher.

Ach neen, leyder dat is vorkeret.
Gode to denen hebbe ick nicht wol gheleret,
Men slomen, domen, dryncken unde syngen,
270 Myt pypen, bungen, dantzen, spryngen.
Myn vader heft my vele to hope lacht,
Up den dot hadde ik noch nicht gedacht.

261 framde.

De dot tor junckfrowen.

Junckfrouwe Gyseltrut, wo ick dy schal heten,
Dantze vort, laet dy nicht vordreten!
275 Du plechst gerne tho dantzen unde spryngen,
Vele nye lede lerestu syngen.
To stervende make dy hastigen rede,
Dar synt vele achter, de môten alle mede.

De junckfrouwe.

Ach neyn, ick byn yo noch eyne yunge derne,
280 Myne elderen beholden my ock gantz gerne.
Eya, mochte ick beholden dat leven,
Dar wolde ik al mine kleynode umme geven.
De dot sparet nicht olde efte de nyen,
Ick bevele my deme sone der junckfrowen Marien.

De doet to deme borger.

285 Du borger lechst grote sorge dar an,
Dattu mogest heten eyn ryke man.
De tytlik gud wyl sammelen ane sunde
Unde Gode dar by wyl hebben to frunde,
Der synt manckt vyven nouwe twey.
290 Dede socht ewich gut, selich is de.

De borger.

Ach Got, wat hebbe ik dar vele umme dan,
Dat ick mach heten eyn erbar man
' Unde ock vele geldes mochte werven,
Dat sulve to laten mynen kynderen unde erven!
295 Hadde ik den armen ghegeven myt flyd!
Ach de dot nympt my dat levent unde tyt!

De dot to der bagynen.

Vorveer dy nicht, kornute, suster bagynken!
Id is all eyns, eft du hetest Wobbeke efte Kristinken,
Krichstu wat to wetten gysteren efte hûde,
300 Wo draden kumpt dat manckt de lûde!
Neen dinck hyndert dy nu so sere,
Alse vele unnutte tydynge unde nye mere.

De baghyne.

Do men my nicht konde ryke beraden,
Moste ick werden bagyne draden.
305 Ik hebbe geknuttet, geneyet unde gewracht,
Myt kleynen sorgen myn levent henne bracht,
Ock hebbe ick my erneret myt der spyllen.
O dot, schone myner umme Jesus willen!

De dot tom doren.

Hyntze Sychelenfyst van Geckeshusen,
310 Du hefst lange noch gan in deme susen,

Du dorest fuste an, lest ock nicht aff
Unde blyfst eyn narre wente in dat graff.
Dantze vort! ick wyl dy vore syngen,
Du must nu na myner pypen springen.

De dor efte geck.

315 Al wor, ik weet de fetten slŏke,
Dar gha ick hen manckt de kŏke,
Ick ethe unde dryncke myt den heren,
Eyn ander betalet, ick helpet vorteren
Myt lichten synnen, bungen unde pipen.
320 Nu kumpt de dot unde wyl my grypen.

De dot tom amptman.

Mester amptman, hefstu myt truwen ghewerket,
So kumpstu nu int rechte market,
Nicht myt loszheyt, schon vor ogen,
Bynnen feyl unde so bedrogen,
325 Bystu ock truwe ghewest myt allem flyd,
Dat belonet God nu unde ock to ewyger tyd.

De amptman.

Ach neen, ick befruchte my in velen saken,
Mochte ick leven, ick wolde yd beter maken.
Ick hebbe jo myn ampt wol ghelerd,
330 Mynen gyldebroderen was ik ok lef unde werd.
Dat my doch de doth lenger leven lethe
— Wat schade ŏm dath? — unde myne fruwen Grete.

De dot to dem studenten.

Her domine efte Johannes, wo dyn name ist,
De dot gyft dy nicht lenger fryst.
335 Eyn junck man schal by tyden leren
To denen Gode, syneme heren.
Hefstu dat ok so myt flyte gheleret,
So werstu nu ewichlyken gheeret.

De studente.

Non, non, expectate! yd is noch neen tyd.
340 Ik hebbe studeret myt grotem flyd,
Vaken hebbe ik ghekregen scharpe correccien,
So wan ik jo vorsumede de leccien.
Mochte ick appelleren! — de doth deyth my wee —
Ach leyder neen, dat is impossibile.

De doth to deme buren.

345 Tytke burkerl, holt an myt der hast!
Wen ik angrype, den holde ick fast.
Hefstu den hilgen teyn boden horsam wesen,
De dyn kerkhere dy plach vortolesen,

323 loszhety.

So wert dy nu schaden nicht eyn stucke
350 Unde kumpt dy to seer grotem lucke.

De bure.

Neyntwar, wo scholde ik so alrede sterven!
Ick wyl noch bynden mannyghe gerwen,
Mochte ik leven wente in de arne,
Myn wyff heft ock vefteyn stucke garne.
355 Nicht ein schyte schadet my, mochte ik leven,
Ok wolde ik minem junkere de pacht wol geven.

De doth to dem rûter.

Du rûter woldest gerne juncher heten,
Dantze vort, laet dy nicht vordreten!
Ik wyl myt dy fechten in dessen dagen,
360 Gewynnestu, so werstu nu to rytter slagen.
Ik wil dyn overdaet nicht lenger schonen,
Dyne groten word helpen dy nicht eyne bonen.

De rûter.

Wol umme, wol heer myt lichten synnen!
De nicht en waget, de kan nicht wynnen.
365 De doth maket my halff den schrul,
My duncket, he is alder dynge dul,
He beginnet my hir unde dar to plûcken.
He menet my vorwar eyn fel to rûcken.

De dot to dem amptghesellen
unde ander jungelyngen.

God sprickt myt synem hilgen munde:
370 Waket unde bedet to aller stunde!
De dot sendet jw nenen breff,
He kumpt slyken recht so eyn deff.
Hir umme, amptgheselle, holt an de hanth,
Du most myt in eyn ander lanth.

De amptgheselle.

375 Wat lanth, wat lanth schal ick nu wanderen?
Ik quam nu kortes van westen uth Flanderen.
Nu kumpstu, dot, vort jagen myt macht,
Up dy hebbe ik noch nicht ghedacht.
Ik gynge lever to kroge myt mynen kumpanen
380 To der Wytten Ulen efte to deme Roden Hanen.

De dot to der ammen.

Amme, kum heer myt deme kynde,
Ik neme den werd myt dem ghesynde,
De suster, den broder myt alle den gesten,
Olth, junck, quaden unde ock de besten.
385 God, dede wonet in den hogesten tronen,
Wyl yslyken recht na den werken lonen.

De amme unde kynt.

Ach, greselyke doet, schone dessem kynde,
Dat ick hir in de dôke wynde!
Ach ick behelde dyt kynt gantz gerne,
390 Ach schone ok my arme derne,
Ach wyl my noch leven laten!
Wat kan dy dat schaden efte baten?

In besluth
sprickt de dot alsus:

Tredet alle heer, papen, ock gy leyen,
Ick wyl jw alle umme meyen
395 Myt desser setzen grot unde kleyne,
Myt rechtem ernste ick jw alle meyne.
Myn anslach is myt groter hast,
So wene ik fate, den holde ick fast.
Dantzet mede, ick synge vorhen,
400 Alsus heth de sanck, den ick meen:
Bytterlyken sterven is de erste sanck,
De ander is der klocken klauck,
De drydde is: in korter stunden
Werstu vorgetten van dynen frunden,
405 Umme dyn tytlyke gud ghan se to deele,
De worme umme dat flesz, de dûvel umme de sele.
Wan denne dyt sus wert entricht,
Dat eyn yslyk syn eyne part kricht,
Dat holth he so fast ane alle feyl,
410 He geve dat nicht vor de anderen twey deyl.
Krygen de worme dat flesz to deele,
Se achten nicht des gudes edder der sele.
Wan de frunde ock krygen dat gud,
Achten kleyn, wat lyff unde sele doet,
415 Kricht de dûvel de sele in beholth,
Ja he geve se nicht vor alle golth.
Up dat syn wylle jo nicht en schee
Eyn yslyk syk wol vore see.
Leret wol sterven unde syd bereyt!
420 Wol sterven allen kunsten boven geyt,
Wol sterven is so groten kunst,
Dar mede men kumpt in Godes gunst.
JO Criste, dorch dynen doth sy[n] wy vorlost,
Wesz du jo unse ewyghe trost! Amen.

Anno domini MCCCCCXX Lûbeck.

BERLIN.   W. Seelmann.

Zu mnd. Gedichten.

Zu Reinke de Vos.

Die Interpunktion des Lübeker Druckes von 1498 ist eine rein willkürliche und von den Herausgebern durch die moderne ersetzt. Die Ausgaben zeigen aber eine nicht unerhebliche Abweichung von einander. Prien, nach dessen Ausgabe hier citiert wird, hat zwar seine Vorgänger an vielen Stellen berichtigt, an einigen jedoch, wie mir scheint, das Richtige noch nicht gefunden oder wieder beseitigt, indem er wohl Lübbens Ausgabe zu sehr folgte.

V. 383 ff. *Wente Reynke hadde uns ghelacht syne lage*
Unde quam slykende uth eyner hage
Unde heft uns de porten underghan
Unde grep myner besten kynder eyn an;

V. 385 ist das Perf. *heft* in der Erzählung auffällig; es findet sich jedoch mehrfach, so V. 1505, 2870; auch in Valentin und Namelos, V. 374.

V. 725. *He sloch myt syner holten slyngeren,*
Gerold myt den krummen vyngeren
Unde syn swager Kuckelrey,
Alder meyst slogen desse twey;

So interpungieren Hoffmann, Lübben, Prien; Schröder setzt hinter V. 725 einen Punkt, indem er offenbar *he* auf Ludolff in V. 723 bezieht. Aber mit *he* in V. 725 ist doch wohl sicher Gerold gemeint; dann müsste V. 726 Apposition zu *he* sein und in Kommata gesetzt werden. Aber auch so ist die Anknüpfung von V. 727 nicht ganz korrekt. Daher glaube ich, dass mit Umstellung der V. 725 und 726 zu lesen ist:

Gerold myt den krummen vyngeren
(He sloch myt syner holten slyngeren)
Unde syn swager Kuckelrey,
Alder meyst slogen desse twey;

Vergl. V. 722: *Slobbe myt deme krummen bene*
Unde Ludolff myt der breden nese,
Alder wredest weren eme dese.

und V. 729: *Abel Quack unde dar to vrouw Yutte,*
Unde Talke Lorden Quacks (de sloch myt der butte)
Nicht desse alleyne, men al de wyve,

V. 837. *Sus sprack Reynke, do he sach,*
Dat Brun sus drouich unde blodich lach.
He wart des vro utermaten secr
Unde sprack:

So im wesentlichen alle Herausg. Der Zusammenhang ist folgender: R. glaubt, dass Brun in Rustevils Hofe seinen Tod gefunden hat, V. 822: *men nu lycht he doet in deme boem,* und war froh darüber, V. 823: *des byn ik vro in alle mynen dagen.* Als er aber Brun noch lebend am Ufer liegen sieht, wird er wieder sehr betrübt, V. 828, doch tröstet er sich mit dem Gedanken, dass Brun wenigstens ein Pfand gelassen haben werde. Jetzt erst bemerkt er, wie *drouich unde blodich* Brun daliegt und wird nun ausserordentlich froh darüber. Daher meine ich, dass in V. 837 hinter *Reynke* ein Punkt und in V. 838 hinter *lach* ein Komma zu setzen ist.

V. 888. „*Dyt horet my to wreken ane gnade.*
Dorste Reynke schenden alsolk eynen heren
Alze Brun is, ya, by mynen eren,
Dar to swere ik by myner krone,
Dat Reynken dat schal werden to lone,

So bei Lübben, Schröder und Prien; aber zu dem Vordersatze *Dorste — is,* der nicht konditional gefasst werden kann, bildet *swere ik* keinen logisch richtigen Nachsatz; dieser steht vielmehr V. 888 näher. Daher ist, wie es Hoffmann bereits gethan hat, hinter *is* ein Fragezeichen oder Ausrufungszeichen zu setzen.

V. 1263. *De konnynck sprack: „we is so soth,*
De Reynken dor bryngen dat drydde both
Unde eyn oghe heft to vele edder eyn lyff,
Dat sulue wagen umme den bözen ketyff,
Edder sus syne suntheyt hengen in de wage,
Denne noch Reynken nicht konen bryngen to dage?

Schröder bemerkt: „eigentlich *to wagen*", und Prien führt zwei Beispiele aus den Glossen an, in denen gleichfalls *to* vor dem Inf. fehlt. Aus dem Sündenfall führe ich an V. 2858:

De here heft mik útgesant,
den bedróveden herten dôn bekant
Arzedie aller dinge,

Auch das Hchd. lässt sich vergleichen. Von den Thesen, die Dr. Balthasar Hubmeier aus Friedberg für ein Religionsgespräch zu Waldshut 1524 vorschlug, lautete die 10.: „Es ist viel besser, ein einigen Vers eines Psalmen nach eins jeden Lands Sprach dem Volk zu vertolmetschen, dann fünf ganz Psalmen in fremder Sprach singen und nit von der Kirchen verstanden werden." Kluge, Von Luther bis Lessing, S. 6. Danach ist in Hermen Botes Bock van veleme rade, Nd. Jahrbuch XVI, S. 29, V. 20, das *to,* welches ich Nd. Jahrbuch XIX, S. 111 gesetzt habe, zu tilgen.

V. 2477. „*O Reynke, ghetruwe voss,*
De hir sus grauede in dyt moss
Dessen schat myt dyner lyst,
God geue dy ere,

Lübben vermutete, dass *de grauedest* zu losen sei, da Reinaert 2624 hat: *die hier groeves* und die Delfter Prosa: *dattu groeves.* Schröder bemerkt nur: „Wechsel der 2. und 3. Person." Es lässt sich Parzival 182,25 vergleichen:

Do sprach er 'frowe, hie habt ein man
der iu dienet, ob ich kan.'

Ferner eine Wernigeröder Urkunde aus der Zeit um 1430 (Ztsch. d. Harz-Vereins 24, S. 505): *Ik Herman Wulf, Hermen syn sone, borger to Wernigerode, wy clagen* etc.', wenn hier nicht etwa ein Schreibfehler vorliegt.

V. 3895 ff. interpungiere ich folgendermassen:
Id en is noch nicht al so klare.
Dat nu de wulff unde ok de bare
Myt deme konnynge wedder ghan to raden,
Dat wyl noch mannygem sere schaden.

V. 3895 übersetze ich: „es ist noch nicht alles ganz klar, bekannt", d. h. man kennt des Königs Habgier noch nicht ganz.

V. 4170—75. Die Interpunktion bei Schröder scheint mir die allein richtige zu sein.

V. 4670. *Se meenden, queme dyt vor de heren*
In den hoff, denne scholde dat recht
So ghan, alze se hadden ghesecht.
Here, ik segge dyt myt orloff,
Se quemen myt deme manne in den hoff,

So Lübben und Prien; Schröder setzt hinter V. 4673 ein Kolon, Hoffmann dagegen richtig einen Punkt. V. 4673 ist offenbar mit Rücksicht auf die beiden vorhergehenden Verse gesagt, in denen der König eine Beleidigung hätte sehen können, und daher besser in Klammern zu setzen.

V. 5551. *Sus konde Reynke de wort stofferen,*
So dat alle, de dar weren,
Meneden, he spreke ane beraet.
Wente he hadde ernstaftich ghelaet
Van den kleynôden iu synen worden,

Diese Interpunktion scheint mir unhaltbar. Die beste hat Schröder, der V. 5554 einklammert. *Van den kleynôden* in V. 5554 hängt ab von *he spreke.*

Hinter V. 6150 ist ein Gedankenstrich zu setzen, da nur V. 6144—50 an Isegrym, die beiden folgenden an die übrigen Anwesenden gerichtet sind.

V. 6365. *Reynkens vorvôte dat weren syne hende;*
Der krech Ysegrym ein by dem ende,
In syne munt Reynkens hant.

Die Worte *by dem ende* sind von keinem der Herausg. erläutert, auch im Mnd. Wb. nicht. Die wörtliche Uebersetzung 'beim Ende' scheint mir sinnlos, auch wenn man *ende* mit 'Spitze' übersetzen wollte. Ich vermute, sie sollen heissen 'endlich, zuletzt', wie sonst *in dat ende* gesagt wird.[1]) *ein* ist Akk., s. Mnd. Wb. I, 637; ebenso Sündenfall V. 1542. *in syne munt* ist mit *krech* zu verbinden und hinter letzteres ein Komma zu setzen: „Reinkens Vorderfüsse, das waren seine Hände; von denen bekam Isegrim zuletzt einen in seinen Mund, nämlich Reinkens Hand."

Zu Valentin und Namelos.

V. 157 ist zu interpungieren:
unde sprak 'vorgete ik miner tucht,

V. 349 ff. *Do gingen de heren in den rât,*
Crisostomus mede, al was he quât
van Philan der eddelen vrouwen fin.
do sprak de hertoge Baldewin.

Offenbar ist V. 350/1 *quât van* 'böse infolge von Philas Benehmen' zu verbinden. Doch scheint mir der Ausdruck etwas kühn. Man könnte auch hinter *quât* ein Komma setzen und *van* mit *gingen* verbinden 'gingen hinweg von', dann bleiben aber die Worte *al — quât* ohne genügende Erklärung. Statt *van* hat H aber *tho,* was mir das Richtige zu sein scheint. Zwar ist *quât to* 'böse auf' im mnd. Wtb. nicht belegt, doch findet sich V. 1618 *unduldich to; unwillen to einem hebben* Ztsch. d. Harz-Vereins 24, 504 und im heutigen Nd. ist *gût. schlecht tau* ganz gewöhnlich. V. 350 setze ich hinter *mede* einen Punkt und V. 352 hinter *fin* ein Komma und beziehe *he* auf Baldewin. Dem *al* 'obgleich' in V. 350 entsprechend ändere ich V. 352 *do* in *doch.*

V. 486 ff. *'her ridder gût al unvorsaget,*
hadde gi nicht desse vrowe fin,
ik wolde denne juwe egen sin.
gi hadden wol vorwaret mi'.

V. 489 hat der Herausg. das hs. *wor aret* in *vorwaret* geändert 'ihr hattet mich gut beschützt'. Man würde jedoch erwarten 'ihr habt mich gut beschützt'. H. hat aber *vorschuldet,* was auf eine andere Ls. deutet. Die im mnd. Wtb. unter *vorschulden* angeführten Bedeutungen 1. vergelten, vergüten, 2. schuldig sein, kann an unserer Stelle dies Verb nicht haben; es muss vielmehr bedeuten 'verdienen, erwerben' wie im Mhd., s. mhd. Wtb. III, 189. Daher glaube ich, dass *vorwarwet* statt *vorwaret* zu lesen ist: 'ihr hättet mich wohl verdient, erworben'. Vergl. Teuthonista p. 231: *verschulden,* in D. *verdyenen.*

V. 996 ff. *de konink sprak tor sulven stunt*
'al mochte gi tein dusent punt
van krekeschen roden golde geven,
her ridder junc, dat merket even,
gi scholen wesen lôs unde vri'

---

[1]) Vergl. Dat nye schip van Narragonien, herausgeg. von Schröder, V. 8065: *by dem ende syn,* 'am Ende, am Schluss sein'.

V. 980 ff. bietet der König dem Valentin für seine Hilfe Gold und Silber an, Valentin bittet aber nur um seine Freilassung. Daher scheint mir der Gedanke 'wenn ihr auch 10 000 Pf. Gold geben wolltet' unpassend, man erwartet vielmehr 'wenn ihr auch 10 000 Pf. haben wolltet'. V. 998 fehlt in H und auch in S scheint nicht alles in Ordnung zu sein. Ich glaube, dass *heven* statt *geven* zu lesen ist. Die Form *heven* für das übliche *hebben* ist freilich im mnd. Wtb. und in Lübbens mnd. Gr. nicht belegt, findet sich aber, wie mir Herr Bibliothekar Dr. Milchsack in Wolfenbüttel schreibt, in der Hds. des Laien Doctrinals 206, 13. 14 im Reime *heven : begeven*. Da nun die Hdsch. des Laien Doctrinals eine Uebersetzung aus dem Brabantischen Deutsch ist, und für unser Gedicht Brügge als Entstehungsort angenommen wird, s. Einl. XVII ff., so erklärt sich die Form *heven* leicht. Man vergl. noch V. 536 den Imper. *hevet*, der in der mnd. Gr. gleichfalls fehlt, V. 1978 *du hevest*, 2216 *gi haven*.

V. 1205. *Valentin dat schermes kôs*

Statt *schermes* haben SH *scherent*. Da die Form *mes* im Gedichte nie vorkommt, sondern nur *mest*: 1494, 1500, 1502, 1526, 1544, 1546, so hätte auch *schermest* geschrieben werden müssen. Aber das hs. *scherent* war überhaupt nicht zu verwerfen, vergl. V. 1176: *ein islik dar sin sittent kôs* und 2060: *ein suchtent do sin herte kôs*.

V. 1322 ff. *Valentin de nam den kop*
             unde slôch den enen in den top,
             dat he in dusent stucken brak.

H hat V. 1322 *pot* statt des vom Herausg. gesetzten *kop* und 1323 *vor den kop* statt *in den top*. Die md. Prosabear. S. 88, 26 hat: *und* [Valentin] *nam den kopff mit trank mit al und slug en uff das hewpt, das der kop zeubrach.* Hiernach kann es nicht zweifelhaft sein, dass H die richtige Lesa. hat. Der unreine Reim *pot : kop*, der den Herausg. vermutlich zu seiner Aenderung veranlasst hat, ist zwar selten, aber nicht zu verwerfen. Aehnliche unreine Reime kommen im Gedicht mehrfach vor, s. Einl. XVII, und sind im Mnd. überhaupt nicht selten. Der Reim t : p findet sich aber wirklich einige Male, so in den mnd. Fastnachtspielen, herausg. von Seelmann, S. 29, V. 88/89 *Kroep : Godt*; Laiendoctrinal, herausg. von Scheller, S. 50: *Got : stôp*. Vergl. auch Gerhard von Minden, Fabel 36, 53/4 hs. *dât : mak*, was der Herausg. unnötig in *mât* geändert hat. V. 1323 l. *eme* st. *enen*.

V. 1628. *de konink mit sinen jungen*
          de rosse rôrden dar den kle,

So nach Sprengers ansprechender Aenderung (Nd. Jahrb. 19, 108), nur wird *dar* 'durch' in *dor* zu ändern sein, da diese Form im ganzen Gedicht nicht weiter vorkommt, sondern nur *dorch, dor dôr*, wenn man nicht etwa annehmen will, dass in der Vorlage von SH *dar* stand und aus Missverständnis der Abschreiber unverändert blieb.

V. 2072. *van leide er dat swêt ûtbrak,*
          se sprak wenende to her Valentin
          'latet mi den vrier min'.

V. 2073 ist *to* vom Herausg. hinzugefügt. Wenn ich nicht irre, so kommt im ganzen Gedicht kein Beispiel vor, wo vor direkter Rede *sprak* einen Zusatz mit *to* hätte. Es ist daher zu lesen: *se sprak wenende 'her Valentin*, etc.

V. 2211 ist *to* statt *so* zu lesen.

V. 2397 ist mit S *de rese grôt* zu lesen, wie auch V. 2389 steht.

Zum Sündenfall.

V. 159. *Hir umme ok se nu entledige*
         Unde undôtlik unde ewich se bestedige.

Statt *ok* ist *ik* zu lesen.

178. *De quade lât ek vallen,*
      De guden wedder upstallen.

Statt *quade* l. *quaden.*

293. *Dâr inne leret unse status,*
Dat wy alle tûn de sunde afkeren,

Statt *tûn*, worin offenbar ein Fehler steckt, ist *dôn* oder *scullen* zu lesen.

298. *Dat he na sinem willekor*
Alle tit dat beste kere vor.

Statt *kere vor* liest Sprenger, Nd. Jahrbuch 16, 118 *kese vore* 'vorher prüfend betrachte'. Da aber V. 749 steht:

Dat ein iuwelk mochte unde konde
Na sinem vrigen wilkore
Dat gude edder erge kernen vore.

so scheint *kerne* das Richtigere zu sein.

824. *Icht dat flesk ên soden wolde,*
Dat der sele wat anne scolde,
So scal de sele hebben de macht,
Dat it to vorne werde bedacht,
Ift it moge scaden edder vromen.

Statt *anne* glaubte ich, Nd. Jahrb. 15, 80, nach mnd. mhd. *ande*, mhd. *mich andet* ein Verb *anden* 'schmerzen' annehmen zu dürfen. Dagegen macht Sprenger im Nd. Jahrb. 16, 120 geltend, dass das Wort diese Bedeutung im Mnd. nicht habe. Ich muss zugeben, dass diese Bedeutung bis jetzt nicht belegt ist. Wenn aber Sprenger ändert: *dar de sele wat anne scolde* 'daran die Seele etwas verschuldete', so ist gleichfalls zu erwidern, dass *scolen* diese Bedeutung nicht hat. Da der Sinn der Stelle offenbar ist: 'wenn das Fleisch so etwas wollte, was der Seele Nachteil bringen könnte, so soll die Seele die Macht haben vorher zu bedenken, ob es schadet oder nützt', so bleibe ich der Ansicht, dass in *anne* ein Synonym von *scaden* oder dies selbst zu suchen ist. Uebrigens findet sich *anne* im Sündenfall selbst mehrfach, z. B. V. 146. 3238 und in den Mnd. Beispielen im Stadt-Archiv zu Braunschweig, gesammelt von Hänselmann. 1892. Nr. 79, 92, 111.

857. *Nu hebbe wy vor dat beste gekoren.*

Hinter V. 856 setze ich einen Punkt und lese *Dat* statt *Nu*.

1316. Die Hs. hat *grotter*. Diese Form findet sich auch bei Hänselmann, Mnd. Beispiele, Nr. 113 vom Jahre 1524; R. V. 2116. Da im Sündenfall V. 2852 auch *better* steht und beide Formen der heutigen Mundart entsprechen, s. Schambachs Wtb., so sind sie nicht verwerflich, sondern geben erwünschten Aufschluss über den Dialekt zur Abfassungszeit unseres Gedichtes.

1558. *Den sach ik also lange,*
Dat dar ein eislik slange
In lach unde sik to hope wunden;

V. 1558 fasse ich *den* als 'dann' und ändere *wunden* in *wunde*. Reime auf en : o kommen mehrfach im Gedicht vor, ebenso überflüssiges n am Wortende, z. B. V. 137, 460. Anders erklärt Sprenger die Stelle im Nd. Jahrb. 14, 149.

1674 ist wohl *dar* statt *dat* zu lesen, ebenso V. 2961.

1708. *Noe, dut schaltu alle wisse[n] (: fecisse)*
De vogel des himmels, de der der erden
Schullen alle wedder vorstôrt wêrden,

Schönemann, der das hs. *wisse* in *wissen* ändert, scheint hier eine hd. Form für möglich zu halten; es ist wahrscheinlich zu ändern: *dut schaltu wetten algewisse;* letzteres Wort findet sich in Meister Stephans Schachbuch, V. 2873.

1719/20 ist zu interpungieren:

Dat schaltu dôn mit kloken sinnen,
Beide buten unde binnen.

2069 lies *se* statt *so*, vergl. V. 2090/91.

2141. *Unde bidde, here, hilge trôst,*
Dat hir geistlike inne vorlôst
In tôkomenden tiden mogen wêrden,

De jü geborn worden up êrden,
Unde noch schullen wêrden gebôrn,
Dat se nummer mêr wêrden vorlôrn,
Dat dusse geistlike win unde brôt
Jo so schicke du, leve god.

V. 2147 ist unverständlich, ich vermute, dass zu lesen ist: *Dor dussen geistliken win unde brôt.* Die Form *dar* statt *dôr,* welche Sprenger V. 1549 ansetzt (Nd. Jahrb. 19, 107), kommt sonst im Gedicht nicht vor und scheint daher unzulässig, ist auch der heutigen Mundart fremd.

2273 ist das auch dem heutigen Dialekte fremde *kommen* in *komen* zu ändern.

2277 ist zu lesen: *Wu wy dem mynsliken slechte mochten raden.*

2450. *Dâr up ek dy recht nein en geve,*
Statt *recht nein* ist *nein recht* zu lesen. *recht geven* fehlt im mnd. Wtb., findet sich aber in Meister Stephans Schachbuch, s. Wörterverzeichnis p. 74.

2885. *Use scrifte de droget over ein,*
Statt *droget* lies *draget* oder *dreget;* die Hs. hat öfter o für e, z. B. V. 974, 1867.

3787 lies *live* statt *lêve; to dele geven* Stephans Schachbuch V. 4122.

3809 lies *der* statt *de.*

Zu Konemann.

Konemanns Dichtung ist in zwei vollständigen Hs. veröffentlicht, einer md. (A) von Sello im 23. Bd. der Ztsch. d. Harz-Vereins S. 99 ff. und einer nd. (H) von Euling im Nd. Jahrb. 18, S. 19 ff. Beide Herausg. nehmen nd. Urschrift an, doch lässt Sello die Möglichkeit zu, dass Konemann in einem Mischdialekte schrieb, wie Schatz annahm. Koppmann wies im Korrespondenzbl. 17, 18 ff. nach, dass die Vorlage von H mit A identisch oder nahe verwandt gewesen sein muss. Dass diese Vorlage nicht nd. war, erhellt auch noch aus einem andern Grunde, den Koppmann nicht hervorhebt. V. 197 hat A *daz suftenbare herze,* ebenso H V. 213 *suftenbare.* Dieses Adj. ist im Mnd. nicht belegt, würde auch wohl *suchtenbar* lauten, obwohl *suften* für *suchten* einige Male vorkommt. Aber mhd. heisst es *siuftebaere,* mhd. Wtb. III, 721. A V. 761: *Got unse herre selbe leiz*
    durch dodes angest blodes sweiz.
Ebenso hat H *leit : sweit. sweiz lâzen* ist ein beliebter mhd. Ausdruck, im Mnd. kommt er nicht vor, statt dessen heisst es *dut swêt brikt ût.* Hieraus ergiebt sich, dass die Vorlage von H md. oder hd. war, und dass H dieselbe, sei es des Reimes wegen, sei es aus andern Gründen, unverändert übernahm. Ein mnd. *swêt lâten* darf aus dieser Stelle nicht gefolgert werden.

A. V. 1058.	*Wazer, erde unde luft;*	H. V. 1096.	*Water lucht unde erde.*
	ok sol des vures guft		*Ok schal des vures ungeverde*
	bringen alle herzen		
	an sorchsamen smerzen.		
A. V. 1070.	*Iz moz sich also geboeren,*	H. V. 1108.	*It moth sick also behoren,*
	daz de lude mozen doeren		*Dat de lude moten dorren*
	vor angest unde beide		*Vor angeste unde not*
	der zokomften leide.		*Des tokomende iammers grot.*

Ein mnd. *guft* A 1059 und *beide* 'Erwartung' A 1072 ist nicht belegt, obwohl *beiden* vorhanden ist. Beide Worte sind hd.; mhd. *beiten* 'warten auf etwas' und *bîte* st. f. Die Aenderungen in H. lassen sich nur aus hd. oder md. Vorlage erklären. Auch die Zeit der Abfassung des Gedichtes weist auf hd. Urschrift; um 1250—1270 schrieb man nicht nd., s. Lübben im Nd. Jahrb. I., S. 5 ff. Ob mit Seelmann niederrheinische Mundart oder Beeinflussung durch mittelfränkische Vorbilder anzunehmen ist, ist schwer zu entscheiden; die von Seelmann angeführten Reime beweisen dies noch nicht, *nit* findet sich z. B. auch in einer Urk. des Grafen zu Stolberg und Wernigerode vom Jahre 1525, s. Ztsch. d. Harz-Vereins 23, 423/4. Möglich wäre es, dass Konemann aus dem benachbarten md. Gebiete um Aschersleben stammte, wo heute noch nd. Lautstufe mehrfach vorkommt. Ueber die Sprache um Aschersleben wird in den Mitteilungen des Vereins für Erdkunde zu H. a. S. 1895 ein Aufsatz von mir erscheinen.

Zu Eulings Text füge ich noch einige Bemerkungen hinzu, die sich zum Teil auf A als mutmassliche Vorlage stützen.

V. 35 ist hinter *goddes* ein Punkt zu setzen; Sello hat V. 40 ein Semikolon. 128 lies *den waren vrund*, Sello hat V. 136 *waren vrunt*.

406/7. Hinter V. 406 ist der Punkt zu streichen und hinter V. 407 zu setzen.

468. Um Blankenburg a. H. hat man *hërde* f. 'Herde'; Schambach bietet *hëre*. 531 ist ein Punkt statt des Kommas zu setzen, wie Sello V. 551 richtig hat. 602 ist ein Komma statt des Punktes zu setzen.

> 744. *Wu mochte eyn wifflick wiff*
> *Vorgetten ores kyndes, dat or liff*
> *Hefft to der werlde ghebracht.*
> *Doch is se des under tyden umbedacht,*
> *Sunder, du machst dat wetten,*
> *Ik wil dyner nummer mer vorgetten.*

Sprenger im Nd. Jahrb. 19, 104 ändert V. 747 unnötig *se* in *it* und fasst *doch* im Sinne von 'wenn auch', welche Bedeutung im Mnd. nicht belegt ist; 'doch, dennoch' giebt guten Sinn: Wiewohl eine Frau ihres Kindes nicht leicht vergisst, so kommt es doch bisweilen vor, aber *ich* werde deiner nicht vergessen. V. 746 ist ein Ausrufungszeichen zu setzen. In derselben Weise ist *doch* gebraucht V. 782. 977. 1009.

814 lies *Do* statt *De*.

831 ff. Hinter N. 832 ist ein Komma statt des Semikolons zu setzen und am Schluss von V. 834 ein Fragezeichen. *wente* 'wenn', s. Meister Stephans Schachbuch V. 4014. V. 835 *wen efte* 'als dass', fehlt im Mnd. Wb. Die Interpunktion bei Sello richtig.

1020/21 ist nach Sello V. 984 zu ändern:

> *Dat is: Eyn doed der bosen.*
> *Schal men dat rechte glosen,*

1255 ist statt *denne* wohl *deme* oder *den en* zu lesen; schwerlich entspricht *denne* dem heutigen *döne* = Dat. Pl.; vergl. jedoch mnd. *wene* = Akk. Sing. 'wen'.

1307 ff.

Eyn dach is beter dar	*So wil we or dat toreken,*
Wen hir mannich dusent iar,	*Alse we de meyster horen spreken,*
Wen de zele dort	*Dat eyner konigynnen schach,*
To hymmel wert gevoert.	*Do se konige Salomone ansach.*

Die Interpunktion ist nach Sello V. 1273 ff. zu ändern, doch muss bei Sello V. 1283 *ir* statt *in* gelesen werden. V. 1283 bei Sello: *so moz in dar gescen* lautet in H.: *so wil we or dat toreken*. *toreken* kann nicht dasselbe sein wie *toréken* 'zureichen, genügen' oder wie *toraken* 'wohin gelangen'. Ob der Vers richtig überliefert ist? *we* könnte aus Versehen aus der folgenden Zeile hierher geraten sein. Nach dem Wortlaut in H. würde man erwarten: *so wil sik or dat raken*, wofür auch *reken* vorkommt, s. mnd. Wb. III, 416b.

BLANKENBURG a. H.   **Ed. Damköhler.**

Zum Volksbuche von Eulenspiegel.

3. Hi. In dem Zuruf der Jungen: *he bad nur wol uss* etc. *Du hast lange nach dem bade gerungen* vermutet Koppmann im Korrbl. XVIII, S. 19 ein vom hochd. Uebersetzer missverstandenes Wortspiel, dessen Wortlaut etwa gewesen: *„bade men wol ut; du hefst lange gerungen na bate, nu bustu komen to bade."* *Du hefst lange gerungen na bate* „du hast lange auf Vorteil gesonnen," passt nicht recht in den Zusammenhang. Ich vermute, dass es gelautet hat: *du hefst lange gerungen na unbate.* „Du bist lange auf den Schaden (anderer) bedacht gewesen."

6. Hi. *und da der jung mit dem brotbecker wider kä da wz Ulenspiegel hinweg mit dem brot.* Lappenberg vermutet, dass statt des sinnlosen *brotbecker brot* zu lesen sei. Allein so wäre die Entstellung nicht zu erklären; es müsste dann auch wohl *weissbrot* gelesen werden. Ich vermute, dass der Uebersetzer schon in seiner Vorlage einen Fehler fand, nämlich: *mit dem Becken* (Bäcker) statt des niederd. *mit dem Wecken.* *Weck* oder *Wecke* ist eine Art Weissbrod von länglicher, zugespitzter Form, das noch heute in Norddeutschland (z. B. in Quedlinburg) gebacken wird. Vgl. auch Brem. Wörterb. V, S. 221. Den *Becken* seiner Vorlage hat dann der Strassburger Uebersetzer gedankenlos in einen *Brotbecker* verwandelt.

11. Hi. *da ward sie (die kellerin) gar zornig und zürnt uber Ulenspiegel, und lieff zům pfaffen und sprach zů im, wie daz sein hübscher knecht sie also verspot het.* *hübscher* ist hier kaum ironisch zu fassen. Ich vermute vielmehr, dass auch hier ein dem hochd. Uebersetzer unverständliches niederd. Wort gestanden hat, vielleicht *hünsch* (zu *Hüne*, Riese; s. Woestes Westf. Wb. u. Schambach) ungeschlacht, grob. Oder sollte *bübischer* zu lesen sein? Vgl. Hi. 25 *Da thet U. ein abentürliche büberei.*

13. Hi. *da wart sie gifftig auff ulnspiegel.* Der Druck von 1519 *(B) hat* statt *giftig: zornig.* Im Texte stand vielleicht ursprünglich das noch jetzt in niederd. Mundarten allgemein gebrauchte *veninisch* = zornig.

21. Hi. *wan ein alter milter würt der achtet seines gůtes nit, und wer gewonlich ein bott.* Für *bott,* wofür B: *thor* hat, stand hier wohl ursprünglich das alte niederd. *Butt* 'Stumpfsinniger', wozu das Brem. Wb. und Stürenburg auf got. *baut* in gleicher Bedeutung verweisen.

ebd. *Wan gesunde speiss, das wer krut, wie gesundt es auch wer. Auch so segenet er sich vor den speissen uss der apoteck wie wol sie gesunt ist, so ist sie doch ein zeichen der kranckheit.* Hier scheint dem Uebersetzer, wie öfter, ein Wortspiel entgangen zu sein, indem statt *gesunder speiss* ursprünglich *gesunt-spise[1])* (Gesundheitsspeise) im Texte stand, das durch *krut* 'Heilmittel' erklärt wurde. Uebrigens haben wir uns unter ihm, wie auch im Reinke V. 6715 *(se wreven emc krût in sin êne ôr)* wohl ein mineralisches Pulver zu denken, wie noch im Ostfries. (z. B. Röttenkruud = Arsenik), vgl. Stürenburg S. 126. Der zweite Satz sieht ganz wie ein späteres Einschiebsel aus.

22. Hi. *Also ward Ulenspiegel uf dē turn varten vergessen.* Im niederd. Text stand vielleicht ursprünglich: *úf der warten,* wozu als Erklärung *dē turn* hinzugesetzt wurde. *Die Warte* wird noch jetzt in Norddeutschland = Wartturm gebraucht. Anders Walther, Niedd. Jahrb. XIX, 21.

35. Hi. *Gottes diener wir seind von dem gecken betrogen! Gottes diener* ist wohl ein Missverständnis (oder Druckfehler) für den niederd. Fluch *Gottes dunre* „Gottes Donner!" S. Mnd. Wb. I, 540 und Woeste, Westf. Wb. unter: *duənerkil.*

36. Hi. *Also fragt Ulenspiegel wz dz par (hüner) gelten solt, sie antwort im dz par umb zwen steffans groschen, ulenspiegel sprach wöllē ir sie nit neher*

---

[1]) vgl. Komposita wie *gâch-spise* „schnell bereitete Speise".

geben. — *neber* scheint aus dem niederd. *neerer* 'niedriger, zu geringerem Preise' entstellt. Ueber *neer* aus *nedder* vgl. Schambach S. 143.

43. Hi. *Da befal er Ulenspiegeln das er nem was er hett, und macht dem buren ein supp, er het im das im schank gelasen.* Das zweite *das* ist aus *datz* = *dazů* entstellt. Ursprünglich hiess es wohl: *er hette im dartô* (Stoff dazu) *im schank gelaten.*

ibid. *wa von er dem bûren ein sup gegossen het.* 'ein sup giessen' = bereiten scheint oberd., ich hörte den Ausdruck vor Jahren zu Grindelwald im Berner Oberland.

52. Hi. *Ulenspiegel sagt lieber meister ir sagen war ich bin dabej nit lang gewesen, wan ir mir nun wöllen gestatten dass ich jjj necht by dem werck schlieff das ich des gewont und dan sehen ir was ich thůn mag.* Lappenberg fasst *gewont* als Adj. und will *werde* einschieben, es ist aber conj. praet. von *gewonen* 'gewohnt werden'.

53. Hi. *und sein meister zürnte mit dem uss gon* . . . Statt *zürnte* liest Lappenberg: *zögerte.* Es ist aber das niederd. *törnte* einzusetzen. Niederd. *törnen* ist zwar gewöhnlich transitiv in der Bedeutung: hemmen, aufhalten, aber in der Altmark sagt man nach Danneil auch: „*Wat törnst* (zögerst) *du denn? sprick graod herût!*" (der meister) *nam im dz zügeschnitten leder, und sagt, wz fürsichtigen, sehin da hastu ander leder* u. s. w. Aus dem Zusammenhange ergibt sich, dass es statt *wz fürsichtigen* ursprünglich gelautet haben muss: *wat unvorsichtigen.* Dass diese Verwendung von *wat* = 'etwas' der niederdeutschen Sprache eigentümlich und erst in neuerer Zeit in das Hochdeutsche *(was)* übergegangen ist, bemerkte schon Ettmüller z. Spil v. d. Upst. 896; vgl. auch Woeste, Westf. Wb. S. 316.

56. Hi. *da gedacht er Du solt dich mit disem gerber disen winter leiden.* — *sich leiden* ist mnd. *sik liden* 'sich genügen lassen, behelfen'. Mnd. Wb. II, 688.

58. Hi. *Als nun des gerichtes tag kä dz man Ulenspiegel ussfieren solt und solt in hencken dz wz ein gerühel uber die gantz stat, dz iedermann zů ross und zů fûss uff wz also das dem rat von Lübeck leid was das er in abgetrungen wurd.* Vgl. mnd. *mi is léd* ich bin bange, ich fürchte, vgl. R. V. 520. In Westfalen nach Woeste S. 158 noch heute gebräuchlich.

71. Hi. *Der wirt was gricht nach dem gelt.* Statt *gricht* wurde wohl ursprünglich *giricht* = begierig gelesen. Der Uebersetzer, dem das niedd. unorganische *t* am Ende unbekannt war, fasste es anscheinend als *gericht* = *gerichtet.*

78. Hi. *Lieben fründ, ich merck wol das der wirt ein hoch bocher ist.* — *hochbocher* (so, als compos. ist zu lesen) = Prahler; vgl. mnd. *bach. hochbochen* 'sich trotzig benehmen' nach Lexer erst bei Agricola.

86. Hi. *unnd briet den apffel müsslichen.* Hierzu bemerkt Walther Nd. Jahrb. XIX, 25: „Statt *mässlichen* ist *müsslichen* wohl verdruckt; einen zu Muss gebratenen Apfel kann man nicht schälen." Ich sehe in *müsslichen* das mhd. *müezeclichen* 'langsam'. Der Apfel wird deshalb *langsam* über dem Feuer gebraten, damit er eben nicht zu Muss wird.

ebd. *und an fier wochen sollen sy einhellich die schon kist, die er inen anzeigt mit kostlichen schlüsseln wol bewart, und sie wer noch uff zů schliessen dz ien dz darin wer, mit einander teilen.* Lappenberg liest: *wa sie wer noch zů, ufschliessen.* Dass *und* aus *wa* verdruckt sei, ist nicht anzunehmen. Es ist nur *und,* das = „wenn" zu fassen ist (vgl. Haupt z. Erek 7028 und z. Gottfried v. Neifen 8, 17), umzusetzen ;und zu schreiben: *und na fier wochen sollten sie die schon kist . . ., und sie wer noch zů, uffschliessen.*

87. Hi. *sunder sie miegt nit so ser in dem, dann das sie so gross doren weren, das sie ir ochsen für die kunst hetten geben, und was ein soliche wackelig.* Für *wackelig* vermutet Lappenberg das unmögliche *wankellüg,* es ist aber unzweifelhaft ein Druckfehler für *gawkeli,* nd. *gôkelie* „Gaukelspiel".

93. Hi. *wan got der her uber in gebůt, und von todts wegen abstünd.* Lappenberg will *er* nach *und* ergänzen, allein die Auslassung des Personalpronomens stammt aus der niederd. Vorlage und *und* ist = „und er" zu fassen. Vgl. Seelmann zu Gerh. v. Minden S. 166 f. und zu Valentin u. Namelos V. 38.

NORTHEIM.   R. Sprenger.

Zu niederdeutschen Dichtungen.

Zum Redentiner Osterspiel.

172 ff. prahlt der Tertius miles:

> *Tros! dat myner iemant beyde,*
> *Ik wolde em dat ben beselen,*
> *He scholde en jar an der hasen quelen!*

Walther im Jahrb. XVI, S. 45 fasst den Sinn der Stelle folgendermassen: „ich wollte ihm so das Bein besudeln, dass er ein Jahr lang an seiner Hose kranken sollte." Eine sachliche Bestätigung erhält diese Erklärung, die Schröder unsicher scheint, durch das Röbeler Spiel V. 78 ff. (Mittelniederd. Fastnachtspiele her. v. W. Seelmann S. 63 ff.). Hier droht Kundige Gerolth dem Schulzen, der den Bauern schlechtes Bier vorgesetzt hat:

> *Ick volde en de vorscho bedropen;*
> *He scolde uns wol mer* (in Zukunft) *gudth hyr kopen.*

Also auch hier, nicht viel später und auf Meklenburger Boden eine Androhung desselben Schabernacks!

583. *Jesus dicit:*

> *Lucifer, du bose gast,*
> *Du scholt bliven an dessen keden vast.*
> *Du scholt hir negest mer malet wesen,*
> *Myne leven scholen vor dy wol ghenesen.*

Ueber diese Stelle habe ich schon Zs. f. d. Phil. XXVII, S. 303 gesprochen. Ich bemerke jetzt noch folgendes. Für *malet* steht in der Hds. *malz*, was = *mals* (*malsch*), stolz, kühn, verwegen sein kann, ein gebräuchliches Beiwort der Teufel. Vgl. Mnd. Ged. her. v. Lübben S. 42, V. 12. *Wente du (Jacob) bekerdest de tovere valsch Unde du brandest de duvele malsch.* In *negest* steckt vielleicht eine bildliche Bezeichnung der Negation *enē gest* ʻeineu Dreckʼ. Ygl. Böse Frauen 200 (Mnd. Fastnachtsp. ed. Seelmann S. 10): *Eynen dreck ick na unsem Papen frage.* Es wäre dann zu lesen:

> *Du scholt hir enen gest mer mals wesen.*

Ich gebe die Unsicherheit dieser Vermutung zu; jedenfalls aber fügt sie sich in den Zusammenhang und weicht weniger als andere von der Ueberlieferung ab.

720. Auf die Frage Davids an den Latro, weshalb er hier so früh an der Thüre des Paradieses warte, antwortet dieser in Schröders Ausgabe:

> *Wete wy nycht, wes ik warde?*

Der Zusammenhang verlangt: *Wete gy nycht.* Da Ettmüller *Wete gi nicht* hat, liegt hier wohl nur ein Druckfehler vor. Ebenso 1066, wo Ettm. das richtige *weren*, Schröder *weret* hat.

1154 ff. ruft Lucifer seine dienstbaren Geister. Da sie nicht sogleich erscheinen, setzt er hinzu:

> *Ik mochte myn kranke hovet vorropen!*

vorropen ist im Mnd. Wb. 5, 425b nur in der Bedeutung „zerraufen" belegt. Schröder meint aber, dass diese hier nicht in den Sinn passe, und nimmt für diese Stelle ein sonst nicht weiter nachgewiesenes *vorropen* ʻverrufen, zerrufen, zu Schanden rufenʼ an. Aehnlich fassen die Stelle auch Freybe und Froning. Denkt man sich aber, dass Lucifer nach seiner Beschwörung der Geister eine Pause eintreten lässt, und dann, als sie ohne Erfolg bleibt, geärgert ausruft: „Ich möchte mir mein krankes Haupt zerraufen," so kommt man mit der belegten Bedeutung des Wortes wohl aus.

1410. *Ach were ik mynsche, also ik vore*
Wut ik to deme schowerke nicht en kore!

Ich glaube jetzt, dass *Wat* aus *Was* entstellt ist, welches für die Grammatische Construction nicht zu entbehren ist, und schreibe:

> *Ach were ik mynsche, alzo ik vore*
> *Was, ik to deme schowerke nicht enkore!*

'Wenn ich wieder Mensch würde, wie ich früher war, das Schustergewerbe würde ich nicht (wieder) wählen!"

1694. *Ach, we dar na wolde lesen,*
> *Wer he gicht krank mochte wesen,*
> *Oft he an der suke leghe, —*
> *Woste ik, we eme dat glas beseghe!*

Schwierigkeiten macht zunächst in V. 1694 die Rda. *lesen na eneme dinge,* die Ettmüller in dem Wörterverzeichnis seiner Ausgabe aufführt, aber ohne sie zu erklären; auch die übrigen Ausgaben bieten nichts. Ich halte den Vers für entstellt und glaube, dass er ursprünglich gelautet hat:

> *Ach we dat mi wolde lesen . . . .*

„Ach, wenn mir einer das berichten wollte!" *lesen* wird im Mnd. bekanntlich von jedem, auch mündlichen, Berichte gebraucht, wie ja auch in unserm Spiel V. 409 f. von Sathanas Jesus sagt: *Ik hebbe dar nicht verne wesen, Dar he syn testament heft ghelesen.* Die folgenden Verse sind in den Ausgaben bisher falsch interpungiert. Ettmüller setzt hinter V. 1696 [1685] ein Ausrufungszeichen statt des Kommas. So enthält aber der zweite Teil der Doppelfrage nichts neues. Ich fasse *wer* als Conj. der einfachen Frage, *oft* = 'wenn' und schreibe die Verse folgendermassen:

> *Ach, we dat mi wolde lesen,*
> *Wer he gicht krank mochte wesen!*
> *Oft he an der suke leghe,*
> *Woste ik, we eme dat glas beseghe!*

D. h.: „Ach, wenn mir doch einer berichten wollte, ob er etwa krank geworden! Wenn er aber gar bettlägerig geworden ist, wüsste ich dann wenigstens, wer ihm das Uringlas beschaute!" Ueber die Diagnose der Aerzte vgl. Seelmann zu den bösen Frauen 262 (Mnd. Fastnachtspiele S. 71) und Schröder z. d. St.

Zu den Fastnachtspielen,
her. v. W. Seelmann.

1. Zu den bösen Frauen.

V. 17 ff. Der Herausgeber versteht unter *ogen* 'Hühneraugen', aber da hier eine offenbare Parodie der ärztlichen Thätigkeit vorliegt, so ist wohl an misslungene Staroperationen dieses Doktor Eisenbart zu denken. 'Hühneraugen ausschneiden' heisst im R. Vos 5298 *ogen uthbrcken.* Auch zwischen dem *thene uttheen* (R. Vos 5299) und *th. uthbreken* ist wohl insofern ein Unterschied, als mit letzterem Ausdruck hier das gewaltsame Ausbrechen gesunder Zähne gemeint ist.

70 f. *Leue Dochter, segge my beschedenheydt,*
> *Wo steydt yuwer beyde sake?*

Da, wie der Herg. selbst bemerkt, *beschedenheit* in der Bedeutung 'Bescheid, Auskunft' im älteren Niederdeutsch nicht zu belegen ist, so liegt wohl ein Druckfehler vor und ist zu lesen: *segge my bescheyt.* Durch diese Aenderung wird auch der Vers geglättet.

359 fragt Drüdeke:
> *Wo nu, Henreke, bystu worden dul?*
> *Wat deystu mit der roden pagenhudt?*

Der Hg. bemerkt: „*roden* statt *roen* 'frisch ungegerbt' was der jüngere Druck bietet, ist vielleicht Druckfehler, doch lässt es sich als 'rot, noch blutig' erklären." Zu der Annahme, dass wirklich ein Druckfehler vorliegt, führt mich folgende Erwägung

V. 318 überreicht der Arzt dem Alert mit den Worten: *Hyrmit môte gy er de hudt dôrchhouwen* — eine Ruthe. Diese erblickt nun Drůdeke in der Hand ihres Mannes und ruft:

> *Wat deystu mit der roden un d pagenhudt?*

392 f. befiehlt der Doctor:

> *Tastet se an und holdet se fast*
> *Und splytet ehr aff dat bast!*

Der Hg. versteht unter *bast* die Haut, welche an einigen Stellen durch Schläge mit Birkenreisern abgeschunden werden muss, damit die Rosshaut das Gift aus dem Körper saugen kann. Davon ist aber im Texte nichts gesagt, und mir scheint es natürlicher *dat bast afsplyten* = 'das Zeug ausziehen' zu fassen. Dies muss geschehen, damit der Arzt den Aderlass vornehmen kann. So erklärt die Stelle (= Keller, Fastnachtspiele 983a) auch Woeste, Westf. Wb. S. 22. Bei Lexer I, 133 ist *bast* = „Saum eines Kleides" verzeichnet.

2. Zur Burenbedregerie.

1 f. Der Prolocutor spricht:

> *Godt grôte yuw, Heren allentsamen,*
> *Vastelauendes wise wy tho yuw kamen.*

Dass, wie der Hg. meint, *kamen* nicht Praesens ist, sondern Praeteritum = 'wir sind gekommen' ist unwahrscheinlich, vielmehr ist ersteres hier wohl am Platze. Uebrigens ist wohl zu schreiben: *In vastelavendes wise wy tho yuw kamen.*

70. *Darto doen se uns de schnpe tho haluen.*

S. erklärt richtig *to halven* scil. *dele* 'auf halben Anteil'. Ein solcher Pächter wird in Westfalen nach Woeste, Wb. S. 90 noch *half* genannt. mnl. *halfwinner, colonus partitiarius.*

72. Unter *Doren und dullen* sind wohl die sogenannten 'dummen Schafe' gemeint.

75. *De wulle plach ick sůluest tho netten.*

Seelmann weist mit Recht die Erklärung des Mnd. Wb. (*netten* = knitten, stricken) zurück. Aber auch seine Aenderung in *neten* 'geniessen, zu eigenem Gebrauche verwenden', durch die noch dazu ein ungenauer Reim (*neten: hebbe getten*) entstehen würde, trifft das richtige nicht; *netten* ist vielmehr = 'nass machen'. *Die Wolle anzufeuchten, damit sie schwerer wird, ist eine noch jetzt häufig geübte betrügerische Praktik.*

151. *Hans Meyer.*

> *Ja, de Dôrp Mêgede synt ock nicht schuw!*
> *Se hôden de Pêrde mit den Knechten.*

> *Hennecke Rane.*
> *Ja, se laten sick fryken flechten.*

Seelmann bemerkt S. 81: „Welche Bedeutung *flechten* hier hat, lehrt der Zusammenhang, unerklärlich ist aber, wie das Wort zu diesem Sinne kommt." Zur Erklärung dient eine Stelle der von Merzdorf (Oldenburg 1857) herausgegebenen niedersächsischen Uebersetzung der Bücher der Könige S. 225, Z. 1 v. o.: *Do sande he (Josias) und leth de knaken halen ute den graven und brande se uppe deme altare und he beulechtete dat boven dat wort unses heren.* Dies entspricht der Vulgata Reg. XXIII, 16: misitque et tulit ossa de sepulcris, et combussit ea super altare, et *polluit* illud juxta verbum domini. Auch hier ist wohl deutlich, welche Art der Besudelung der niederd. Uebersetzer mit *bevlechten*[1] gemeint hat. Da aber polluere sowohl „besudeln" als auch „verunehren" bedeutet, so dürfte dadurch auch das *flechten* in obiger Stelle der Erklärung näher geführt sein.

158. *Ja, wenn de Ryngelduuen drouen*
> *Und sytten 'Rudup, rudup' up unser Karcken.*

droven wird im Mnd. Wb. VI, 108 durch 'trübe sein, trauern' erklärt und auf die klagenden Töne der Tauben bezogen, was nicht annehmbar ist. Seelmann bemerkt, dass vielleicht *doven* 'toben, lärmen' das richtige sei. Allein auch dies wäre keine

---

[1]) Das Wort fehlt im Mnd. Wb.

fassende Bezeichnung für das Gegirr der Tauben. Ich erkläre mir *dróven* als zusammengezogen aus *dar oven* [so noch im Göttingischen: *drówer* = *darówer*] und lese:

> *Ja, wenn·de Ryngelduuen drouen*
> *sytten 'Rudup, rudup' up unser Karcken.*

D. h.: 'Wenn die Ringeltauben auf unserem Kirchturm sitzen (und rufen): Rudup, Rudup! — eine volkstümliche Kürze des Ausdrucks.

> 173. *Ja, wy wyllen nu beyden wente echt.*

echt 'wiederum'. Man vergleiche die noch gebräuchliche scherzhafte Rda.: „Warte bis es wieder einmal so kommt!"

3. Mercatori's Vastelavendesspiel.

> 66. *Kum her mit dynem krummen geuerde.*

Dass mit *geuerde* die Sense gemeint ist, ergibt der Zusammenhang. Diesen aber mit dem Hg. als 'den krummen Gefährten' zu deuten, kann ich mich nicht entschliessen, erkläre es mir vielmehr = *gewer*, Wehr, Waffe, mit eingeschobenem unorganischem d.

130 ff. lese und interpungiere ich:

> *Ock grote Veste und hoge Mûren,*
> *Dar men vor dy môchte dûren,*
> *Ick wolde buwen, so vaste und so hoch,*
> *Alse dar yûwerlde ein Vagel floch.*

4. Zwiegespräch zwischen dem Leben und dem Tode.

Ueber *geverde* V. 11 s. zu Merc. 66. Die Erklärung wird auch durch die Bezeichnung der Sense als *dat krumme tauwe* in V. 19 bestätigt.

5. Scheveklot.

V. 29 f. ist leicht ein reiner Reim herzustellen, wenn wir schreiben:

> *De seste wuste gudt bescheidt,*
> *Wo he under dem hode spelde (: schelde)*

> 244. *Wat sechstu, rechte legedeff?*

Die Hds. hat getrennt: *lege deff.* Ueber *lege* = 'schlimm, böse' vgl. Woeste S. 158. Schambach S. 120; Mnd. Wb. II, 641.

6. Röbeler Spiel.

> 94. *Nu moth men yw jagen unde herczen*
> *Uppe dat ghy nicht en bersthen.*

herczen 'anherrschen', wie der Herg. erklärt, ist nicht belegt, und nach dem Zusammenhange ist nur ein Synonimum von *bersten* anzunehmen, also *heczen, hessen.* Ein reiner Reim wird hergestellt, wenn wir *hatzen* und statt *bersten* das gleichbedeutende *platzen* setzen. Dies liesse auf eine hochdeutsche Vorlage schliessen.

96 f. lese ich:

> *Bisset vart! jck wil jw jagen!*

Bisset vart! d. i. „Laufet weg". *vart* = *vort.* Ueber ·*bissen*, rennen, das auch V. 23 begegnet, vgl. ausser den im Mnd. Wb. I, 343 Belegen auch Woestes Westf. Wb. S. 31 unter *bissen.*

Zu den Niederdeutschen Schauspielen älterer Zeit,

her. v. J. Bolte u. W. Seelmann.

I. Moorkensvel.

141. *droes* ist nicht, wie in der Anm. erklärt wird, = 'Drüse, Pestbeule', sondern = mnd. *drôs, drûs* 'Riese, Teufel'; s. Schiller-Lübben I, 583; auch *drous.* Niederd. Bauernkom. her. v. Jellinghaus S. 20 (Glossar S. 95). Vgl. auch V. 335 *dat hem de Droes haelde!*

158. *verworghen ghelijc een Hoen.* Der Ausdruck ist formelhaft; vgl. *die zepriche ich sam daz huon.* Rolandslied des Pfaffen Kunrad 135, 16, Hartmanns Erec 5482; Meier Helmbr. 1851 u. Anm.

II. Boeren Vasten-avonds-spel.

30. *Dat hy* (der Büttel) *hadde opt passe ghekomen,*
Hy hadde my beyde mijn paerden ghenomen;
Wat ick ben vast schuldigh in alle straten.

Die Herausgeber vermuten in *Wat* einen Druckfehler für *want* 'denn';[1]) allein auch *wat* kann als causale Conjunktion gebraucht werden; s. Schiller-Lübben V, 614 u. 618. Auch kann *wat* = wie viel und der Satz als Ausruf gefasst werden.

73. *Ten schade hem noch niet en veest*

Ten schade hem = 'es schadete nicht'. Vgl. 128. *Ten is noch geen Somer* = 'es ist noch kein Sommer'. *veest* ist natürlich: mnd. *vist* 'crepitus ventris'.

94. *vruchte* (wie die Hgg. für *duchte* vermuten) ist in den Text zu setzen.

113. *All eer sal eyndighen dit Jaer,*
Wil ick daer op wesen verdacht
En sien dar nae met al mijn macht,
Of ick de manier mochte vinden,
Om mijn Joncker wt onsen huyse te binden;
Want hy komt mijn Wijf veel te na.

Fassen wir *wt* in V. 117 = *út*, so ist die Stelle unverständlich. Es ist zu lesen: *mijn Joncker met onsen huyse te binden* 'unseren Junker mit unserem Hause zu verbinden', nämlich durch Gevatterschaft, wie Hanneken Rane den Pastor. Sachlich vergl. die Anm. zu V. 106.

III. Vitulus.

33. Anm. Dass Spital als Schimpfwort aus 'Spektakel' und nicht aus Spital entstanden sei, ist nicht glaublich; vielmehr wird es bei der Erklärung Frischs (angeführt bei Schiller-Lübben IV, 321): „Wegen der bösen Leute, *die sich manchmal unter den Spitalleuten . .* befinden ist es ein Schimpfwort geblieben im Niders." sein Bewenden haben. Gegen die Erklärung aus Spektakel spricht auch das Adj. *spitalisch,* das in V. 33 etwa unserem 'jämmerlich' entspricht. Das Wort lebt noch im Bremischen in der Form *spittelsk* 'einer, der Armut und Krankheit halber eines Spitals bedürftig ist' fort. Vgl. Brem. Wb. IV, 957, V. 61 ist *vülle Spital* als 'faules Spital' zu fassen.

54. *Mit molden drecht he uth den Dach.* Zu vergleichen ist folgende Stelle in Gryses Leienbibel Rostock 1604 fr. 44 [citiert im Mnd. Wb. III, 113]: (Faullenzer) *de untydich unde wedderwyllich den dach mit molden uthdregen unde wegen.* Vgl. auch die Redensart: *met molden uthwerpen,* die von verschwenderischen Frauen gebraucht wird. Noch jetzt sagt man übrigens von einem Verschwender, dass er das Geld mit Mollen aus dem Hause trägt.

92. *Sue, dar hastu ydt allthosamen,*
Wat vorkopen schalt: haslut vörnamen?

Wat erklären die Hgg. durch 'wofür, zu welchem Preise', es ist aber einfach als Relativpron. zu fassen. Der Ausfall des persönl. Pron. (du) ist im Niederd. ziemlich häufig.

100. *Koeplüde* = Käufer, wie noch in der Redensart: 'Handeln und Bieten macht Kaufleute'.

113. *Wat bistu unbeholpen en Dwalss!* 'Was bist du unbeholfen und dumm'. Da im Drucke sonst innerhalb des Verses nur Substantiva grosse Anfangsbuchstaben haben, so scheint es nicht unnütz zu bemerken, dass *dwals* (in Meklenburg noch jetzt: *dwalsch*) Adj. = mnd. *dwelsch,* delirus ist.

---

[1]) Der Verf. scheint übrigens als causale Conj. *went* zu gebrauchen.

136. *ein Eyerback* 'eine Masse zerbrochener und zusammengelaufener Eier'. Noch jetzt sagt man von Menschen, die eng zusammenhalten halb hochd.: „sie sind ein Back Eierkauken."

154. *Hellebrandt* 'Höllenbrand"; s. Mnd. Wb. II, 232.

222. *wellege Teven. wellege* ist nicht, wie man nach der Schreibung vermuten könnte, mhd. *willige* 'freundliche, dienstwillige', sondern *welige* ausgelassene; vgl. *vûlle = vûle* V. 61. Im Hanenreyrey (202 u. ö.) ist immer *wehlich* geschrieben. Im Scriba finden sich beide Schreibweisen: V. 66 *en gladde welige Teve*; 262 *Ein welligen Bengel*; 478 *ein welich Kumpan.*

260. *by den Hangedews!* offenbar Verwünschung: 'zum Henker!'

279. *Anke, lath uss noch wat darin stygen* (näml. Bier)! Die Redensart erinnert lebhaft an das studentische „in die Kanne steigen".

360 ist *hel* im Gegensatz zu *Hemmel* offenbar 'Hölle'. Wir haben hier eine der volkstümlichen halb sinnlosen Redensarten.

361 lies: *min* (st. *mit*) *Hut und Har.*

383. *uthstaken* entspricht ganz dem hochd. (ein Fass) ausstechen; an eine zweideutige Geberde (s. Anm.) ist nicht zu denken.

597. *Och sinck doch: Godt de Vader wahn uns by.* Niederd. Uebersetzung des Anfangs von Luthers Trinitatisliede: Gott der Vater, wohn uns bei und lass uns nicht verderben, mach uns aller Sünden frei und hilf uns selig sterben! *wahn* ist demnach als Imperativ und nicht als Conjunct. Praes. zu fassen.

V. 625 f. sind in der überlieferten Gestalt unverständlich. Ich schlage vor zu lesen:

> *Wolde ik lyker habben störten wunden,*
> *Wan dat wi dat best nu nich neten kunden.*

'Lieber wollte ich die fallende Sucht haben, als dass wir das Tier nun nicht geniessen könnten'.

638. *De Geist schal hyr nich lange maken.* 'Der Geist soll es hier nicht lange mehr machen'. Dem Sinne nach = 640. *De Knüvel schal wol bald vörschwinden.*

643. *mit* = damit, wie mhd. *mite*, s. Haupt z. Erek 1060.

652. *möcht* = *möcht it* (das unbestimmte Etwas, der Geist).

683. Lies: *Suh, ick schem myck recht in mynen* (st. *mynem*) *Halss.* Vgl. 692. *Fy in den Halss machk myck wol schamen.*

Als Drews an die verschlossene Thür um Einlass klopft, antwortet Mews V. 722 ff.:

> *Nen, by Godt, nemant hyr in kumpt.*
> *Wat hestu, seg.*

Wat hestu wird in der Anm. mit Verweisung auf Gerh. v. Minden 2, 3: *wat se hete* durch 'wie heisst du' erklärt. Allein die hdschriftl. Lesart ist dort nicht sicher, auch ist eine Zusammenziehung von *hêtest* in *hêst* dem Verfasser nicht zuzutrauen und überhaupt nicht zu belegen. *Wat hestu* ist vielmehr = „Was hast du (für ein Begehren), was willst du." In diesem Sinne ist die Redensart auch in der hochd. Umgangssprache Norddeutschlands noch allgemein gebräuchlich. Veranlassung zu der falschen Erklärung gab wohl Drews' Antwort V. 723 f.:

> *Drews Leckeding*
> *Ick bydde dyck, mack doch up dat Ding!*

Das heisst aber, mit vom Hochdeutschen abweichender Wortstellung: Ich, Drews Leckeding, bitte dich u. s. w.

729 ist Toff wohl Druckfehler für *Töff;* vgl. 727.

> 793. *Willen saggen, datter en old Wyff underwegen*
> *Dyck hafft betovert rechte degen;*
> *De hafft so veel segent und kaket,*
> *Dat se dyck tom Kalve maket.*

Bei *kaken* ist wohl nicht an das Kochen von Zaubertränken zu denken, sondern es ist hier wohl = garrire, ursprünglich von der Henne, dann auch von Tieren und anderen Menschen gebraucht. Ich finde das Wort nur bei Schambach, während das davon gebildete Iterativum *kakeln* allgemein niederdeutsch ist.

832. *patzern* ist = frz. passer; in der Form *passêrn* im Niederd. allgemein gebraucht.

834. *stücke Defes* = Stück von einem Diebe.

835. Lies: *Rho wolk n wol freten van groten Torn.* eine bekannte Redensart.

852. *Brüde* (und de *Brüd* Scriba 153) 'Last', finde ich nicht weiter belegt. Nur Woeste im Westf. Wörterb. S. 41 verzeichnet *brüd* als mascul. in der Redensart: *ek hef den brûd dervan* 'ich habe die Last davon'.

865 u. 905 ist *thogruset* als Composit. zu lesen, denn nur *togrûsen*, nicht wie in der Anm. steht: *grûsen* ist = 'zermalmen'.

891 interpungiere ich: *Wo nu thom Düvel west (= wese it) ock, wat wult?* 'Zum Teufel auch, was willst du?'

906 ist *an* = *en* (ihn) wie 905 *Am* = *Êm* (Ihm).

IV. Scriba.

5. *Du plegst hyr yo nich gern tho suven,*
Went tho Huss hast en warme Stufen

Statt des sinnlosen *suven* vermuten die Herausgeber *snuven* 'schnüffeln'. Vielleicht ist zu lesen: *Du plegst hyr yo nich gern to sûmen, Went tho Huss hast en warme stûwen.*

28. *Godte segen* 'Gott segne sie.'

42. Ueber *snufn* vgl. zu Vit. 815.

70 f. sind mir in der überlieferten Gestalt unverständlich. Ich vermute nach dem Zusammenhange:

Ock darffk wol schir darup wedden,
Dat se dy nicht vrisch kenoch föld im Bedde.

'Ich wette darauf, dass sie dich nicht frisch (jugendlich) genug im Bette fühlt'.

167. Matz (post dimicationem):

Wummen ist Chim, gha, lat dyck man maken
Ein par Hörner up dynen Kanthaken.

Statt *wummen* vermuten die Herausgeber: *wunnen* 'gewonnen'. Ich vermute, dass *Wummen* aus *wu men*, 'wie denn, wie nun' zusammengezogen ist und interpungiere folgendermassen:

Wummen ist, Chim? gha, lat dyck u. s. w.

'Wie ist es nun?' sagt Matz, nachdem er gesiegt, höhnisch.

383 lies: *dar . . . ûth supen.*

432 ist besser zu interpungieren:

Wo nu, du olde stanckass? ryth he (der Teufel) *dy,*
Dat du so dörst snacken mit my?

535 lies: *segen (: kregen).* 571. *gode wyl* = Gott willkommen; vgl. allem. *Gottwilche.*

586. *Ick moth en wat staken de Oren*
Und en maken thon Doctorn.

Ist *staken* 'mit dem Stecken schlagen' richtig, oder ist nicht vielmehr *straken* 'streicheln' zu lesen?

625 lies: *So dorffker nich vel um liggen gân* 'So brauche ich nicht erst weit zu gehen, um mich hinzulegen.

V. Hanenreyerey.

177. *Up en neie ardt gar veeregt.* (s. d. Anm.) *vêregged* ist mwestf. = viereckig (s. Woeste Westf. Wb. S. 290): viereckig auf eine neue Art, d. h. natürlich *rund.*

179 lies: *geuen* 'geben' st. *genen.*

316 lies: *Minr Fruwen deit de Panse wey,*
Dartho plagt se so de Thenen,
Datk vaken mudt mit (st. *mir*) *er wehnen.*

366. *Hey wo plecht er tho pupn dat gat,*
Wenn eck plege tho Bedd tho stign.

Der Zusammenhang verlangt *puprn* = *puppern*, das aus dem Niederd. in die hochd. Schriftsprache übergegangen ist.

533 ff. interpungiere ich:

> *Fressen, sauffen und huren wol*
> *Mein hertz ewich ergetzen sol,*
> *was wil, was kan!*

Vgl. die Redensart: Herz was willst du, Herz was begehrst du!

599 interpungiere ich: *Eck wold deck, de sûeck, water supn!* 'Ich würde den Teufel Wasser saufen!'

602 lies: *so plegste meck de schnut tho schlan.*

729. Zu *im schlaggn* vgl. unser 'Schlackerwetter'.

834. Zu *uthenduht* vgl. auch: *überendüber* = über und über.

966. *Woy dat deen* ist jedenfalls: „Wenn ihr das thätet."

1012 lies: *Eck rae welcke.*

1024. 'Mach dich nicht zu grün, sonst fressen dich die Ziegen' ist eine noch jetzt gebräuchliche Redensart.

1084 f. Eine Speise nur mit Wasser gekocht essen ist ein Zeichen der Genügsamkeit; vgl. Meier Helmbrecht 1124. *ir kint müezen ezzen ûz dem wazzer daz koch.*

1198 ff. interpungiere ich:

> *Mi würde lehrn, wat wehr en Harck*
> *Min Wiff, wo eck dalgen nich dee.*
> *Eck hedde nehne stunde free.*

1204 lies: *Eck hebb den danck* (st. *dach*) *ock wol dacht ehr* 'den Gedanken habe ich früher auch wohl gehabt'.

1212. *affrien*, wohl = *afwrien*, zusammengezogen aus *afwriven* 'abreiben'.

1295 ff. sind arg entstellt. Ich vermute:

> *Effte eck wol en Hanrey si,*
> *So wan eck doch nene stöte bi.*
> *De man krêch bi miner Seel*
> *Stoete mehr asse alltho veel.*

1343. *uthfornehmlick* ist in einem Worte zu schreiben. 1377. *foss* unser 'forsch'.

1457 lese ich: *Eck frag de sûek na juwem Schwerdt,*
> *Wo eck man* (st. *na*) *dalgen juw schmit thor Erdt.*

man 'nur', vgl. 1525. *He deit stedes, wat eck man wil.*

Zu den Niederdeutschen Bauernkomödien des siebzehnten Jahrhunderts,

her. v. H. Jellinghaus.

I. Slennerhinke.

S. 16, 2. *daur behoe us lijkel sunte Peters rebbe vor* ... Da *rebbe* im Wörterverz. S. 114 durch 'Stab, Spazierstock' erklärt wird, so hätten wir hier an den Krummstab des Papstes zu denken; allein schon die Zusammenstellung mit *holten sunte Jurgen* weist auf den Heiligen selbst. Ich erkläre daher *rebbe* für das hochd. Rippe. S. 38, 10 werden die „Jufferendeirs" mit Anspielung auf die biblische Schöpfungsgeschichte *Rebben-dreyers* genannt (weil das Weib aus einer Rippe Adams geschaffen ist). In mhd. Gedichten wird *rippe* trop. für den ganzen Menschen gebraucht; z. B. in der Martina 27, 64: *daz junge murwe rippe* (das Christkindlein) *lac ûf den herten houwe.*

18, 7. *Seit Nauber, so wortme mette Venten elruyt, wan mense uth der asschen op evot en ebrot hebt.* Zu lesen ist: *ebruyt* von mnd. bruden, bruen 'quälen, plagen'; vgl. S. 22, 10 und 35, 20.

21, 10. Statt *asse sey* verlangt der Sinn: *asse seyn* 'wenn sie sehn'.

21, 11 v. u. *einen deynen* 'jemand grüssen'. Diese Bedeutung fehlt im Wb.

26, 16. *Jau, Vruwe ick kenne den trompheir wol. — trompheir*, dem Zusammenhange nach = 'Prahler', wird aus 'Trompeter' erklärt, wogegen schon die

Form spricht. Am nächsten liegt die Ableitung von *trumph, tromph* = Triumph. Vgl. S. 25, 8. *dar was saunen trumph im huse.*

30, 6. *dar venckt so leytuyrig en kloczken an toe pinken; ick sta un wil enckede steunen tellen, dar vengt sich wol voftig an tho houpe rettelen.* *steunen* wird im Wörterb. durch *Stunden* erklärt; allein *steune* ist von *stunne, stunde* durchaus verschieden und bedeutet den einzelnen *Glockenschlag* Es gehört zum mhd. swv. *stunen, stunden*, treiben, stossen, schlagen; vgl. *an die glocken stunden* Lexer II, 1269; Schmeller-Frommann II, 764. Götting.-Grubenhagensches *stünen* 'wehklagen', holl. *stenen, steunen* in derselben Bedeutung gehören hierher.

35, 12. *et is ein groht Dorp vol fijnes Volkes, men scholse uth schounen watter vretten.* Die Leute im Hag sehen dem Slennerhinke so reinlich und „appetitlich" aus, dass man sie *in blossem Wasser gekocht* — ohne weitere appetiterregende Beigaben — essen könnte. Der Zusammenhang verlangt *schouren (schiren, schéren).* Der Vergleich ist noch gebräuchlich; man vergleiche auch das bekannte *vûr zucker g'æzzen in die wip* aus Wolframs Parzival.

40, 10 v. u. lies: *sey is sucke hovvestecke unewent,* nicht gewöhnt an . . .

43, 12. *du lechst dick truwe im sellen.* 'sich gut ins Geschirr (oder: Zeug) legen' ist noch jetzt eine in Norddeutschland, auch ausserhalb der ländlichen Kreise bekannte Redensart.

. 45, 13 v. u. *O waupen nein! 't plach so boyse krauckopte Tevve tho wessen, sey muchte mich slahn.* Im Glossar steht *kranckopt* 'krankköpfig'. Sollte vielleicht *kraulkopte* zu lesen sein? man vergl. *kriwelköpt* 'leicht in Zorn geratend' bei Schambach S. 113.

49, 13 v. u. *O blaut, laet ick eir eis up et Strep-stuckc kamen* . . . Sollte *ick* wirklich richtig überliefert und nicht für *mick* verdruckt sein?

II. Lukevent.

S. 143, 6, 160, 16, 161, 3. Auch hier ist *rebbe* = Rippe. Es kommt den zuschauenden Bauern, die noch nie ein Schwert gesehen haben, so vor, als ob der Fechter eine seiner Rippen aus der Seite zieht.

140, 20. *bin ick nich eynen starcken jongen keyrl, on ouc besukt grout!* *besuickt* (vgl. auch 179, 4 *besuckt dicke*) kann hier nicht = 'siechhaft, krankhaft' sein, wie im Wb., erklärt werden. Ich fasse den Ausdruck so, wie das Volk noch von einem 'verflucht' grossen Kerl spricht. *Dat dick de suke bestâ* ist bekanntlich ein alter niederd. Fluch.

141, 2 v. u. *Men kan altijdt nicht achtern Mous pot zitten.* Wenn *mouspot* im Wb. als Gemüsetopf erklärt wird, so ist das nicht richtig, denn unter *mous*[1] ist hier vielmehr, wie auch aus der Zusammenstellung von *moes un gorte* (Grütze) S. 142, 4 v. u. hervorgeht, etwas anderes. *Melkmaus* heisst noch heute im Götting.-Grubenhagenschen ein aus Milch und Mehl gekochter Brei. *Mouspot* ist also = Breitopf.

147, 29. *Dat loyve ick wal, de Stadt-lue hebbet snare balghe, en konnet sich met einen Slijcker-brae, of met einen brounen Peppernatte behelpen* Im Wörterb. wird *brae* als das niederd. *brade, brai,* masc. „*eene snede spek of hesp,* Hinterteil des Schinkens, in die Pfanne geschnitten (Schuermanns 74)" gefasst. Dagegen spricht aber schon der Umstand, dass es sich hier um eine leichte Speise handelt, wozu gebratene Schinken- oder Speckschnitten sicherlich nicht gehören. Ich fasse *brae* vielmehr als *Brod.* Noch jetzt heisst nach Woestes Wb. in Westfalen *he gêt te brôe* (st. *brôde)* 'er geht bei andern in die Kost'. Der Dat. *brôe* (oder dumpfer gesprochen *brâe)* von *brôd* 'Brod' ist also belegt. — *slikkern* ist nach dem Brem. Wb. III, S. 830 = naschen. Dazu stellen sich noch *ver-slikkern, Slikkerije* 'Näscherei von Zuckerwerk', wofür auch *Slikker-tüg* gesagt wird, sowie *Slikker-kost, -täne* und *Slikker-taske* 'Schleckermaul'. — Schleckerbrod, Zuckerbrod passt sehr gut zu den Pfeffernüssen. Dass unter *Kolkommels* eingemachte Kukumber, wie J. P. Hebel die Gurken bezeichnet, zu verstehen sind, ist schon im Korrbl. XVII, 51 gezeigt.

157, 6 v. u. Das Fuhrmannslied auf der Weinstrasse auch in des Knaben Wunderhorn II. (Abdr. in Meyers Volksb. S. 77).

---

[1] Auch das Mnd. Wb. erklärt allerdings *môs* durch 'Kohl, Gemüse'.

III. Overysselsche Boere-Vryage.

180, 6 lies: *Ick dacht in mijn zelves eygen, wat duestuw* (thust du) *al nich um dat snare tuygh?*

182, 1. *Woe Johan, wat watset vuer en jaer, 't is so spechtich op eschaten, daer sol nich ein hont sat an vretten.* — *spechtig* erklärt der Hg. durch 'spitz'; es entspricht jedoch vielmehr dem holl. *spichtig*, 'lang und schmal, schmächtig, hager', das auf den '*Specht*' zurückgeführt wird. Da aber in unserem Texte S. 179, Z. 4 v. u. das dazu gehörende Substantiv *spucht* schwächlicher, hagerer Mensch[1]) erscheint, so ist es wahrscheinlich, dass *spechtig* aus *spuchtig* entstellt ist. Das Wort findet sich in dieser Bedeutung in vielen niederd. Mundarten (s. Stürenburg, Schambach, Brem. Wörterb., Woeste u. a.)

187, 15. Das im Wörterverz. nicht belegte *proeme* entspricht ohne Zweifel dem westf. *prûme* f. ahd. *prûma* vom lat. prunum; s. Woeste S. 206. Stürenburg, Ostfr. Wörterb. S. 184 führt holl. *pruim*, westf. *prüme* an, wovon er *prüümke* 'Portion Tabak zum Kauen' ableitet.

IV. Teweschen Hochtydt.

210, 21. Hör: *Wol mach dat pultern maken, ick dencke myn grote Junge Tewes wihl dat de Havick vom Hecke ys.* *Heck* wird im Wörterb. durch 'Gitter' erklärt, dies passt aber nicht in den Zusammenhang. Danneil, altm. Wb. S. 78 erklärt *Heck* (von *heck'n*, nisten, Junge ausbrüten) als die künstliche Nachahmung einer Hecke, um Vögel zum Ausbrüten von Jungen zu veranlassen; Woeste verzeichnet *hecke* f. = Heckkorb.

211, 19. *wo vaken hey gy meck wol unr kregen, un en Hencken vorm Koppe beten.* Zu lesen ist: *un as en Hencken* (Hühnchen) *v. K. b.* Der Vergleich vom Hahnen, der das Huhn in den Kamm beisst, begegnet in den Bauernkomödien öfter.

212, 4. *des Avens umme düe Tydt Jahrs gahn se tho Bedde, wenn de Sünne tho Gae gait.* *to Gae* kann nur heissen „zu Gott" und so wird es auch in einer Anm. zu den Niederd. Schauspielen älterer Zeit her. v. Bolte u. Seelmann S. 154 (zu Vit. 725, 803) gefasst. Da jedoch dieser Ausdruck für das Untergehen der Sonne nicht weiter belegt ist, so liegt wahrscheinlich ein Druckfehler vor: *Gae* für *Gnae* (Gnade vgl. 215, 7). Vgl.: *ê die sonne zu gnâden gêt*, Grimms Wörterb. I, 744, Lexer I, 850. *Gnae* bedeutet also hier: Niederlassung um auszuruhen, Ruhe.

214, 20. *kwolln hatt hebben, wencken ock scholl roe upfreten hebben.* Vgl. oben zu Slennerh. 35, 12.

215, 9. *ik wil dy veel Froude upn Stock doen.* Bei *Stock* ist wohl an das Kerbholz gedacht. Im Brem. Wörterb. IV, 1045 findet sich: *Enem wat up'n Stokke doon:* 'einem Verdruss und Kränkung machen'.

215, 23. *du must en unr möet gan.* Zu lesen ist *inr möet gân* 'entgegen gehen'. Schambach S. 137: *in de moite gan*; vgl. auch Schürenburg, Brem. Wb. u. a.

216, 10 v. u. *myn olle plumpe in de grütte.* *Tapp in de Grütte* ist eine noch jetzt gebräuchliche Bezeichnung eines plumpen, tölpelhaften Menschen.

V. Tewesken Kindelbehr.

269, 2 v. u. *offt he gaff meck wat umme de Lenden, unde namtliken wancken[2]) gengsken gung.* Im Wörterb. S. 280 wird erklärt: „*gengsken, n. en g. gahn*, zum Schatz gehen". Dies genügt jedoch nicht. Auf das richtige führt die Bem. des Brem. Wörterb. II, 482: „*Gängsken* das Verkleinerungswort von *Gang*. Wir brauchen es nur für Kampf, Wettstreit, es sei im Scherz oder Ernst, congressus pugnantium, certamen. *Een Gängsken mit eenander wagen:* sich mit einander messen, in arenam descendere." Danach ist hier wohl an eine Rauferei mit Nebenbuhlern zu denken.

---

[1]) von Schambach = Specht erklärt, während Stürenburg, wohl mit Unrecht, *Spöök* 'Spukgeist' heranzieht; andere Erklärungsversuche im Brem. Wörterb. IV, 977.

[2]) *wancken* = *wan ick ên*, wie Jellinghaus richtig statt des überlieferten *mancken* gebessert hat.

275, 8. *laup hen un lege de Punsworst upr Roste . . .* Die Erklärung des Hg. von *Punsworst* als *Punt-worst* 'gewichtige Wurst' ist, abgesehen von der Form, auch schon deshalb nicht wahrscheinlich, weil *Bratwürste* nicht besonders schwer zu sein pflegen. Ich weiss zur Erklärung nur auf das im Mnd. Wb. VI, 238 verzeichnete *punse* = *vulva* zu verweisen. Vielleicht hiess die Wurst ihrer Form wegen so; vgl. *pipwost* bei Schambach S. 155. Zu dem münster. *püngel*, Wurst, das auch mir nicht verwandt scheint, vgl. *pung*, gemästetes Schwein bei Kehrein, Volkssprache in Nassau I, 318.

277, 22. *Hör Wummel, so frage usen Vaer, dattet upr Unut houle.* Im Wbch. wird nach der Bedeutung von *Unut* gefragt. Ich vermute, dass *unnute* „unnütz" darin steckt, und der Sinn etwa ist: Höre, frage unsern Vater, ob er es nicht auch für unnötig hält, den gefrässigen Nachbar Bonses einzuladen.

278, 13. *so wulck gahn un wetten dat Mest un de Heise schlachten. — Heise,* das der Hg. nicht zu erklären weiss, ist eine andere Bezeichnung der *witten hangorden Gelte* 277, 5. *Gelt-Swyn* ist nach dem Brem. Wörterbuch „ein Mutterschwein"; in Westfalen heisst das Zuchtschwein: *Fäsel-Gelte*. *Heise* entspricht einem ostpreuss. *heesch* in: Königsberger Zwischenspiele a. d. J. 1644 mitget. v. Joh. Bolte in der Altpr. Monatsscheift XVII. 3. Die Schulzenprobe V. 122. *Dat was so ene heesche Suu alletyd, allemahl had se op ene Reis acht oder negen Varckel.*

Zu Gerhard von Minden.

59 f. ist bisher nicht genügend erklärt und scheinen mir entstellt. Ich vermute, dass sie ursprünglich gelautet haben:

> *went he mit sinen verden lach*
> *unde kost darinne nicht ne plach.*

'weil er mit seinen Gefährten darin kein Gelage und keinen Schmaus abhielt.' Ueber *plegen* mit Accus. st. des häufigeren Genetivs s. Mnd Wb. 3, 342.

86, 6 ff. Seelmann vermutet, dass vor V. 8 zwei Verse ausgefallen sind. Da der Zusammenhang nicht dafür spricht, so vermute ich, dass ursprünglich *smarte* im Texte stand. Zum Reime vergl. 91, 3. *bewarte : strate.* V. 10 muss nach dem Zusammenhange gelautet haben: *dar he des dages inne schulde* 'worin er sich den Tag über verbarg.'

87, 16 ff. V. 21 hat die Hds.: id schude om m. j., was J. Grimm durch 'das geschah ihm vor langer Zeit' (s. Seelmanns Anm.) erklären wollte. Ich vermute: *wente it schude one mannich jâr* 'denn es geschah ihnen (durch den Verkauf der Ochsen u. s. w.) grosse Gefährdung, grosser Schaden.'

87, 30. Dass *malen*, pingere, wie im Mnd. Wb. 3, 13 vermutet wird, hier bedeuten soll: 'liess auffällig erscheinen', halte ich nicht für möglich. Ich vermute *meldede* 'verriet'. *Dat* geht auf den ganzen vorhergehenden Satz. 'Die Beschaffenheit seines Gesichtes verriet, dass das Haar falsch war.'

87, 62 ist *dôn* = 'leihen', nicht 'geben', wie die Wortlese bemerkt.

87, 97 ff. lese und interpungiere ich:

> *Hirto dat me geliken mach*   *de treden arm in unde blôt*
> *— icht we dat spreken dorsten —*   *unde maken ore dink also grôt,*
> *ammechtman, vogede hoger vorsten,* *dat nicht ein or genôt*
> *der some like levet, like dôt.*   *sik on mach noch geliken.*

„Hiermit kann man — wenn ich das sagen darf — Amtleute und Vögte hoher Fürsten vergleichen, von denen manche in ähnlicher Weise leben und handeln. Sie treten arm und bloss (in ihr Amt) ein und vergrössern ihr Vermögen so, dass sich keiner ihrer Genossen ihnen mehr gleichstellen kann." *Dat* in V. 97 ist das bedeutungslos eingeschobene, worüber Grimms Gram. IV, 444, 4 und Mnd. Wb. I, 488 zu vergleichen ist.

89, 5 ff. lese und interpungiere ich:

> *To Denemerken lit ein stein*   *de hadde to etende begunt*
> *in der se, den hân ik gesein.*   *enen antvogel, de he vink*
> *Daruppe ein wit valke stunt,*   *in der weide dar he gink.*

89, 9 ff. sind zu übersetzen: Er (der Falke) hatte begonnen eine Ente zu verzehren, die er fing, als er auf die Jagd ging. *dar* ist also zeitlich zu fassen. Zu *weide* vergl. *weiden* im Mnd. Wb. 5, 655 und *weideganc* 'Gang zur Jagd', Wolfr. Parz. 120, 11; Neidh. 50, 15.

91, 14. Statt *do he*, wofür die Hds. *on se* hat, schreibe ich mit näherem Anschluss an die Ueberlieferung: *om dat he* 'weil er'.

V. 36 f. ist überliefert: *Se al gemene*
            dat loveden se in truwen.

Für *se* in V. 37 hat der Herausgeber Wiggerts Conjektur *sik* aufgenommen. Dabei ist die Voraufstellung des *se* auffällig. Die hdsl. Lesart kann aber unverändert bleiben, wenn wir *sê!* als Imperativ von *sên* 'sehen' fassen, das hier als Aufmerksamkeit erregende Interject. erscheint. Vgl. mhd. *sê* Lexer II, 840. Auch jetzt wird *sû* und *sich* in niederd. Mundarten (s. u. a. Schambach und Danneil) als Interjection gebraucht.

92, 24 lese ich: *He sprak: 'Nu ga ek to der weden,*
     dit drinkent were bat vormeden,
     al hedde ek dorst mêr geleden,
     wente ek hirumme sterven môt.

Er sprach: „Nun werde ich gehenkt. Dies Trinken wäre besser unterblieben, wenn ich auch noch grösseren Durst gelitten hätte, weil ich darum sterben muss." Statt *al* 'obgleich, wenn auch' hat die Hds. *also.*

Nach V. 83 setze ich einen Punkt statt des Kommas und interpungiere dann folgendermassen: *icht ek gâ nicht kumme weder,*
     so seit sulven an juwen vromen,
     dat gi bi tiden van hinnen komen.

gâ fasse ich als Adverb. = schnell. „Wenn ich nicht bald wiederkomme, u. s. w.

Zu Botes Boek van veleme rade.

I, 37 ist zu interpungieren: *Ifft ik scal vele don, math, bringet mede.* 'Wenn ich viel thun soll, Freund, so bringt mir Geschenke'.

II, 29 f. vermute ich: *Deme pawes unde keyser ghebort van plicht Walsch unde dudesch ghericht. van plicht* = mit Recht. *ghericht* = Regierung, Lexer II, 30.

V. 49 ff. interpungiere ich:

Hebbe gode leff unde den evenmynschen dyn   *Al na sunte Peters werken*
(Dat scholen de twe cirkelbaghen syn)   *Wes deme wrevel unde stolt,*
unde eyn vrunt der hillighen kerken   *De synen geystliken staet nicht holt!*

eyn vrunt d. h. k ist = „als ein Freund der heiligen Kirche" zu fassen. Damköhlers Aenderungen (Jahrb. XLX, S. 110) sind nicht geboten.

V. 76 ist *aneleit* als *ane leit* = „daran litt" zu fassen.

V. 108 f. lese und interpungiere ich: *Wor me so de hillighen kerke wigen schal, Dar vlucht de krezem mit deme wigwater uth.*

V. 111 ff. interpungiere ich: *Vorbede den platten den yseren hoet,*
     (Wente id jo nicht wesen moet)
     Sette up de kronen des bischoppes ghewaet.

ghewaet hat hier die im Mnd. Wb. fehlende Bedeutung „Rüstung" und steht im Gegensatz zum *yseren hoet* V. 111; *krone* ist hier die Platte des geweihten Priesters.

III, 42 interpungiere ich: *Nicht mit twen tunghen, mit winckelen oghen scheve* und fasse *winkel* nicht, wie der Herausgeber, der *mit winckelen* durch 'mit Ränken, Kniffen' übersetzt, als Substantivum, sondern als Adject, entsprechend etwa unserem 'schielend'.

V, 63. *Dat me dar holt todo hard unde vast. to,* das zu *dar* gehört, ist von *do* zu trennen.

V. 131. *Eere unde rechte deme vallet by* übersetze ich: „der Ehre und dem Rechte stehet bei." Es ist weder an der Interpunktion, noch an dem Texte zu ändern (s. Jahrb. XIX, 110).

VI, 32. *swep-reme* = Peitschenriemen fehlt im Mnd. Wb.

V. 36. *Du plochrad, do du deme so.* Die Aenderung des Herausgebers von *deme* in *denne* scheint mir nicht geboten. „Er that dem so" = „Er that es" findet sich auch im älteren Nhd.

V. 64 f. Ich lese *daghen* und verstehe es als das hchd. Verb. = schweigen; *paghen* als mhd. *bâgen* 'rühmen' (vgl. mnd. *bach* „das Rühmen"); *saghen* = sachen.

V. 86 f. vermute ich:

> *Eyn vraem wiff, de ere unde doghet to het,*

„Ein frommes Weib, das Ehre und Tugend dazu hat". *to* 'dazu', z. B. R. Vos 6243. *Reinke at wol unde drank ôk to.*

VIII, 21. *Dyt spoelrad is von eyner breder krumme.* St. *breder* ist vielleicht *breden* 'brettern' zu lesen.

V. 5 ff. interpungiere ich:

> *Dat luckerat steit mank dessen viff raden ovel,*
> *Dat hefft noch speke noch nave noch dovel,*
> *Dat is neen holt, ok neen metal.*
> *Van eghener upsate unde toval*
> *Dat de duvel maket unde hevet an*
> *In der erde eynen kreiß und eynen plan, u. s. w.*

upsate 'böser Anschlag' und *tôval* 'Einfall' sind hier fast Synonima. *Dat* ist das bedeutungslos eingeschobene; vgl. Mnd. Wb. I, 488.

X, 50. *De donre sleit nenen swinekaven.* Auch diese Rda. ist sprichwörtlich und findet sich u. a. in Hoffm. v. Fallersleben Findlingen 1, S. 210.

Nach V. 82 ist ein Punkt statt des Kommas zu setzen. Die folgenden Verse sind als Parenthese zu fassen und folgendermassen zu interpungieren:

> *Wowol dat dryerleye doren synt:*
> *De druncken man, eyn dore unde dat kynt:*
> *Dysse seggen de warheit gerne.*
> *Wente dat is erer wißheit verne,*
> *Dat maket dat se des nicht better vorstaen.*
> *Darumme ·scholen se in nener heren rade ghaen.*

Die Verse sind eine Umschreibung der Sprichwörter: „Kinder und Narren sagen die Wahrheit" und „In vino veritas!" In V. 86 hat Brandes hinter *dat* das Subst. *swigent* eingefügt. Da *verne* aber im Mnd. den Genetiv regiert, so ist *erer* als persönliches, nicht als besitzanzeigendes Fürwort zu fassen. *wißheit* ist hier = 'Weltklugheit', die es verbietet, unter allen Umständen die Wahrheit zu sagen.

XI, 74 lese ich: *De mynsche guet dat vorsmad, He sy wardlik, de sy geystlik, He sy suverlik, he sy eyslick, Arm effte rick, hoch effte syd.*

NORTHEIM.   R. Sprenger.

Zu der Warnung vor dem Würfelspiel.

Als ich im Jahrbuche 19, 90 dem Bruchstücke eines während der zweiten Hälfte des 15. Jahrhunderts in Köln entstandenen Gedichtes eine Aufzählung von andern Dichtungen beigesellte, die das gleiche Thema von der Verderblichkeit des Würfelspieles abhandeln, habe ich das in verschiedener Hinsicht interessante Reimwerk Josefs von den sieben Todsünden zu erwähnen vergessen. Nach dem leider nur

kurzen Auszuge, den Babucke davon im Nordener Gymnasialprogramme
von 1874 veröffentlicht hat, wird in dem etwa 250 Verse umfassenden
Abschnitte über das Würfelspiel (Babucke S. 20) dieses als eine Erfindung des Teufels bezeichnet. Weiter heisst es:

> Wan de dobeler *hasert* anropt,
> So esket he den bosen man Astrod,
> De schal eme helpen de missen singhen
> Unn de worpel umme brynghen,
> Dat he wynne an synem namen.

Von den sechs Feldern des Würfels giebt der Dichter eine geistliche
Ausdeutung, wie wir sie schon in den Bamberger Versen von 1489
'Wie der würffel auff ist kumen' und bei Suchenwirt fanden (Jahrbuch
19, 91 f.); die Zahlen 1—6 erinnern an lauter Dinge, die der bethörte
Würfelspieler missachtet und verhöhnt.

Ueber die hier auftretende Begrüssung des Würfels als eines
dämonischen Wesens ist Grimm, Mythologie³ S. 841 und 3, 269 zu
vergleichen. Ob Josef die Erfindung des Spieles durch den Teufel
ausführlicher geschildert hat, geht aus Babuckes Angaben nicht hervor; jedenfalls ist die Vorstellung sehr verbreitet, so dass z. B. 1610
ein Maler zu Winterthur den sieben Todsünden, die ja oft als des
Teufels Töchter benannt werden, auf der achten Ofenkachel das Spielen
als achte Schwester hinzufügte[1]) und dass noch jetzt im spanischen
Volke[2]) die Karten als ein Teufelsfabrikat gelten. Das älteste Zeugnis
möchte der früher Cyprian zugeschriebene Traktat *adversus aleatores*[3])
liefern, in dem als Erfinder des Würfels *quidam studio litterarum bene
eruditus* genannt wird (offenbar der in der antiken Tradition verherr-
lichte Palamedes), der *instigatu solito zabuli* [= diaboli] oder *sugge-
rente sibi inimico* darauf verfiel. Aehnlich klingt eine Aeusserung
Hincmars von Rheims[4]) aus dem Jahre 860 über das Würfelspiel:
'*quod omnino diabolicum est, et, sicut legimus, primum diabolus hoc per
Mercurium prodidit, unde et Mercurius inventor illius dicitur.*'

Eingehender berichtet uns über die teuflische Beeinflussung eine
Legende von einem aussätzigen und boshaften Senator zu Rom, die
mir in zwei deutschen Bearbeitungen des 15. Jahrhunderts, einer ge-
reimten und einer prosaischen, bekannt ist und vermutlich auch in
lateinischer Fassung existierte. Die gereimte Gestalt bietet uns das
schon erwähnte Bamberger Gedicht von 1489 'Wie der würffel auff
ist kumen', das 1520 von Bernhard Klingler überarbeitet wurde; die
prosaische steht in einem hsl. Arzneibuche aus dem Ende des 15.
Jahrhunderts auf der gräflichen Stolbergischen Bibliothek zu Werni-

---

[1]) Lübke, Ueber alte Oefen in der Schweiz. Mitteil. der antiquarischen
Gesellschaft in Zürich 15, 178 (1865).

[2]) F. Wolf, Beiträge zur spanischen Volkspoesie. Sitzgsber. der Wiener
Akademie 31, 185 (1859) nach F. Caballero, Clemencia, 1, 275.

[3]) Anonymus adversus aleatores, hsg. von Miodoński 1889 S. 88 Cap. 7, 2;
vgl. S. 41. — Isidor, Etymol. 19, 60 nennt den griechischen Krieger und Erfinder Alea.

[4]) De divortio Lotharii regis et Tetbergae reginae (Migne, Patrologia lat.
125, 719A). Vgl. Grimm, Mythologie³ 136. 958. 3, 58.

gerode auf Bl. 40—41.[1]) Leider ist der untere Teil des letzten Blattes
ausgerissen und dadurch eine zwiefache Lücke entstanden. Ich gebe
den Text nach einer Kopie, die ich zu Weimar in Reinhold Köhlers
Nachlasse fand:

Es waß vorzitten in der ſtatt zu Rome ein ſenitor, der gotz
forcht nit enhat vnd waſ zemal ein bôß menſch, als hernach ge-
ſchriben ſtat. Die ſelb ſenitor het von got ein plag, das er von
natur waß vſſetzig vnd ſo heſlich, das man ſins glichen nit vinden
kunt; vnd dar vmb was er vngedultig vnd bôß worden, das er got
vaſt ſer halt vnd mit freffel lept wider ſin gebot; vnd dar vmb
ſchucht in al geſelſchafft von ſiner vnreinigkait wegen. Was er ze
ſchmachet geton mocht der eren gottes vnd ſinen liben heilgen,
das dett er geren.

Es macht ſich zu einer zit, das der ſenitor zufelde uf Rom
ſpacirn ritten ſolt, als er dick pflag; von ſiner geſelſchafft begert
in nimans. Vnd da er uff das velt quam geritten, da ſach er den
tuffel in eins mans geſtalt zu im kumen, vnd ſprach: 'Her, ich bin
iwer frunt, vnd darzu hon ich uch ſer lib, vnd herſchreckent nit,
wan ich uch ſag, wer ich bin. Ich bin der tuffel von der hellen
vnd ich uch ein dinck lernen wil, vnd iſt das ſach, das ir das dunt,
ir ſollent da mit got ton ſchmacheit in der ewikait, vnd ich weiß
wol, alß lang die welt ſtêtt, ſo ſol man ſin blut, ſinen ſchweiß, ſin
pin, ſin paſion, ſinen bittern dot, ſin mutter [l. martter] vnd al ſin
glider vermaledien vnd verſchweren vnd leſtern vnd al ſin hailgen
in himelrich vnd ertrich hermant vnd verſchmachet.' — Der ſenitor
ſprach: 'Nu ler mich, liber bruder! Ich wil das gern tûn.'

Der tuffel ſprach: 'Gern. Nu verſtand wol min red vnd min
ler; wan da von mang man verderben vnd verlorn wirt vnd ſie
irem ſchepffer entpfrimet werden; das weiß ich wol, daz das bôß
ſpil geſach nie man ader frawe. Item ir ſollent machen ein vir-
eckecht figur, die ſol haben ſecbs ſitten, das ſol haiſſen ein wirffel
oder ein doppelſtein. An die erſte ſitten ſollent ir ſetzen ein puntlin,
das ſol haiſſen ein *eſß*, das dutt ſchmacheit vnd vner dem einge-
bornden ſûn gottes. An die andern ſitten ſollent ir ſetzen zway
augen, das ſollt ir heiſſen ein *tuß* got zu laster vnd ſiner liben
mutter, darmit man ſie vnwirdiglichen vnd ſer leſterlichen verſpugen
vnd verſchweren ſol. An die drit ſitten ſollent ir ſetzen drij augen,
das ſol heiſſen ein *drij* zu laster den drij perſon in einem weſſen,
got dem vatter, gott dem ſûn, got dem heilgen geiſt. An die virde
ſitten ſollent ir ſetzen vir augen, das ſol heiſſen ein *quatter* zu vner
vnd ſchmacheit den vir ewangeliſten gottes. An die funfft ſitten
ſollent ir ſetzen funff augen, das ſol heiſſen ein *zinck* zu laſter vnd
ſchmacheit den heilgen funff wonden vnſſers hern, die er empfing
durch aller ſunder willen. An die ſechſt ſitten ſollent ir ſetzen
ſeſß augen, das ſol heiſſen ein *ſeß* den ſeß tagen ze ſchmacheit vnd

---

[1]) Zbm. 4⁰. — Vgl. E. Jacobs, Die ehemalige Büchersammlung Ludwigs
Grafen zu Stolberg in Königstein (Wernigerode 1868) S. 24.

zu lafter, da er in mach[t] himel vnd ertrich vnd alles, das da lept.
Vnd daruff' fol mang doppelfpil volbracht werden, vnd da fol gewin
vnd verluft vff ftan, alfo das mang man fol verderben vnd ver-
fpillen, waß er hat vnd geleiften mag . . .

[Lücke von etwa zwölf Zeilen]

. . . vnd blib nach fim verdinft geradbracht, gebrant, gehangen,
die zung binden zum half uß gezogen werden, iclicher darnach er
wirbt. Har [l. Dar] vmb fo follen rich heren verkauffen ir lant
vnd ir lütt, fchloß, huß vnd hoff vnd andern lütten das ir ent-
weltigen wider got, er vnd recht. Mang man fol dar vmb nacket
lauffen, der fich wol mit dem linen het begangen; mang gut frunt
vnd gefellen vmb ein heler oder vmb eins wortz wegen von
dem leben zu dem dot bringen; vnd alles boß, das da von kumpt vnd
kumen mag, das mag keiner in einem iar gefchriben oder betrachtten.'

Da das der böß fenitor gehört het, da bracht er die figur
in mang lant, da groß fchad vnd fchand von kumen mag; wan er
macht die doppelftein, als in der tuffel gelert hatt, wan er des
tuffels frij eigen waß. Dar vmb edel vnd vnedel, jung vnd altten
gutten criften lütten fluchen vnd fch[mehen?] . . . .

Aus dem 16. Jahrhundert habe ich noch ein Spruchgedicht über
das Spiel und die Spieler nachzutragen, das der Mönch Johannes
Hauser († 1548) in eine jetzt der Wiener Hofbibliothek gehörige
Miscellanhandschrift (4119, Bl. 7ᵇ—11ᵃ) eingeschrieben hat: 'Swem
sin gemüet an spill erhitzt' . . . Dagegen sind die oben 19, 92²
angeführten Sprüche des Heidelberger Cod. germ. 312 aus der Reihe
der Belege zu streichen, da sie, wie ich aus einer von Herrn Cand.
phil. A. Wick besorgten Abschrift ersehe, von der Hoffart und nicht
vom Hasard handeln. Andres hier Uebersehene werden andre nachzuweisen wissen.[1]

BERLIN.   J. Bolte.

Satire auf die katholische Messe v. J. 1529.

Die Kirchenbibliothek zu Calbe a. d. Milde (Kreis Salzwedel)
besitzt einen Sammelband (419. 8) folgenden Inhalts:

1. Underrichtung ym Rechten Chriftliken Geloven unde Levende, an de
Chriften tho Hildefem. Dorch Autorem Sanderum. 1528. (15 Blätter).
2. Dialogus. (8 Blätter).

[1] Auch Muskatblnt (Nr. 84, 66 ed. E. v. Groote) warnt vor Würfel-, Kegel-
und Kartenspiel. Den Spruch des Schmiehers werde ich gelegentlich anderwärts
mitteilen. Ueber das Würfelspiel in der altindischen Litteratur vgl. P. Cassel,
Mischle Sindbad 1888, S. 164 f.

3. Eine korte underwyfunge etc. doc. Johan. Dreiger. 1528. (f. l.)
4. Johannis Bugenhagii Pomerani in Epiftolam Pauli ad Romanos inter-
pretatio, a Doctore Ambrofio Maibano, ut licuit, excepta. Haganoae,
per Joh. Secer. 1527. Menfe Januario. (182 Blätter).
5. Der Erbarn Stadt Brunfwig Chriftlike ordeninge, tho dénfte dem hilgen
Evangelio, Chriftliker leve, tucht, frede unde eynicheit. Ock dar under
vele Chriftlike lere vor de borgere. Dorch Johannem Bugenhagen
Pomern befcreven. 1528. (gedruckt to Wittemberch dorch Joseph Kluck.)

Der an zweiter Stelle befindliche Dialogus, welchen nach Schellers
Bücherkunde S. 186 Nr. 728 auch die Herzogliche Bibliothek in
Wolfenbüttel besitzt, wird nachstehend abgedruckt.

DIALOGVS.

Nyge tidinge vor nye gehort.

Eyn Klegelike pôdefchopp Dem Pawefte vôrgekamen, andrepende, den
hôuetfteen ym fundament des gantzen Paweftumbs, nömlick fyne Myffe,
vnde wat fyne Hillicheyt dar tho geantwôrdet hefft, mit fampt fynen
geiftliken bundtgenoten.

Allen Papiften tho einem nyen iar
MDXXIX.

Der hylligen Euangelifcken Myffe, na Chrifti ordenung yngefetet,
der fy ir Ehr unde krafft alle tidt in bochem pryfe tho vôr on be-
bolden, dôrch eren enigen unde ewigen brefter, na der ordening Mel-
chifedech, Unde nicht na dem gruwel der Bebft zufadt, welke Godt
vernichtiget dôrch fyn wort yn ewicheyt. Efaie. 40.

Volgen dy Clegers der Bebtifcken Myffe, unde ehrer kranckheit
nodehelper.

Babft	Cardinal
D. Alveld	D. Menfing
Der Malefacius Mit	Tollen Anna
Pater Rôfychen	Clauwes buer
Rotkopp	Tolle peter.

Stultorum numerus infinita progenies Der Doren tal is an ende,

Der Cardinal fprecket thom Pavefte.

Alder hylgefte Vader, ick hebbe eyn Epiftel uth Dûdeffchen
landen entfanghen, avers grufamliker und erfchreckliker dinck ys vor
myne vornufft nêwerle gekamen, hyr vor moth ock de vorftôringe
Hyerufalem wyken.

Paweft.

Was ys dat? dreffet ydt dat gantze erdtryke an, befunderge
lûde, edder geyt ydt aver eynen gemeynen ftandt.

Cardinal.

Ydt bedreppet de beften, ftarkeften, und dreppet an den hôvetftên
ym fundament, up welkeren alle Papheyt gebuwet ys.

Paweſt.

Nu gewalde des Godt, ydt ys de Myſſe, dat armboſt heſſt lange geſpannen ſtan, ſo balde ydt lôß geyt, ſyndt wy alle geſchaten.

Cardinal.

Ja Here gy hebben ydt entraden. Ick byn vorſchrocken ſo dat my de tênen klappern.

Paweſt.

Wo ſteyt ydt avers umme de Myſſe, ys nicht noch hôpen wat gudes rades tho vinden? Dar ys nicht bôſers by alſe afflaten radt tho ſôken, Wente wo men uns deſſen ſchemel entruckede, ſo lege wi alle up der erden.

Cardinal.

Ick byn gantz erſtümet und erſchrocken, Radet gy, wente ick hebbe wedder vornuſſt noch atem.

Paweſt.

Wat ys de unfall, edder in wat geſtalt lydeth de Myſſe nôth, ys ſe ſere krauck.

Cardinal.

Se ys angeklaget, beruchtiget, uthgeropen und affgeſchryet, ſe ſy eyn klaue, edder kutze bedregende geltſack, eyn gruwel, eyne gadesleſteringe, unde de groteſte affgôderye ſo yewerle erwaſſen ys, dewyle dat de erde geſten heſſt, unde is tho beſorgen, men werde êr den eedt van knechten geven.

Paweſt.

Is ydt avers gewyß war, edder alleine eyne erſchrecklyke botſchap.

Cardinal.

Idt ys ſo gewiſſe, alſe de doet allem erdiſſchen levende.

Paweſt.

Dat ys erſchreckliker tho hôren, alſe de erdtbevynge des nachtes, unde gruſamliker tho ſeen, alſe de düſterniſſe tho mydage.

Cardinal.

Ja Here, nêne zyfern môchten den ſchaden vorbylden und uth-ſpreken, ſunder by yw ys de macht ſodanes tho ſchatten.

Paweſt.

Und wol ſynt avers unſer Miſſe wedderſaker, Joden, Turken, edder Heyden, yn welkeren ſick ſone wrewel erôget unde apenbart.

Cardinal.

Idt ys dat nachtmall Chriſti de hôvet ſaker, unde ſyne byſten-dere ſynt de, welkere den Chriſtengeloven entfangen hebben, Hoch-gelerde, unde ungelerde papen unde Leyen, und der vele ane tall.

Paweſt.

Dat ys erbarmlick und ſchedeliker, alſe de vorderuinge Sodama unde Gomorra vam helliſſchen vûre, ytzundes lecket unſe Schypp an allen orden.

Cardinal.

Ja Here, yck vruchte ydt helpet neen vorſtoppen, Dar tho hebbe wy ydt yegen den wynt, unde alle unſe roder ſynt tobraken.

Paweſt.

Unde wol ys an[d]ers vor eyn richter angeropen edder geſettet.

Cardinal.

Dat fynt veffteyn Epifteln der twelbaden, de gefcheffte der Apofteln, unde effte de Myffe nicht bokennich unde anredich wolde fyn erer anfprake nicht thoftendich fo wyllen fe alle gude Propheten tho tügen ftellen, unde vortröften fick ftarck up de Epiftel tho den Hebreern, ock fchal dat olde Teftamente hövetman fyn.

Paweft.

Dat vrowet my euen, wo den fteltener de vordantz, Dar worde wy alfo vele an gewynnen, alfe eyner de eyn meffer ym vüre wettede. De richtere fynt partyfch, und van anbegynne wedder uns gewefen, fo werden unfer Myffe gelick fo gefunt fyn, alfe dem Köninge Pharao dat rode mêr, Möchte wy ydt avers vor den uthfproeck der geyftliken rechte bringen, fo were der fake geraden unde fchon gehulpen.

Cardinal.

Dat ys fcbon vorfeen, unde eine vorlorne rede. Wente by dem volke ys nichtes unwerders, archgewanigers unde beruchtigers, alfe de geyftlyken rechte. Ja fe holdent fnöder alfe dat breth achter am gemeynen fprackhufze, dar de buren de unfuvern tolle aver affwerpen.

Paweft.

Ick weeth noch eine tröftlike tovlucht wy willen tappere, redelike, hantvefte, unde trotzyge lüde anropen, de ydt den klegern affchrecken myt drouworden unde flegen, unde defülven averreden, de klegere fyn de ergefte Kettere, fo de werlt yewerle gedragen hebbe, Se willen Chriftum van allen êren ftöten, vorlochenen Gades Allmechticheyt, fchenden de werdyge Moder Gades, alle bilgen und Engel, Leren men fchall nichtes gudes dön, alle avericheyt uthdelgen, unde nemande dat fyne geven, men môth fe avers vorben wol myt gelde falven, denne werden fe fo lynde, dat men eyn hoeffyfern yn en weeck maken mochte.

Cardinal.

Scholde dat mögen helpen, fo were nichtes vorfümet, ock nen koft gefpart, wy hebben ydt vorfucht, und vorware nicht ane mercklike koft beftelt, Hans ftryck den bart, Kuntze fee fure, Clawes vlöke avel, Hemmy geltrap, deffe hebben ock ere befte gedan, avers nicht mer uthgerichtet, alfe hedden fe dewile thom regenbogen geworpen.

Paweft.

Unde wo kumpt dat, dat bedde ick nicht gemeynet?

Cardinal.

Ja fe fynt nicht alle de Myffe tho befchârmen gefchicket, de fure feen, Wente dat weddepart kan ydt ock, unde geyt hyr na dem gemeinen fpröcke, De eyne puchet und de ander gyfft nichts darumme. Dat ys avers dat alder bofefte, dat de arme troftlofe Myffe, alfe fe gefeen hefft, dat vann er geweken fynt, ere buntgenoten, alfe de begreffniffe, de drudden, föveden, druttigeften, de yartydt, fampt dem offer betheren dar tho gedragen, hefft fe den handel fo fwar tho harten genamen, dat fe dödtlick kranck licht, unde eres levendes ys weynich böpen, avers grofflick tho beforgen, effte fe fcbon nicht vor gerichte kämc, fterve fe doch fuß des dodes.

Paweſt.

Lever mēnſtu nicht, eſſte er mit einer reyſe in dat warme badt
tho helpen were, potz krynt, ydt mochte koſten wat ydt wolde, wy
woldent wagen.

Cardinal.

Ja ick meyne ydt hefft gekoſtet, ydt ys vorgeves, wy hebben
ydt ſchon vorſőcht, avers ſe voer ſchinnich darben, unde quam ſchor-
vich wedder van dar, ſe ys ſere unſchützlick uthgeſlagen, avers nicht
geheylet, ydt ſynt van der tidt her erſten grote hőler yn ſe gevallen,
unde hefft Etikam der vorſwyndende ſucht gekregen, Sich even ge-
betert, alſe de peltz vam waſchen.

Paweſt.

Ick wil ſe dem wyetberomeden Arſten, Doctor Alveldt und dem
Appoteker Doctor Menſing hevelen.

Cardinal.

Hebbe wy ſo vele vorbadet, ſo latet uns ock recht deſſe koſt
daran wagen, unde geluck walden, gevet en men ein hupen ſmērs
in de buſſen, ſe moten vele vorſalven.

Alſe nu de twe upgenőmte Doctorn der Miſſe tho helpen beſtelt, weren
ſe vlitich, und handelden wo gy ytzunt werden vormercken.

Doctor Alveld beſach der Myſſe dat water, taſtede de pulſsadere und ſprack,

De Myſſe ys ſwack, ſe ys wor manck den witgervern geweſenn,
de hebben er de rybben thoſtot, und er ys eyn grőth ſwele an dem
Canon gewaſſen.

Apoteker Menſing.

Idt ys ein olt ſchade, ſe hefft dat gebrecken yn de werlt gebracht,
unde ys vam anbogynne erer gebort newerle geſunt ynwendich ge-
weſen, wo ſchon ſe ock uthwendich geſchēnen befft, Vele berompte
Arſten ſynt daran tho ſchanden worden, darumme ys uns noth gudes
rades, unde vlyth antokeren, mochte wy er allene eyne upholdinge
geven, ſo were unſe ſőge vett, unde worde uns den arbeyt belonen,
Dar umme herr Doctor, ſo yeleht ſnelle mit yuwer kunſt, ick hebbe hyr
allerleye confect, Rőmiſſche ſtuck, wortele unde krűder, welkere gy
weten mitbracht werltwyſer kluckheit tho tempereren, nach Ariſto-
teliſcher wyſe, unde Sophiſtiſcher art, dorch alle macht dar tho, ick
wil my ock nicht ſparen, my ys ſmēr van Rome geſchicket, darmede
wil ick ſalven, ydt modt ghan, und weret ock ſo rűeth alſe ein Egel.

Doctor Alveld ein artz.

So wol herr, wy willen vann der ſake reden, Erſtlick wil wy
anſeen, de Myſſe ſy in einem boſen teyken, nőmlick ym Scorpion entfangen, ym krevete unde ſwermede Mane gebaren, ydt regeret ſe ock
de wanckelmődige unde boſe blanete Mars, unde vorware ſe hefft aver
achteyn vaders gehat, de an er gemaket hebben, dat tőget an eres
waters geſtalt unde weſent, Hyrumme wyl uns noth ſyn und geboren
groter ſorchvoldicheyt, wente ſe ys vann mennigerleye naturen, ſpecien
unde qualiteten, thoſamen geſlicket, itzundt warm denne kolt, vucht
unde droge, unde wor mede men dem einem helpet vordervet men dat
ander wedderumme.

Apoteker menfing.

Ja Herr Doctor gy reden recht, unde van der wortel deffer faken, vele hebben ere kunft unnutlick daran vorfleten, ick beforge wy gewynnen ock fo vele err an deffer arbeyt, alfe der honnich ym fprackhufe fochte, des lon fynt befcheten hende.

Alveld.

Nu fynt wy mit der Myffe ym bade, Godt geve fe fwete edder nicht, darumme ervordert de nôth eyn guden radt, wente deffer Myffen dôth ys unfe peftilentie, Ja eyn vorterende vûr, welkere uthdroget den luftigen borne, uth welkerem dar herfluth unfe gefmackfam, vete, vorfekerde und averflodige leven.

Malefacius.

Herr Godt fÿ gelavet, de Myffe hevet an tho fweten yck hôpe ydt wil beter umme fe werden.

Toll anna.

Ja ya fe betert fick, alfe ein twintichyarich Roß, alfe de vyfch yn der Sonnen, unde alfe dat korne im hagel, ydt ys de dôdtfwêth fo gewiffe alfe Godt levet.

Alveld.

My ys ein gudt radt vorgekamen, ydt vormach de natur, dat de Louwen ere iungen dôdt geheren, unde dar na mit ftarckem gefchreye levendich und krefftich maken, Nu ys de Myffe ein gefcheppe van dem Rômifchen ftole gebaren, darumme wille wy uns mit ftarken gefchreye der Rômiffchen kerken dar aver fetten, mit groten worden unde krefftiger ftymme der veders lerers, unde Concilien, unde fe ock wedder umme erwecken, fuß ys wedder hôpene noch thoflucht, avers dyth myddel wert helpen, Nu nu fchrye myn leve Malefacius, mit iuwen rotkopp, yth duth grot van nôden.

Malefacius.

Ick vruchte wy werden er heefch unde môde, alfe de Myffe gefunt unde levendich uns wert adē gebreken, doch wage ick ydt vorfôken.

Apoteker menfing.

Wy moten andere fchryers ock beftellen, ydt ys fuß, aver unfe macht, unde defulvigen wol falven mit hamerfmēre, fo geyt ydt gladt her uth.

Thumher.

Wy hebben des hamerfmers fo vele vorfmeret, dat ick kunde lyden, de falve were wedder in der buffen.

Rotkopp.

Ey potz marter wefet unvorfchrocken, yck wil fchryen de erde fcbal beven, unde de minfchen fick entfetten.

Tolle peter.

Wat make gy? de Myffe fchal wol mer kranck, doff und blode werden, van yuwen gefchreye, alfe ftarck unde levendich, gy geven er ytzundes erften eyn vorderniffe thom dode Sodane gefchrey horet nicht tho der fwaken Myffe, wente ere nature vorgeliket fick mer den hafen, alfe den Louwen.

Je lenger fe fchryeden, yo fwacker de Miffe werth.

Toil anna.

O Horet up vam fchryende ynn Gades namen, fee gy nicht dat de Myffe feeltaget, fo vorfta yw nicht up ftervent.

Alveld der artzt.

Fürwar, furwar, De Myffe is gantz fwack, unde dem dode fere nha.

Toll Peter.

Seeth tho wo thuet fe myt den fchuldern, de ogen fynt er yngevallen, unde fe ys bleeck umme den fnavel, unde umme de backen alfe ein ungebacken wyt broth, edder eyn wolgefolten ey, wo fpitz ys er de neße, unde de nefehôler gan er fnel, de puls fiecht er nicht mer, dath ys ein bofe teyken, fe nympt den adem deep, und mechtich kort, ock treffentlich fnell, fe ys vul dodtplacken, fe wert ydt nicht lange bolden, de vôte fynt er fchon vorkoldet.

Apoteker.

Hôrt tho leven beren, ick weth feer eynen guden radt, Wy wyllen uns undereinander helpen, und fe thom vegefüre dragen, effte fe wedderumme vorwarmet mochte werden.

Toll anna.

Dar wil ick nicht tho helpen, wete gy nicht, Dat de buren hebben dat Wygewater ynt Vegefür gegaten, unde dat Vegefür erloffchet, und fytten Mônnicke, Nunnen unde papen ym roke, dat en de ogen aver lopen, Darna fynt etlyke fo wrevelich gewefen, dat fe yn den ketel gefcheten hebben,

Malefacius.

O we, Dat ys der Myffe eyne fchedelike dodt wunde, wente vam Vegefüre hefft fe gelevet alfe de vyfch vam watere, dat waß de rechte kamp unde weyde, up welkerer fe veth geworden ys, Nu mach fe doch nicht leven, effte er fcbon fuß nichtes gebreke, fo moth fe doch hungers fterven.

Menfing apoteker.

Wy willen fe tho den leven hylgen laven, tho unfer leven vrowe by den fôven eyken, dar ys eyn gnaderick bilde.

Toll anna.

Dar werde gy gelick vorforget, alfe eyn nakendiger mith dem wintere, Wente de helde, fo defulve bedevart uth gebete eres bolen des düvels vororfaket, hefft men tho Berne vorbrent, darna de Capele fampt hues unde hoff vorftôret, unde de wormftekygen gôtzen fynt vorrucket, radt tho wor hen.

Alveld.

Wol hefft dat angerichtet, de buren fynt upgewefen, fo gewiffe alfe Godt levet, ick merket wol.

·Hans franck.

Ick weeth ydt wol, Chriftus hefft ydt gedån, Mathei am 11. dar hefft he fe geropen unde gefpraken, Kamet her tho my alle, de gy arbeyden und beladen fynt, ick wil iw rowe geven, Se hebben ock dat Evangelium fampt allen Epifteln, funderlick Johan. am 1. unde 17. Exod. 20. Efaie 43. Hiere. 18. und alle pfalmen uth.

Malefacius.

De düvel befft de buren dar aver gedragen und fyn moder, ydt ys nummer gud, fo de buren dat weten.

Toll anna.

Wefet nicht alfo vrolich gy Heren de dar arften, wente de myffe ys yo lenger yo fwacker, fe gorgele mit dem halfe, unde ftamert an der rede.

Rotkopp.

Her Vromiffer bringet uns unfern her Godt, dat wy de Myffe dar myt vorforgen.

Toll peter.

Herr Rotkopp, yck kan ene nicht erlangen de hemmel ys syn ftoel, unde de erde fyn vôtfchemel, wo kunde ick ene ergripen.

Malefacius.

Ick meyne du bift noch vuller narren, alfe de Sommer vul müggen, bringet uns unfern herr Godt, edder du moft to Coftentz up de fchyve.

Alveldius.

Snel brinck uns du Capellan dat bilge Olye, de tydt nalet fick.

Toll anna.

Ick merke wol, gy mênen den olye, welker men fo lauge her van Bifchoppe gekofft hefft, des ys nicht mer in der buffen, de Cûfter hefft de fcho mede gefmeret.

Rotkopp.

So ys he ym banne, dar mach nemant vorwefen, he moth ydt dûre genoch betalen.

Pater Röfichen.

Snei bringet eyn licht, lop thom beenhufe tho den lampen, zunde an ylende und wunder behende.

Toll peter.

Dar ys wedder vûr noch lecht, kertzen noch lampen, Dencke gy ydt nicht, dith iâr fynt aver teyndufent mûfe unde rotten hunger geftorven, unde den kerckheren iunfrowe kaket nu nicht halff fo vele, alfe vor veer iaren.

Rotkop.

Is war, du leve narr, So hôre ick wol, men brent den lèven felen wedder olye, vete, noch fmeer, unde deyt en nicht gudes na, dat Gade erbarme, wor tho yffet gekamen, wol hefft de erringe hir geplantet, edder wat ys de orfake.

Toll anna.

Alfe dat Rômifche aflat, fo vele lavede unde fchuldich was, unde alfo ydt betalen fcholde, kunde ydt nicht, mofte ydt alfe eyn fchelm wedder uth dem lande lopen, und hefft alle nachtlûchtere lichte unde lampen welkeren ydt grote dinge gelavet, mit fick up gevordert, darumme fynt fe em na getagen, unde up dem wege vom wynde erlofchen, fo fe nicht entfettinge unde hitte van vegefûre erlangen.

Toll peter.

Wat behôvet men der nachtlychter unde lampen, de dodenkôppe feen nicht, fo dantzen de holten gôtzen ock nicht, unde Godt hefft gefchapen alle lychtere hemmelifche und erdifche, by em ys de ewige klarheyt unde nêne dûfterniffe, darumme ys ydt eyne heydenfche dorheyt, fick vorneemen Gade mit lichteren unde lampen tho denen.

Rotkopp.

Ey du leve Anna, brynge uns doch eyn weynych Palmen, dat wy eynen gefegenden rock maken vor dat bôfe gefpenfe.

Toll anna.

Hôrftu du Rotfux, De vrouwen hebben vor veer iaren dat vlêfch dar mede gerôkert, unde na dem nênen meer laten befweren.

Doctor Cubito.

Wor nu hen uth, fprack de voß yn der vallen, ytzundes fynt wy gantz ane fchip unde roder, wol kan koken backen ane vûr unde vete, edder ane veddern vlegen, ydt ys gelick alfo môgelick, dat gantze mêr an dem regenfbagen tho hengen, alfe ein bratworft an eynem ftock, dat fe dorre unde drôch wert alfe deffer Myffe tho helpen, fo fee fchon vorlaren hefft de rechte hertzaderen, nômelick dat Vegefûr, welkere in fyner vlucht mit fick wech gevôrt befft, de begreffuiffe drudden, fôvenden, druttigeften, vigilien und jardage, fampt den offern, lichtern, wygewater, olye, und palmen, Nu radet alle gude Redere, wo wy ungebrent vam ketel kamen, ydt helpet doch wedder fchrient noch falvent.

Alveld. Rôfichen.

Schoide uns de Miffe under den henden fterven, fo worde uns nichtes vor dat arfteloen, darumme wyl noth fyn, uns van byr tho vôgen, offte fe denne in ûnfem affwefende ftervet, fo wille wy fpreken, Se fy ermordet.

Rotkopp.

Ick volge, gy hebben ydt entraden, unde wol gedrapen, bedde wy de hamervetten falven, fo wy vorfmert hebben, wedder in der huffen, wy wolden uns fûlveft mede falven.

Alveld.

Dat ys nu eine vorlarne rêde, brynget even alfe vêle vrucht, alfe vogellêm ym peper, Ick rade dat wy van hyn ryden, unde wol uns vraget wo fteyt ydt umme de Miffe wille wy antwerden, wol, wol, marter liden wol, fee bedde gyfterne einen vordantz mit dem Doctor Cubito.

Claus buer.

Poxmarter her Rotkopp, hir eyn bar kes, wor wille gy mit alle den Sôgen hen, de gy deffe iare myt iw tho huß bringen, men wert uns vor vorkôpere upgrypen.

Rotkop.

Nicht vel kramantzes, Vnde lath my ungefatzet, dat dy fûnte Valentins arbeit befthe allers boven, ick hebbe fûft genoch dat my bedrôvet, woldeftu my ock noch befpotten.

Finis.

HERFORD.   *Hölscher.*

Westpreussische Sprach-
eigenheiten.

[Vorbemerkung. Dieselbe aus dem Besitze der alten Berlinischen Gesellschaft für deutsche Sprache stammende Sammelhandschrift, in welcher Dietzens Bemerkungen über die mecklenburgische Mundart (Nd. Jahrbuch 20, 123 ff.) erhalten sind, bietet zwei Sammlungen westpreussischer Ausdrücke, aus denen eine Anzahl Ergänzungen zu H. Frischbiers verdienstvollem Preussischen Wörterbuche geschöpft werden kann. Gleich diesem haben die Verfasser sich nicht auf Wörter niederdeutscher Form beschränkt, sondern ohne Sonderung Hoch- und Niederdeutsches verzeichnet. Vollständigen Abdruck verdienen die Sammlungen nicht, es genügt sie im Auszuge mitzuteilen. Fortbleiben durfte, was in ganz gleicher Sprachform mit vollständig gleicher Bedeutungsangabe sich bereits bei Frischbier findet und keiner weiteren Bezeugung für sein Vorkommen in Westpreussen bedürftig erschien.

Beide Sammlungen sind augenscheinlich in eigenhändigen gut lesbaren Niederschriften der Verfasser erhalten. Die erste aus Danzig stammende lässt jede Ordnung in der Aufeinanderfolge der verzeichneten Ausdrücke vermissen; die einzelnen Wörter scheinen niedergeschrieben, wie sie gerade dem Verfasser in den Sinn kamen. Für den Abdruck sind sie alphabetisch geordnet worden. In der zweiten Ausdrücke aus Thorn bietenden Sammlung brauchte die bereits vom Verfasser gegebene alphabetische Anordnung nur hier und da berichtigt zu werden.

Die Danziger Sammlung ist 'Danzig den 16. April 1816' unterschrieben. Seinen Namen hat der Verfasser nicht beigefügt. Wie John Koch in seinem Programm 'Die Berlinische Gesellschaft für deutsche Sprache' Berlin 1894 S. 32 anmerkt, ergeben die Protokolle der Gesellschaft, dass der Verfasser H. Jacob war. Litterarisch scheint sich derselbe sonst nicht bekannt gemacht zu haben, wenigstens nicht durch selbständige Werke.

Die zweite kleinere Sammlung, welche der Berlinischen Gesellschaft nach einem handschriftlichen Vermerk 'einbracht 24 Juli 1816' worden war, ist 'W. Schröer' unterzeichnet. Der Verfasser muss in oder bei Thorn zu Hause gewesen sein, wie aus der wiederholten Bezugnahme auf diese Stadt und das in ihrer Nähe gelegene Gut Rühnau hervorgeht. Es ist ohne Zweifel derselbe Schröer, der ein Büchlein 'Griechische Blumen, ein Uebersetzungsversuch von Wilhelm Schröer. Berlin 1803. 4°', dessen Vorrede 'Thorn im August 1803' datirt ist, und später patriotische Dichtungen hat erscheinen lassen. (Zur Erinnerung für seine Waffenbrüder. Königsberg 1814; Kriegslieder. ebd. 1815.)

Schliesslich sei noch bemerkt, dass Zusätze des Herausgebers durch eckige Klammern gekennzeichnet sind.   W. S.]

Danziger Spracheigenheiten.

[**Allgemeine Bemerkungen.**] Das Danziger lange *a* ist gleich *oa* (*a* mit vorgeschlagenem *o* z. B. *Doanzig*). Man spricht fast alle a auf diese Weise gedehnt (wie *au* in *author* englisch). [Vgl. Förstemann, Germania hg. v. vdHagen 9 S. 153.]

Man spricht *e* sehr häufig *ä* z. B. *bäster*, *ändlich*.

Man spricht *u* zwischen *u* und *o*, oft sogar hört man noch eine Art *a* (wie im Engl. *but*).

Kusschen, *Tasschen*, *Raupchen* und alle Verkleinerungswörter [spricht man] ohne *n*.

[Genus:] die *Oel*, auch *Oelije*; der *Band* (etwas zu binden); das *Monat*; das *Spiess*, die *Aff* (der Affe); das *Schrank*, das *Sarg*.

abgekringelt aussehen, matt, erschöpft aussehen.
abkringeln, abdrehen z. B. einer Taube den Kopf.
abräken, ausschelten.
altduhn, noch von gestern betrunken.
auch, und. Fleisch auch Gemüse.
ausbenommen, ausnehmend z. B. schön.
ausspritzen, ausschlagen, von Bäumen.
Bartneege, feiner aufgesparter Bissen.
beneckelt, belegen, ausgeputzt betrunken.
Beestkuchen, Kuchen von der ersten sehr fetten Milch, nachdem die Kuh gekalbt hat.
betrempelt, betreten.
so billig, so ziemlich.
bisachelches, sacht, allgemach.
Blamseer, ein Fleck z. B. von Fett in einem Kleide.
Blickflnk, Heringssalat.
Blingschllug, Blindschleiche.
Bollenpûserik, eine Art Karbatsche für das Gesinde auf dem Lande.
Bolven, Kartoffeln.
Bovke und Boschke, kleiner Bube, durchtriebener Bube.
einem op de Brems' stoan, peinigend warten auf etwas.
Burtschik, ältester Sohn des Bauern, weicher an seiner Stelle die Aufsicht führt.
düge don, gut thun, sich gut führen.
und so was daher, und dergleichen.
delgen, abdelgen, einen prügeln.
doff, matt z. B. Gold.
Dohnichdüg, Thunichtgut.
drenig sein, drennäs', blödsinnig, ein Traum sein.
der Drön, das Dröhnen.
durchgetrabt, durchtrieben.
dwallig, albern.
dwarg, dwerg, Zwerg.
ebberarsch, rückwärts.

ei, Aufmerksamkeitswort. Willst du Wein? Ei Wasser. Ei der Sturm vorige Nacht.

einsen, eins (im Weiterzählen).

Eierpfann, Rührei.

Felm, Füllen.

Flohten, grosse hölzerne oder irdene Milchgeschirre.

geforben, gefärbt.

geheirathet sein, verheiratet sein, von Männern oder Frauen, Gegensatz von ledig sein. z. B. sie ist geheiratet.

Gehlsch, Gestrüpp.

Gesäwer, schreiendes wüstes Geschwätz.

Gesp, Handvoll.

Gnagge, hölzerner Nagel, Pflock, etwas daran zu hängen.

Gosse (zwei sehr weiche s), Ziege. *Gossebock.* [Poln. *koza* Ziege.]

grassate goan, spazieren gehen.

Gratchelches, Händchen.

gris, grummlich, grau.

hellig sein, sehr dürsten.

Hölkes, Holzäpfel.

Kapelle, Hinterteil und Rückenknochen gekochten oder gebratenen Geflügels.

Karschbiren, Kirschen.

Kintchen, kantchen, Ecke am Brote.

Kirst, Kurst, Kruste.

klafristern [erste Silbe kurz, zweite betont], ausprügeln.

Klagfiestern klagen angeberisch (stänkern?), *ein Klagfiester.*

Klauditke, Gefangenwärter.

Klemp, junge Kuh.

Köjel, Kujel, Keiler.

kojühnen, winselnd heulen.

Es kommt zu sehen, es ist zu sehen z. B. ein Fleck in einem Kleide.

ich könnt', ich dürft' Imperfekta mit e gegen die Regel [statt ich konnte] z. B. ich könnt nicht anders.

Korn, wenig. En kleen Kohrn Woater.

kösch, hart und braun gebacken.

Kosten der armen Lit, die Gerichte der armen Leute.

Krauter, 1) abgefeimter Mensch 2) Naturgärtner im Gegensatze zum gelernten Kunstgärtner.

krupe, kraufen, kreuchen, kriechen.

kukkuluren, (z. B. nach Krankheiten) umhersitzen. [Vgl. ndl. *koekeloeren.*]

Kunter, kleiner schneller Klepper

Kuschen, Kuhkalb.

lass er man kommen, 'lass ihn [man kommen]' findet sich bei mehreren Schriftstellern aus dieser Gegend.

Lollke, Pfeife. Lollst all wedder, rauchst du schon wieder.

Losleder, Losnagel, ein junger, noch ganz ungebundener und vorwitziger oder frecher Mensch.

lumpisch, lumpig.

Manist, Menonit, nachher für jeden kleinen Krämer, besonders für solche, die mit Brandtwein, Schwefelfaden handeln.

Moll, Maulwurf.

mollen, wühlen.

mulksch, mulkschlch, beständig finster, brummig.

Mundschmacksehen, so viel um zu schmecken, auch ein feiner Bissen.

muscheln, küssen.

Mutzchen, Küsschen (in der Gegend von Dirschau).

nar nich to, nirgend nicht gut, ganz unnütz, Taugenichts.

Neistersche (*neien* nähen) Nähterin.

niederkorken, Schuhe niedertreten.

nieweddrig, übellaunisch (ähnlich dem wetterwendisch).

Nudeln, Kartoffeln.

Otschchen, Otschelches, Aeuglein.

Pathen, Weidenstecklinge, welche noch nicht gewurzelt haben.

die Pil, Fälteleisen zu Hauben u. dgl.

Pindelpracher, Landstreicher (Bündelbettler).

die Pinn, Schnürnadel.

Pischke-Grütze, -Gret, grobe Graupen.

Plauderkasche, Plaudertasche.

Pling, Lappen, Plunder, auch *Plid*, welches man aber auch von dünngestopften (geschütteten) Betten braucht, dat's jei man e Plid.

Pommager, Paselack, niedriger Gehülfe, Handlanger in der Küche, im Stalle, mit ihren abgeleiteten Verben *Paselacken* etc.

puschkatern, kitzeln.

die Rabe, Schorf auf einer Wunde.

Ranebalken, Rundbalken.

Reen nuscht, rein nichts.

ribbeln, rebbeln, z. B. einen gestrickten Strumpf wieder aufribbeln.

der Ricken, Beet im Garten.

ruhrkohlen, unruhig sitzen.

ruschches, sehr.

Schappe, Babiljuhn, Himmelbett.

schletsam, schleksig, schletsig, vom Gange und der ganzen Haltung, nachlässig, träge.

schmurzig, schmorzig, schmutzig.

Schnitzker, Tischler.

Schnuckup, Schlucken.

Schnilpfeltuch, Schnupftuch.

Schoof, Schub z. B. e goode Schoof wek goan.

Scholm, Haarscheitel.

der Schwanz! im verächtlichen Sinne der armselige unbedeutende Mensch.

schwiemschlagen, höchst nachlässig schlendern.

spicken, heftig werfen z. B. spick doch nicht alles.

Spierchen, Sträusschen, ein Riechblümchen.

Sprathen, Sprossen.

stakern, stechen, in einem Sprichworte 'den lieben Gott nach den Augen stockern' durch unzufriedenes Tadeln des Wetters.

Steckbiel, Stechling [Fisch].

Streich-Eisen, Plätt-Eisen.

Stück, z. B. gieb mir doch ein Stück Wasser, ein Stück Löffel u. s. w.

es stümfft, von heftigem Wind mit Regen.

Topkekieker, Geizpungel, Arvteteller [Kleinigkeitskrämer.]

trugglich, rund von Kindern und Frauen besonders.

übertragen (eine Krankheit), sie vernachlässigen, nichts [gegen sie] brauchen.

überschregeln, zwischen zwei ausgefahrenen Gleisen fahren.

Uhle, Kappe.

Unmühe, Mühe. Machen sech doch kein Unmöje.

verknieweln, eigentlich mit dem Messer, dann überhaupt zu nichte machen.

vermudbarschen [?], vermüden.

verpeddet, wo wir verfilzt sagen von Werrig, feinen Wurzeln etc.

verpliestern, besonders von Sachen wie Haaren, die der Wind in Unordnung bringt, verstört.

versetzt, die Kuh hat versetzt, d. i. zu früh gekalbt.

vertobben, verführen.

verweht, unaufmerksam, zerstreut.

vorlähden neulich.

[Vornamen:] *Bensch* Benjamin; *Jasch* Johann; *Mohtke* Erdmuthe; *Drotke* Dorothea; *Buschke* Barbara; *Kaschke* Karl.

Wanker, Ochsenziemer (von seinem geschäftigen Umbergehen in Landwirtschaften etc.)

Wanning, Flannel-Jacke, Kittel.

wirrig und irrig, verwirrt, blödsinnig.

wischig (sehr weiches *sch*), windig.

Wohnungen, Herrenhäuser für arme Leute eingerichtet, auf einem Landgute z. B. die Arbeiterwohnungen.

Wratze, Warze.

Wunsen, Schnurbart.

Zoten machen, sehr lustig, ausgelassen sein.

die Zugg oder Zagg, Hündin.

Zwirm, Zwirn.

Danzig, 16. April 1816.   [H. Jacob.]

Eigenthümlichkeiten der Preussischen Mundart.

Ausruf, Auktion.

Bording, ein kleines Schiff, womit man die Ladung an Bord der grossen Schiffe bringt.

Bott, das Gebot, das beim Versteigern Gebotene.

Bresse, Blei (Fisch).

Bügel, Bretzel.

Bürgerlehn, (in den ehemahls freien Städten gebräuchlich) ein verarmten Bürgern zur ausschliessenden Verwaltung oder Benutzung überwiesener Dienst z. B. Einnahme des Brückenzolls, Aufsicht über öffentliche Anstalten etc.

Dremicker, Heuerleute auf dem Lande.

Einst, einmal, in der Verbindung mit nicht z. B. er hat es nicht einst verlangt.

Fastbäcker, verstümmelt aus Festbäcker, da die Aussprache des *e* dem *a* sehr nahe kommt. In Königsberg nämlich und den übrigen grösseren Städten theilen sich die Bäcker in Fest- und in Los-Bäcker. Jene backen nur festes, dichtes, diese lockeres, loses Brod, daher denn auch Festbrod, Losbrod.

Gute Männer heissen in den ehemahls freien Städten die bei Verlöbnissen, Hochzeiten oder gerichtlichen Verträgen von beiden Theilen gewählten *Werbleute*, Vermittler oder Zeugen (Obmänner, Scheider).

Golle, ein kleines Boot.

Hegen (in den freien Städten) im aussergerichtlichen Gebrauche die Handlung des Aeltermanns der Gilde, mittelst welcher er nach Entfernung fremder Zeugen die herkömmlichen Schranken sich ernst bewegende Verhandlung eröffnete; daher es in den Gilde-Abschieden (Recessen) immer heisst: Nachdem der Aeltermann gehegt und die Bescheidenheit und Verschwiegenheit empfohlen hatte etc.

Halten, Halter (in den ehemals freien Städten) z. B. eines Landguts, einer Kasse etc. der Verwalter, Verweser. Daher *Hallung* das Verweseramt, auch der

Schatz, Säckel desselben z. B. N. empfängt 50 Fl. aus der Kirchen- und Almosen-Haltung. N. hält jetzt den Richnauschen Schlüssel: er verwaltet die Gesammtheit der zu R. gehörigen Vorwerk.

Kämmerer was in Schlesien Meier, in Pommern Hofmann und in Mecklenburg Statthalter heisst. [Vgl. Frischbier 2, 532].

Kämpe Insel.

Kathner, Eigenkathner, der Miether und Eigner einer Kathe.

Klar am Seestrande gebräuchlich und aus der Schiffssprache entlehnt. Alles, was bereit, fertig, geordnet ist, z. B. der Wagen ist klar, d. i. angespannt.

Kiel Schleim, Brei, z. B. Haferklei.

Kobbel Stute, auch überhaupt Klepper (aus dem Poln.)

Kölmer, Besitzer eines zinspflichtigen Meierhofes.

Kürsaal (in den ehemals freien Städten) der Saal im Rathhause, worin die Wahl der Rathsherren geschah.

Kürbier das bei dieser Gelegenheit gebraute und an die Gewählten vertheilte Doppelbier (Thorn).

Lassen mit einem andern Aussager verbunden nimmt den Erstfall zu sich z. B. lass er kommen, lass der Vater ihm Antwort geben. Jedoch sagt man richtig: lass mich gehen.

Machander Wachholder.

Maehlich. Zur Erklärung dient die Redart: es macht sich, es geht damit; also ziemlich, hinreichend.

Mi[e]tnachbar ein Ackerwirt im Gegensatz von Eigenkathner und Inwohner.

Päde, eine Wassertrage.

Pawowe, eine buschige Sumpf- oder Berggegend (poln.)

Possekel, ein Schlägel.

Rese, eine Rese Wasser: eine Tracht Wasser. [Fehlt bei F., vgl. Korr.-Bl. 9, 76.]

Schlüssel, eine Gesammtheit von Landgütern, kleine Herrschaft z. B. der Rühnausche Schlüssel bei Thorn: das Hauptgut Rühnau mit seinen Nebengütern.

Vollbräsig (Thorn) übermüthig.

Zannart, Zander (Fisch).

Ich übergehe sprachwidrige Redearten des grossen Haufens z. B. dass man statt *hat: hätte*, statt *wäre: war* und umgekehrt sagt, z. B. Wenn er mir begegnet *war*, wenn ich ihn gesehen *hatte*, als ich ihn gesprochen *hätte* etc., aber auch unter Gebildeten findet sich die Form des Supinum auf en, wo dieses im Hochdeutschen regelmässig ist z. B. *geschonken, gewonken* für: geschenkt, gewinkt. Ferner die Wiederholung des Aussagers, wo der Meissner den Aussager *thun* gebraucht, z. B. *trinken trinkt* er wohl, *essen isst* er wohl, *singen singt* er wohl, *schaden schadets* nicht.

Zur Sittengeschichte Preussens gebören folgende Altthornsche, zum Theil schon in Vergessenheit gerathene Gebräuche.

War dem Hausvater ein Erbe oder eine Erbin gebohren worden, so sandte er seine *junge Magd* (Jungmädchen, Stubenmädchen) zu den werthen Nachbarn, Verwandten und Freunden, welche beim Eintritt in das fremde Haus bloss die Worte sprach: der Herr N. N. lässt grüssen mit einem jungen Sohn, oder mit einer jungen Tochter. Dasselbe Jungmädchen ging bei einem Todesfalle im Hause ihrer Herrschaft, in einen langen weissen Schleier gehüllt, in den Häusern umher und machte es mit den Worten kund: der Herr N., die Frau N. lässt sich bedanken.

Herren hiessen amtlich nur die Mitglieder des Raths, des altstädtischen und vorstädtischen Schöppengerichts, die Geistlichen, Aerzte und Oberlehrer. Kaufleute, Unterlehrer und was nicht zu den Genannten gehörte, hiessen — domini, und der Rektor der Neustädtischen Schule, den im gemeinen Lehen Jedermann Rektor nannte, hiess ludimagister. Der Prediger auf der Kanzel musste sich diesem Gebrauche fügen und sonach sagen: der ludimagister Dominus N. mit Jungfer N.

W. Schröer.

Zur Farbendeutung.

Das in der Livländischen Sammlung erhaltene, im Jahrbuch 8 S. 73 ff. abgedruckte Gedicht von der Bedeutung der Farben in der Liebe ist, wie seine Reime deutlich zeigen, aus dem Hochdeutschen übersetzt. Der hochdeutsche Text ist, wenn auch nicht ganz lückenlos (es fehlen v. 51—64) erhalten und bietet im Allgemeinen denselben Wortlaut wie die niederdeutsche Fassung. Er findet sich unter den von Fichard im 'Frankfurtischen Archiv für ältere deutsche Litteratur und Geschichte Th. 3 Frankfurt a. M. 1815' veröffentlichten 'Altdeutschen Liedern und Gedichten aus der ersten Hälfte des XV. Jahrhunderts' als Nr. LXIII auf S. 297 ff. Vers 41 ff. lauten hier:

> Hut dich vor gesellschafft
> Dy sich berumet und klafft
> Nim eben in dinen mut
> Was dir von liebe kummet zu gut
> Das saltu in din hertz smyden
> Und dich dy lybe ban geleyden
> E das ymant werde gewar
> So volgestu der rechten schar
> Dostu das so volget dir heil
> Nu hast du miner lere ein deil.

BERLIN.   W. Seelmann.

1. Jahrbuch.

rgang I—XXI.   Preis des Jahrgangs 4 Mk.

2. Korrespondenzblatt.

t I—XVII.   Preis des Heftes 2 Mk.

3. Denkmäler.

Band I.

Seebuch, herausgegeben von **K. Koppmann.** Mit einer nautischen Einleitung von **Arthur Breusing.** Mit Glossar von **Chr. Walther.**   Preis 4 Mk.

Band II.

hard von Minden, herausgegeben von W. **Seelmann.**
       Preis 6 Mk.

Band III.

s unde Blankflos, herausgegeben von St. **Waetzoldt.**
       Preis 1.60 Mk.

Band IV.

entin und Namelos, herausgegeben von W. **Seelmann.**
       Preis 5 Mk.

Band V.

Osterspiel, herausgegeben nebst Einleitung und Anmerkungen von Carl Schröder.   Preis 3 Mk.

Band VI.

nde Galle. Niederrheinisches Gedicht aus dem XII. ., herausgegeben von **Al. Reifferscheid.**
(In Vorbereitung.)

4. Drucke.

Band I.

ederdeutsche Fastnachtspiele. Mit Einleitung und gen herausgegeben von **W. Seelmann.**   Preis 2 Mk.

Band II.

erdeutsche Reimbüchlein. Eine Spruchsammlung . Jahrh. Herausgeg. von **W. Seelmann.**   Preis 2 Mk.

Band III.

e Schlömer. Ein niederdeutsches Drama von (1584), herausgegeben von **J. Bolte.**   Preis 4 Mk.

Band IV.

Schauspiele, herausgegeben von **J. Bolte**
       Preis 3 Mk

el, Aufmerksamkeitswort. Willst du Wein? Ei Wasser. Ei der Sturm vorige Nacht.

einsen, eins (im Weiterzählen).

Eierpfann, Rührei.

Felm, Füllen.

Flohten, grosse hölzerne oder irdene Milchgeschirre.

geforben, gefärbt.

geheirathet sein, verheiratet sein, von Männern oder Frauen, Gegensatz von
ledig sein. z. B. sie ist geheiratet.

Gehisch, Gestrüpp.'

Gesäwer, schreiendes wüstes Geschwätz.

Gesp, Handvoll.

Gnagge, hölzerner Nagel, Pflock, etwas daran zu hängen.

Gosse (zwei sehr weiche s), Ziege. *Gossebock*. [Poln. *koza* Ziege.]

grassate goan, spazieren gehen.

Gratchelches, Händchen.

gris, grummlich, grau.

hellig sein, sehr dürsten.

Hölkes, Holzäpfel.

Kapelle, Hinterteil und Rückenknochen gekochten oder gebratenen Geflügels.

Karschbiren, Kirschen.

Kintchen, kantchen, Ecke am Brote.

Kirst, Kurst, Kruste.

klafristern [erste Silbe kurz, zweite betont], ausprügeln.

Klagfiestern klagen angeberisch (stänkern?), *ein Klagfiester*.

Klauditke, Gefangenwärter.

Klemp, junge Kuh.

Köjel, Kujel, Keiler.

kojühnen, winselnd heulen.

Es kommt zu sehen, es ist zu sehen z. B. ein Fleck in einem Kleide.

ich könnt', ich dürft' Imperfekta mit *e* gegen die Regel [statt ich konnte] z. B.
ich könnt nicht anders.

Korn, wenig. En kleen Kohrn Woater.

kösch, hart und braun gebacken.

Kosten der armen Lit, die Gerichte der armen Leute.

Krauter, 1) abgefeimter Mensch 2) Naturgärtner im Gegensatze zum gelernten
Kunstgärtner.

krupe, kraufen, kreuchen, kriechen.

kukkuluren, (z. B. nach Krankheiten) umhersitzen. [Vgl. ndl. *koekeloeren*.]

Kunter, kleiner schneller Klepper.

Kuschen, Kubkalb.

lass er man kommen, 'lass ihn [man kommen]' findet sich bei mehreren Schriftstellern aus dieser Gegend.

Lollke, Pfeife. Lollst all wedder, rauchst du schon wieder.

Losleder, Losnagel, ein junger, noch ganz ungebundener und vorwitziger oder
frecher Mensch.

lumpisch, lumpig.

Manist, Menonit, nachher für jeden kleinen Krämer, besonders für solche, die
mit Brandtwein, Schwefelfaden handeln.

Moll, Maulwurf.

mollen, wühlen.

mulksich, mulkschich, beständig finster, brummig.

Mundschmacksehen, so viel um zu schmecken, auch ein feiner Bissen.

muscheln, küssen.

Mutzchen, Küsschen (in der Gegend von Dirschau).

nar nich to, nirgend nicht gut, ganz unnütz, Taugenichts.

Neistersche (*neien* nähen) Nähterin.

niederkorken, Schuhe niedertreten.

nieweddrig, übellaunisch (ähnlich dem wetterwendisch).

Nudeln, Kartoffeln.

Otschchen, Otschelches, Aeuglein.

Pathen, Weidenstecklinge, welche noch nicht gewurzelt haben.

die Pil, Fälteleisen zu Hauben u. dgl.

Pindelpracher, Landstreicher (Bündelbettler).

die Pinn, Schnürnadel.

Pischke-Grütze, -Gret, grobe Graupen.

Plauderkasche, Plaudertasche.

Pling, Lappen, Plunder, auch *Plid*, welches man aber auch von dünngestopften (geschütteten) Betten braucht, dat's jei man e Piid.

Pommager, Paselack, niedriger Gehülfe, Handlanger in der Küche, im Stalle, mit ihren abgeleiteten Verben *Paselacken* etc.

puschkatern, kitzeln.

die Rabe, Schorf auf einer Wunde.

Ranebalken, Rundbalken.

Reen nuscht, rein nichts.

ribbeln, rebbeln, z. B. einen gestrickten Strumpf wieder aufribbeln.

der Ricken, Beet im Garten.

ruhrkohlen, unruhig sitzen.

ruschches, sehr.

Schappe, Babilljuhn, Himmelbett.

schletsam, schleksig, schletsig, vom Gange und der ganzen Haltung, nachlässig, träge.

schmurzig, schmorzig, schmutzig.

Schnitzker, Tischler.

Schnuckup, Schlucken.

Schnüpfeltuch, Schnupftuch.

Schoof, Schub z. B. e goode Schoof wek goan.

Scholm, Haarscheitel.

der Schwanz! im verächtlichen Sinne der armselige unbedeutende Mensch.

schwiemschlagen, höchst nachlässig schlendern.

spicken, heftig werfen z. B. spick doch nicht alles.

Spierchen, Sträusschen, ein Riechblümchen.

Sprathen, Sprossen.

stakern, stechen, in einem Sprichworte 'den lieben Gott nach den Augen stockern' durch unzufriedenes Tadeln des Wetters.

Steckbiel, Stechling [Fisch].

Streich-Eisen, Plätt-Eisen.

Stück, z. B. gieb mir doch ein Stück Wasser, ein Stück Löffel u. s. w.

es stümfft, von heftigem Wind mit Regen.

Topkekieker, Geizpungel, Arvteteller [Kleinigkeitskrämer.]

trugglich, rund von Kindern und Frauen besonders.

übertragen (eine Krankheit), sie vernachlässigen, nichts [gegen sie] brauchen.

überschregeln, zwischen zwei ausgefahrenen Gleisen fahren.

Uhle, Kappe.

Unmühe, Mühe. Machen sech doch kein Unmöje.

verkniweln, eigentlich mit dem Messer, dann überhaupt zu nichte machen.

vermudbarschen [?], vermüden.

verpeddet, wo wir verfilzt sagen von Werrig, feinen Wurzeln etc.

verpliestern, besonders von Sachen wie Haaren, die der Wind in Unordnung bringt, verstört.

versetzt, die Kuh hat versetzt, d. i. zu früh gekalbt.

vertobben, verführen.

verweht, unaufmerksam, zerstreut.

vorlähden neulich.

[Vornamen:] *Bensch* Benjamin; *Jasch* Johann; *Mohtke* Erdmuthe; *Drotke* Dorothea; *Buschke* Barbara; *Kaschke* Karl.

Wanker, Ochsenziemer (von seinem geschäftigen Umhergehen in Landwirtschaften etc.)

Wanning, Flannel-Jacke, Kittel.

wirrig und irrig, verwirrt, blödsinnig.

wischig (sehr weiches *sch*), windig.

Wohnungen, Herrenhäuser für arme Leute eingerichtet, auf einem Landgute z. B. die Arbeiterwohnungen.

Wratze, Warze.

Wunsen, Schnurbart.

Zoten machen, sehr lustig, ausgelassen sein.

die Zugg oder Zagg, Hündin.

Zwirm, Zwirn.

Danzig, 16. April 1816.   **[H. Jacob.]**

Eigenthümlichkeiten der Preussischen Mundart.

Ausruf, Auktion.

Bording, ein kleines Schiff, womit man die Ladung an Bord der grossen Schiffe bringt.

Bott, das Gebot, das beim Versteigern Gebotene.

Bresse, Blei (Fisch).

Bügel, Bretzel.

Bürgerlehn, (in den ehemahls freien Städten gebräuchlich) ein verarmten Bürgern zur ausschliessenden Verwaltung oder Benutzung überwiesener Dienst z. B. Einnahme des Brückenzolls, Aufsicht über öffentliche Anstalten etc.

Dremieker, Heuerleute auf dem Lande.

Einst, einmal, in der Verbindung mit nicht z. B. er hat es nicht einst verlangt.

Fastbäcker, verstümmelt aus Festbäcker, da die Aussprache des *e* dem *a* sehr nahe kommt. In Königsberg nämlich und den übrigen grösseren Städten theilen sich die Bäcker in Fest- und in Los-Bäcker. Jene backen nur festes, dichtes, diese lockeres, loses Brod, daher denn auch Festbrod, Losbrod.

Gute Männer heissen in den ehemahls freien Städten die bei Verlöbnissen, Hochzeiten oder gerichtlichen Verträgen von beiden Theilen gewählten Werbleute, Vermittler oder Zeugen (Obmänner, Scheider).

Golle, ein kleines Boot.

Hegen (in den freien Städten) im aussergerichtlichen Gebrauche die Handlung des Aeltermanns der Gilde, mittelst welcher er nach Entfernung fremder Zeugen die in herkömmlichen Schranken sich ernst bewegende Verhandlung eröffnete; daher es in den Gilde-Abschieden (Recessen) immer heisst: Nachdem der Aeltermann geheget und die Bescheidenheit und Verschwiegenheit empfohlen hatte etc.

Halten, Halter (in den ehemals freien Städten) z. B. eines Landguts, einer Kasse etc. der Verwalter, Verweser. Daher *Haltung* das Verweseramt, auch der

Schatz, Säckel desselben z. B. N. empfängt 50 Fl. aus der Kirchen- und
Almosen-Haltung. N. hält jetzt den Richnauschen Schlüssel: er verwaltet
die Gesammtheit der zu R. gehörigen Vorwerk.

Kämmerer was in Schlesien Meier, in Pommern Hofmann und in Mecklenburg
Statthalter heisst. [Vgl. Frischbier 2, 532].

Kämpe Insel.

Kathner, Eigenkathner, der Miether und Eigner einer Kathe.

Klar am Seestrande gebräuchlich und aus der Schiffssprache entlehnt. Alles,
was bereit, fertig, geordnet ist, z. B. der Wagen ist klar, d. i. angespannt.

Klei Schleim, Brei, z. B. Haferklei.

Kobbel Stute, auch überhaupt Klepper (aus dem Poln.)

Kölmer, Besitzer eines zinspflichtigen Meierhofes.

Kürsaal (in den ehemals freien Städten) der Saal im Rathhause, worin die Wahl
der Rathsherren geschah.

Kürbier das bei dieser Gelegenheit gebraute und an die Gewählten vertheilte
Doppelbier (Thorn).

Lassen mit einem andern Aussager verbunden nimmt den Erstfall zu sich z. B.
lass er kommen, lass der Vater ihm Antwort geben. Jedoch sagt man
richtig: lass mich gehen.

Machander Wachholder.

Machlich. Zur Erklärung dient die Redart: es macht sich, es geht damit; also:
ziemlich, hinreichend.

Mi[e]tnachbar ein Ackerwirt im Gegensatz von Eigenkathner und Inwohner.

Pále, eine Wassertrage.

Pawowe, eine buschige Sumpf- oder Berggegend (poin.)

Possekel, ein Schlägel.

Rese, eine Rese Wasser: eine Tracht Wasser. [Fehlt bei F., vgl. Korr.-Bl. 9, 76.]

Schlüssel, eine Gesammtheit von Landgütern, kleine Herrschaft z. B. der Rühnausche Schlüssel bei Thorn: das Hauptgut Rühnau mit seinen Nebengütern.

Vollbräsig (Thorn) übermüthig.

Zannart, Zander (Fisch).

Ich übergehe sprachwidrige Redearten des grossen Haufens z. B.
dass man statt *hat: hätte*, statt *wäre: war* und umgekehrt sagt, z. B.
Wenn er mir begegnet *war*, wenn ich ihn gesehen *hatte*, als ich ihn
gesprochen *hätte* etc., aber auch unter Gebildeten findet sich die Form
des Supinum auf en, wo dieses im Hochdeutschen regelmässig ist z.
B. *geschonken, gewonken* für: geschenkt, gewinkt. Ferner die Wiederholung des Aussagers, wo der Meissner den Aussager *thun* gebraucht,
z. B. *trinken trinkt* er wohl, *essen isst* er wohl, *singen singt* er wohl,
schaden schadets nicht.

Zur Sittengeschichte Preussens gehören folgende Altthornsche,
zum Theil schon in Vergessenheit gerathene Gebräuche.

War dem Hausvater ein Erbe oder eine Erbin gebohren worden,
so sandte er seine *junge Magd* (Jungmädchen, Stubenmädchen) zu
den werthen Nachbarn, Verwandten und Freunden, welche beim Eintritt in das fremde Haus bloss die Worte sprach: der Herr N. N.
lässt grüssen mit einem jungen Sohn, oder mit einer jungen Tochter.
Dasselbe Jungmädchen ging bei einem Todesfalle im Hause ihrer
Herrschaft, in einen langen weissen Schleier gehüllt, in den Häusern

umher und machte es mit den Worten kund: der Herr N., die Frau N. lässt sich bedanken.

Herren hiessen amtlich nur die Mitglieder des Raths, des altstädtischen und vorstädtischen Schöppengerichts, die Geistlichen, Aerzte und Oberlehrer. Kaufleute, Unterlehrer und was nicht zu den Genannten gehörte, hiessen — domini, und der Rektor der Neustädtischen Schule, den im gemeinen Leben Jedermann Rektor nannte, hiess ludimagister. Der Prediger auf der Kanzel musste sich diesem Gebrauche fügen und sonach sagen: der ludimagister Dominus N. mit Jungfer N.

W. Schröer.

Zur Farbendeutung.

Das in der Livländischen Sammlung erhaltene, im Jahrbuch 8 S. 73 ff. abgedruckte Gedicht von der Bedeutung der Farben in der Liebe ist, wie seine Reime deutlich zeigen, aus dem Hochdeutschen übersetzt. Der hochdeutsche Text ist, wenn auch nicht ganz lückenlos (es fehlen v. 51—64) erhalten und bietet im Allgemeinen denselben Wortlaut wie die niederdeutsche Fassung. Er findet sich unter den von Fichard im 'Frankfurtischen Archiv für ältere deutsche Litteratur und Geschichte Th. 3 Frankfurt a. M. 1815' veröffentlichten 'Altdeutschen Liedern und Gedichten aus der ersten Hälfte des XV. Jahrhunderts' als Nr. LXIII auf S. 297 ff. Vers 41 ff. lauten hier:

> Hut dich vor gesellschafft
> Dy sich berumet und klafft
> Nim eben in dinen mut
> Was dir von liebe kummet zu gut
> Das saltu in din hertz smyden
> Und dich dy lybe ban geleyden
> E das ymant werde gewar
> So volgestu der rechten schar
> Dostu das so volget dir heil
> Nu hast du miner lere ein deil.

BERLIN. W. Seelmann.

des

eins für niederdeutsche Sprachforschun

Jahrgang 1895.

Mit einem Bildnis.

NORDEN und LEIPZIG.
Diedr. Soltau's Verlag.
1896.

In unserm Verlage sind erschienen:

1. Jahrbuch.

Jahrgang I—XXI.   Preis des Jahrgangs 1 Mk.

2. Korrespondenzblatt.

Heft I—XVII.   Preis des Heftes 2 Mk.

3. Denkmäler.

Band I.

Das Seebuch, herausgegeben von **K. Koppmann**. Mit einer nautischen Einleitung von **Arthur Breusing**. Mit Glossar von **Chr. Walther**.   Preis 4 Mk.

Band II.

Gerhard von Minden, herausgegeben von **W. Seelmann**.
                    Preis 6

Band III.

Flos unde Blankflos, herausgegeben von **St. Waetzoldt**.
                    Preis 1,60 Mk.

Band IV.

Valentin und Namelos, herausgegeben von **W. Seelmann**.
                    Preis 5

Band V.

Redentiner Osterspiel, herausgegeben nebst Einleitung und Anmerkungen von **Carl Schröder**.   Preis 3

Band VI.

Morant inde Galie. Niederrheinisches Gedicht aus dem Jahrh., herausgegeben von **Al. Reifferscheid**.
(In Vorbereitung.)

4. Drucke.

Band I.

Mittelniederdeutsche Fastnachtspiele. Mit Einleitung und Anmerkungen herausgegeben von **W. Seelmann**.   Preis 2

Band II.

Das niederdeutsche Reimbüchlein. Eine Spruchsammlung des 16. Jahrh. Herausgeg. von **W. Seelmann**.   Preis 2 Mk.

Band III.

De düdesche Schlömer. Ein niederdeutsches Drama von **J. Stricker** (1584), herausgegeben von **J. Bolte**.   Preis 4 Mk.

Band IV.

Schauspiele, herausgegeben von **J. Bolte**
                    Preis 3 Mk.

In Vorbereitung:

Die vier Evangelien und die Apostelgeschic
niederdeutscher Sprache, herausgegeben von **Ed. Schaub**

Meister Stephans Schachbuch. Ein mittelniederd
Gedicht des 14. Jahrh. Teil I.: Text. Preis 2,50 Mk.
Glossar, zusammengestellt von **W. Schlüter.** Preis 2 M

5. Forschungen.

Band I.
Die Soester Mundart. Laut- und Formenlehre nebst
von **Ferd. Holthausen.** Prei

Band II.
Volksmärchen aus Pommern und Rügen. Ge
und herausgegeben von **Ulrich Jahn.** Erster Teil.
Preis 7

Band V.
Die Niederländischen Mundarten. Von Herm. Jell
Prei

Band VI.
Niederdeutsche Alliterationen. Gesammelt von **K. S**
Prei

Band VII.
Die Sprache des Saterlands von Th. Siebs.
(In Vorbereitung.)

6. Wörterbücher.

Band I.
Wörterbuch der Westfälischen Mundart von Fr.
22 Bogen. Preis 8 Mk., in Halbfr.-Band

Band II.
Mittelniederdeutsches Handwörterbuch von Aug.
Nach dem Tode des Verfassers vollendet von Chr. V
35 Bogen. Preis 10 Mk., in Halbfr.-Band 12

Band III.
Wörterbuch der Groningenschen Mundart von H.
Preis 10 Mk., in Halbfr.-Band 12

Band IV.
Wörterbuch der Waldeckschen Mundart, gesam
Baur, herausgegeben von **Collitz.**
(Erscheint demnächst.)

Norden. **Diedr. Soltau's Verl**

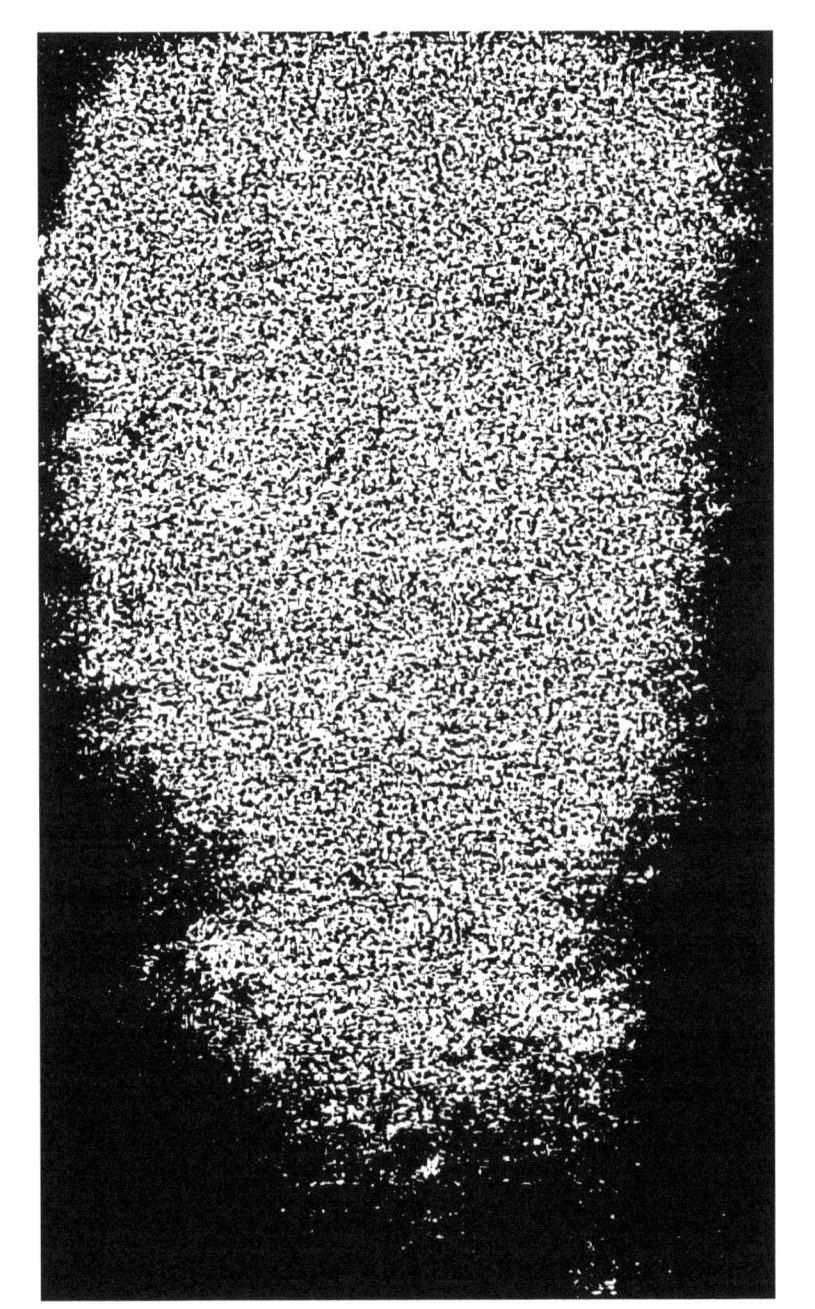

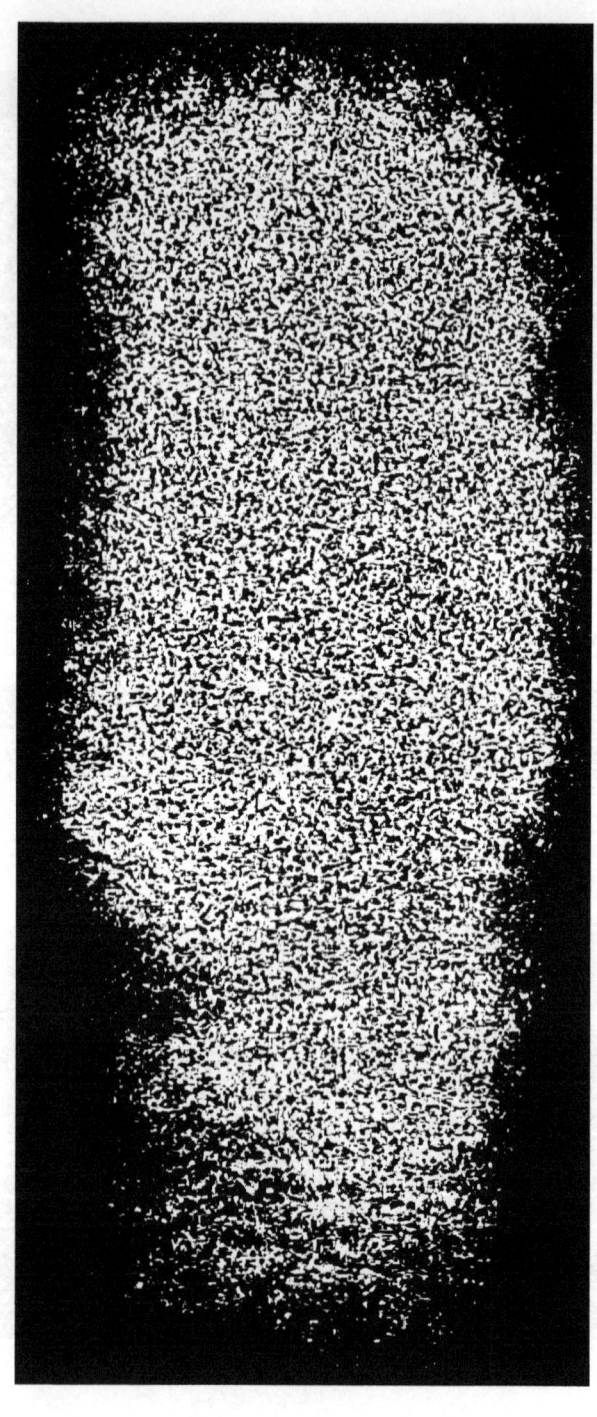

Lightning Source UK Ltd.
Milton Keynes UK
UKHW020714050119

334854UK00004B/208/P